高等职业教育汽车类教学改革成果教材

汽车制造工艺技术

主　编　张德虎　李冬冬
副主编　李娇娇　修玲玲
参　编　满国军　黄　旭

机 械 工 业 出 版 社

本书坚持以立德树人、铸魂育人为根本任务，深化校企合作、产教紧密融合，以“现代学徒制”培养新模式为抓手，按照现代燃油类和新能源汽车整车制造四大工艺流程（汽车冲压工艺、汽车焊装工艺、汽车涂装工艺、汽车总装工艺）编写。本书共分为4个情境模块，22个学习任务，主要内容包括汽车冲压工艺、汽车焊装工艺、汽车涂装工艺和汽车总装工艺。本书在编写过程中，注重“三全育人”人才全方位培养，充分利用“厂中校”“校中厂”产教融合实训基地，培养学生团结协作、安全生产、严谨细致、吃苦耐劳、精益求精等精神品质。

本书可作为高职及职业本科学校汽车制造与试验技术等专业的教学用书，也可作为汽车相关技术人员的培训参考书。

本书配有电子课件、试卷及答案等，凡使用本书作为教材的教师可登录机械工业出版社教育服务网（www.cmpedu.com）注册后免费下载。咨询电话：010-88379375。

图书在版编目（CIP）数据

汽车制造工艺技术/张德虎，李冬冬主编．—北京：机械工业出版社，2023.12（2025.1重印）
高等职业教育汽车类教学改革成果教材
ISBN 978-7-111-74299-9

Ⅰ.①汽…　Ⅱ.①张…　②李…　Ⅲ.①汽车-生产工艺-高等职业教育-教材　Ⅳ.①U466

中国国家版本馆CIP数据核字（2023）第225173号

机械工业出版社（北京市百万庄大街22号　邮政编码100037）
策划编辑：葛晓慧　　　　责任编辑：葛晓慧
责任校对：龚思文　牟丽英　　封面设计：严娅萍
责任印制：刘　媛
涿州市般润文化传播有限公司印刷
2025年1月第1版第3次印刷
184mm×260mm · 12.75印张 · 310千字
标准书号：ISBN 978-7-111-74299-9
定价：58.00元

电话服务	网络服务
客服电话：010-88361066	机　工　官　网：www.cmpbook.com
010-88379833	机　工　官　博：weibo.com/cmp1952
010-68326294	金　书　网：www.golden-book.com
封底无防伪标均为盗版	机工教育服务网：www.cmpedu.com

前言

本书以校企深度合作、产教紧密融合为基础，全面贯彻落实党的二十大精神，精准把握岗位职业素养和职业能力需求，按照国家专业教学标准、国家职业技能标准、课程培养目标，以“现代学徒制”人才培养模式为抓手，体现“以就业为导向，以能力为本位”的精神，精简理论知识，注重实践，强化岗位培养，以工作手册式模式编写。

本书根据现代汽车整车制造工艺流程，分为汽车冲压工艺、汽车焊装工艺、汽车涂装工艺和汽车总装工艺四个情境模块，编写过程中体现“学生为主，教师为辅”的基本思想，以立德树人、铸魂育人为根本任务，全面践行“三全育人”的理念。本书在编写中体现以下创新：

(1) 新型活页式结构创新。本书编写中特别注重课程结构创新，采用新型活页式课程结构进行编写。每一情境模块包括若干学习任务，情境模块中包含情境描述、情境目标、任务准备等栏目，学习任务中包含任务描述、任务重难点、任务学习资料、任务工单、考核与评价等栏目，结构新颖。

(2) 引用大量真实生产案例。以现代汽车整车制造四大工艺流程为编写思路，校企合作共同编写，深入丹东黄海汽车有限责任公司企业真实生产场景，挖掘大量图片视频资源及大量装配工艺卡，引进大量真实生产案例，实现产业链与教育链、创新链与人才链的有机衔接。

(3) 配套丰富的高质量数字化教学资源。本书配套有教学课件、动画仿真、微课视频、装配工艺卡、在线题库、在线测试等资源，可借助超星学习通平台和数字化教学资源，激发学生自主学习积极性，大大提高教学质量。

(4) 注重人才培养。根据汽车制造岗位人才需求，挖掘素质教育元素，培养学生团结协作、安全生产、严谨细致、精益求精、吃苦耐劳的品质精神。

本书由辽宁机电职业技术学院的张德虎、李冬冬担任主编，辽宁机电职业技术学院李娇娇、辽宁省交通高等专科学校修玲玲担任副主编，辽宁曙光集团丹东黄海汽车有限责任公司总经理满国军、辽宁机电职业技术学院的黄旭参加编写。编写分工为：情境模块一、情境模块二由张德虎编写，情境模块三由李娇娇编写，情境模块四学习任务一~学习任务三由修玲玲编写，情境模块四学习任务四~学习任务六由李冬冬编写，满国军负责提供情境模块二学习任务一和情境模块四学习任务六中的企业生产案例、装配工艺卡和部分企业照片，黄旭负责全书的结构优化。张德虎承担全书的统稿和定稿工作。

本书在编写过程中，参考了国内外相关著作和文献资料，在此向有关作译者表示真诚的感谢。

由于编者水平有限，书中难免出现错误和纰漏，敬请读者批评、指正。

编　者

二维码清单

名称	图形	名称	图形	名称	图形
微课					
01. 车身外覆盖件结构认知		08. 汽车专用装配工具简介		15. 汽车内饰系统总成基本认知	
02. 汽车冲压件质量检验		09. 汽车仪表板总成结构认知		16. 汽车密封条、天窗、线束、踏板等重要工序装配	
03. 汽车冲压件质量检验方法		10. 汽车仪表板总成装配		17. 汽车顶篷、安全带、B 柱护板、风窗玻璃等重要工序装配	
04. 汽车焊装生产线结构组成		11. 汽车车门总成结构认知		18. 汽车底盘系统总成基本认知	
05. 车身、车底涂胶工艺		12. 汽车车门总成装配		19. 汽车燃油箱、消声器、防冻液罐、蓄电池等重要工序装配	
06. 中涂底漆喷涂后处理方法		13. 汽车动力总成结构认知		20. 汽车前端、车辆前照灯、油箱口、喇叭、保险杠等重要总成装配	
07. 单工序素色面漆整板喷涂		14. 汽车动力总成装配		21. 汽车衣帽架总成、刮水臂总成、护板、水室盖等工序装配	

（续）

名称	图形	名称	图形	名称	图形
微课					
22. 汽车漆前处理工艺		24. 双工序金属面漆喷涂修改		26. 座椅总成、转向盘、车门总成和加注油液等重要工序装配	
23. 汽车电泳底漆涂装		25. 汽车轮胎总成、副仪表前段、驻车制动杆等主要工序装配			
二维动画					
01. 汽车冲压工序的分类		06. 喷枪的工作原理		11. 汽车底漆前处理工艺流程	
02. 喷枪的雾化原理		07. 汽车涂料的基本组成		12. 涂料的成膜机理	
03. 压缩空气供给系统组成		08. 汽车车身漆面基本认知		13. 汽车面漆基本认知	
04. 烤漆房的类型		09. 喷烤漆房的常用类型		14. 汽车装配基础知识	
05. 汽车涂装作业危害和防护		10. 底漆的基本认知			
三维动画					
01. 曲柄压力机结构组成		03. 汽车开卷落料线结构组成		05. 落料冲孔翻边复合模结构介绍	
02. 曲柄压力机工作原理		04. 汽车冲压自动化生产线结构组成		06. 落料冲孔翻边复合模工作原理	

（续）

名称	图形	名称	图形	名称	图形
微课					
07. 落料拉深模复合模基本认知		11. 汽车总装生产线装配工艺流程		15. 汽车总装输送设备	
08. 弯曲模类型		12. 汽车白车身焊接生产线工艺流程		16. 汽车面漆喷涂	
09. 翻边模工作原理		13. 汽车涂装生产线工艺流程			
10. 汽车整车下线检测内容		14. 重力式喷枪结构			

目录

情境模块一 汽车冲压工艺

【情境描述】

冲压工艺是一种金属加工方法，它建立在金属塑性变形的基础上，利用模具和冲压设备对板料施加压力，使板料产生塑性变形或分离，从而获得具有一定形状、尺寸和性能的零件。

【情境目标】

知识目标

1. 掌握车身的定义和功能；
2. 掌握车身结构组成和各分总成功能、用途；
3. 了解汽车冲压材料的基本要求、汽车各部件对材料的性能要求；
4. 掌握汽车冲压钢板分类，了解汽车冷轧薄钢板和热轧钢板特性及应用；
5. 熟悉汽车开卷落料线的结构组成，了解各组成单元的结构；
6. 掌握压力机分类和工作原理，了解各类型的特点和应用；
7. 熟悉冲压自动生产线的发展、结构特点和应用；
8. 掌握汽车冲压工序内容，了解其工序特点；
9. 掌握拉深模、修边模、翻边模等冲压模具的结构组成和原理；
10. 掌握汽车冲压件的质量缺陷类型，了解质量缺陷的检验方法。

技能目标

1. 具备查阅有关现代汽车冲压成形技术资料的能力；
2. 具有汽车冲压钢板特性分析的能力；
3. 具备熟练操作冲压机、维护保养冲压设备的能力；
4. 具有辨别不同冲压工序的能力以及汽车车身常见覆盖件冲压流程设计的能力；
5. 具有检验冲压件质量缺陷的能力。

素养目标

1. 培养爱岗敬业、团结协作、吃苦耐劳的劳动精神；
2. 培养认真负责、仔细全面、一丝不苟、精益求精的工匠精神。

【任务准备】

1. 教学场所

理实一体化教室、超星学习通教学平台、黄海汽车厂冲压现场。

2. 教学资源

课程标准、授课计划、教学课件 PPT、电子教案、动画仿真、短视频、微课、在线题库、任务工单、企业实践案例及电子教学设备等。

学习任务一 汽车车身覆盖件冲压基础认知

【任务描述】

汽车车身的作用主要是保护驾驶人以及构成良好的空气力学环境。好的车身不仅能带来更佳的性能，也能体现出汽车主人的个性。汽车车身的结构主要包括车身壳体、车门、车窗、车前板制件、车身内外装饰件和车身附件等。图 1-1 所示为承载式车身的结构。

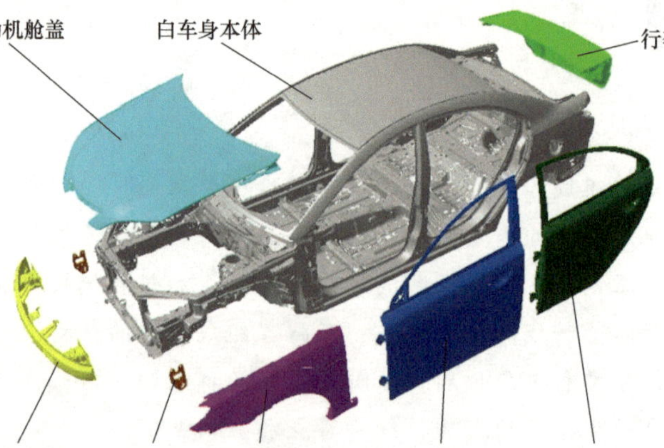

图 1-1 承载式车身的结构

【学习重难点】

1. 学习重点

汽车车身的结构及各总成功能。

2. 学习难点

车身覆盖件冲压成形的特点。

【任务学习资料】

一、汽车车身覆盖件的结构分析

1. 汽车车身的定义

车身是驾驶人的工作场所，也是容纳乘客和货物的场所，起到封闭的作用，还应保证行车安全和减轻事故的后果。

2. 汽车车身的功能

1）为驾驶人提供良好的操作条件和舒适的工作场所。

2）可以隔离汽车行驶时的振动、噪声、废气以及恶劣气候的影响，为乘员提供舒适的乘坐条件。

3）保证完好无损地运载货物且装卸方便。

4）车身结构和设备可以保证行车安全和减轻事故后果。

5）合理的车身外部形状，可以在汽车行驶时有效引导周围的气流，提高汽车的动力性、燃料经济性和行驶稳定性，改善发动机的冷却条件和驾驶室内的通风条件。

3. 汽车车身的结构

汽车车身是由白车身、车身内饰件、车身外饰件、车窗等组成的，其中白车身是指覆盖件焊接后尚未进行喷漆的汽车车身结构，如图 1-2 所示。汽车覆盖件（简称为覆盖件）是指构成汽车车身或驾驶室、覆盖发动机和底盘的薄金属板料制成的异形体表面和内部零件。覆盖件（白车身）主要是由四门总成、三盖（发动机舱盖总成、行李舱盖总成、顶盖总成）、左右翼子板总成、左右侧围总成、地板总成、发动机舱总成、行李舱总成等组成的。汽车车身覆盖件各部件如图 1-3 所示。

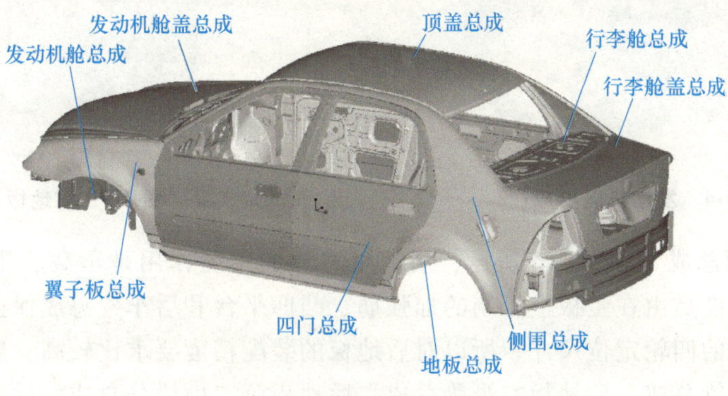

图 1-2　汽车车身的结构

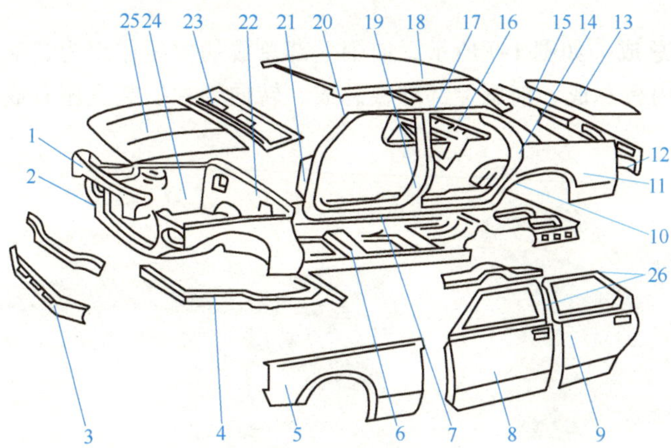

图 1-3　汽车车身覆盖件各部件

1—发动机舱盖前支撑板　2—固定框架　3—前裙板　4—前框架　5—前翼子板　6—地板总成　7—门槛
8—前门　9—后门　10—车轮挡泥板　11—后翼子板　12—后围板　13—行李舱盖　14—后立柱　15—后围上盖板
16—后窗台板　17—上边梁　18—顶盖　19—中立柱　20—前立柱　21—前围侧板　22—前围板　23—前围上盖板
24—前挡泥板　25—发动机舱盖　26—门窗框

（1）发动机舱总成 发动机舱总成（图 1-4）的作用是安置汽车的发动机、变速器、转向装置和制动装置等重要总成，其作用越来越重要，肩负着被动安全性的重要使命，即当汽车发生正面碰撞时，发动机舱会折曲变形，以吸收碰撞产生的巨大能量，减少碰撞对车内外人员的猛烈冲击，起到保护车内乘员的作用。发动机舱总成由左前挡泥板总成、右前挡泥板总成、前围挡板总成、散热器前横梁总成四部分构成。

（2）前地板总成 前地板总成（图 1-5）是车身下部非常重要的部件。它主要承载前排座椅兼有承重的任务，因此地板结构保持足够的刚度和强度是至关重要的，前地板承重部位应力变化复杂，零部件安装部位等多处加横梁和加强板等，并在前地板主板上压制加强筋和凸凹平台，从而提高地板的强度。前地板总成由前地板、左下后加强梁、右下后加强梁、驻车制动操纵机构加强板、前地板上横梁、前地板左边梁、前地板右边梁等组件构成。

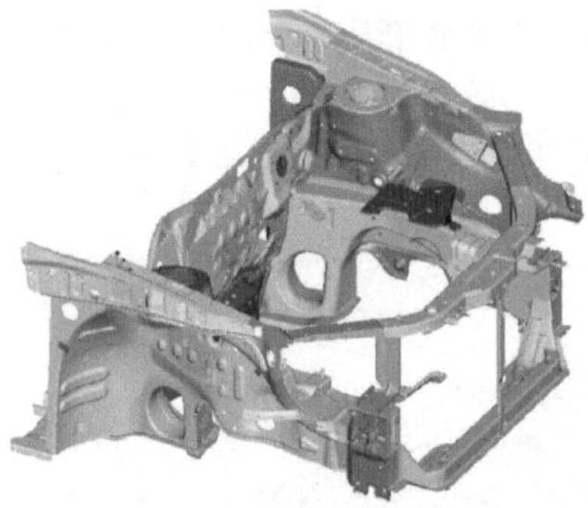

图 1-4 发动机舱总成

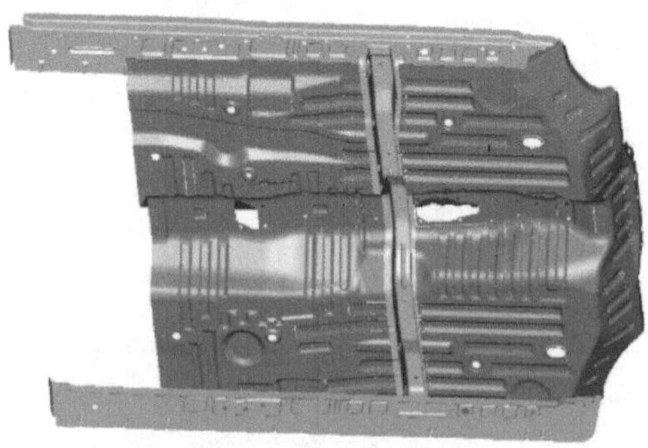

图 1-5 前地板总成

（3）后地板总成 如图 1-6 所示，后地板总成的主要作用是承载后排座椅、备胎和油箱，其强度和刚度是由在主板上压制的加强筋、凸凹平台和后车架总成保证的。后地板部分同时还影响整车的四轮定位尺寸，所以对后地板的装配精度要求比较高。后地板总成由后地板、后地板左纵梁总成、后地板右纵梁总成、后地板第二横梁分总成、后地板第一横梁分总成等组件构成。

（4）前围上部总成 如图 1-7 所示，前围上部总成的主要作用为装配仪表板及转向柱等总成，由前围上部内板总成、前围上部外板总成、转向管柱安装支座总成、仪表板左右侧端内板构成。

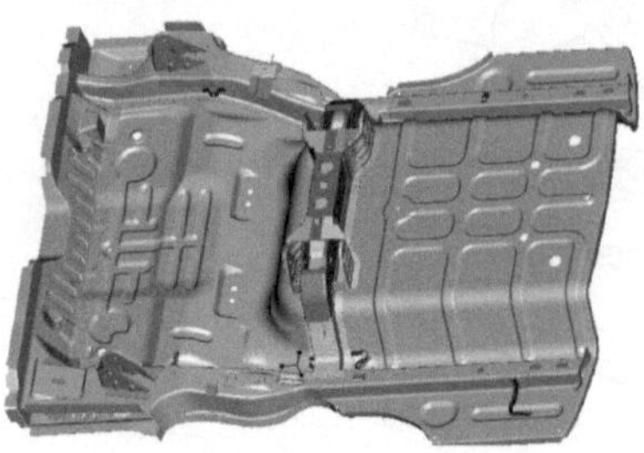

图 1-6 后地板总成

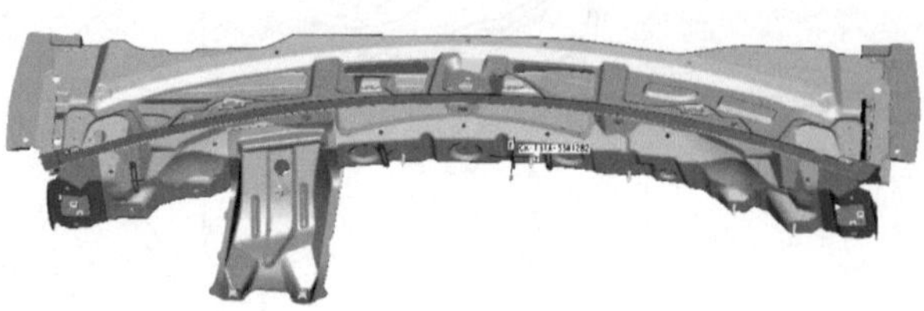

图 1-7 前围上部总成

（5）左右侧围总成 如图 1-8 所示，侧围总成是形成轿车左右侧壁、组成乘员室的重要结构。它主要由侧围焊接总成组成，是支撑顶盖、连接车身前后部分的侧围面构件，是固定前后风窗玻璃，并用来安装侧门，保证车身受到侧面撞击安全性的承载框架，具有较大的抗弯、抗扭强度和刚性。侧围总成由侧围外板总成、前柱内板、中立柱内板、轮罩总成四部分构成。

（6）四门总成　如图 1-9 所示，四门总成分为左前门总成、右前门总成、左后门总成、右后门总成。四门总成由内板、外板、防撞梁、铰链及螺栓构成，四门总成与侧围总成组成乘员室。四门各有一根防撞梁，大大增强了抵抗前方、横向碰撞的能力。

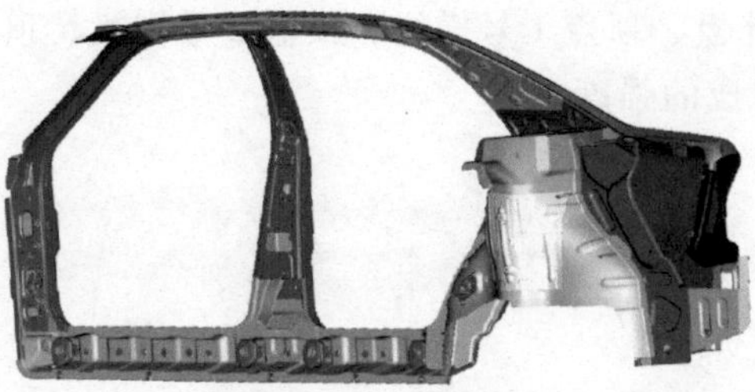

图 1-8　左右侧围总成

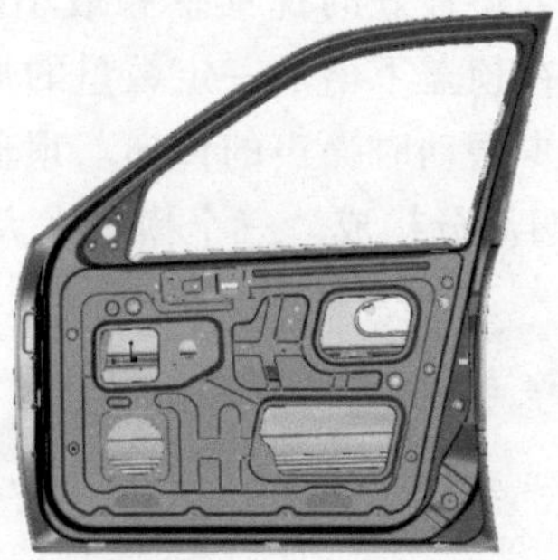

图 1-9　四门总成

（7）发动机舱盖总成　如图 1-10 所示，发动机舱盖（又称为发动机罩）是最醒目的车身构件，是购车者经常要仔细观看的部件之一。对发动机舱盖的主要要求是隔热、隔声、自身重量轻、刚性强。发动机舱盖一般由外板和内板组成，中间夹以隔热材料，内板起到增强刚性的作用，基本上是骨架形式。发动机舱盖开启时一般是向后翻转，向后翻转的发动机舱盖打开至预定角度，不应与前风窗玻璃接触。为了防止汽车在行驶过程中由于振动自行开启，发动机舱盖前端要有保险锁钩锁止装置。发动机舱盖总成由发动机舱盖内板、发动机舱盖外板、发动机舱盖左右铰链总成及六角头螺栓构成。

（8）行李舱盖总成　行李舱盖总成如图 1-11 所示。行李舱盖要求有良好的刚性，结构与发动机舱盖基本相同，也有外板和内板，内板有加强筋。一些被称为“二厢半”的轿车，其行李舱向上延伸，包括后风窗玻璃在内，使开启面积增加，形成一个门，因此又称为后背门。行李舱盖开启的支撑件一般用钩形铰链及四连杆铰链，铰链装有平衡弹簧，使启闭箱盖省力，并可自动固定在打开位置，便于提取物品。行李舱盖总成由行李舱盖后排座椅挂钩固定板总成、行李舱主盖板、左右侧连接角板和流水槽构成。

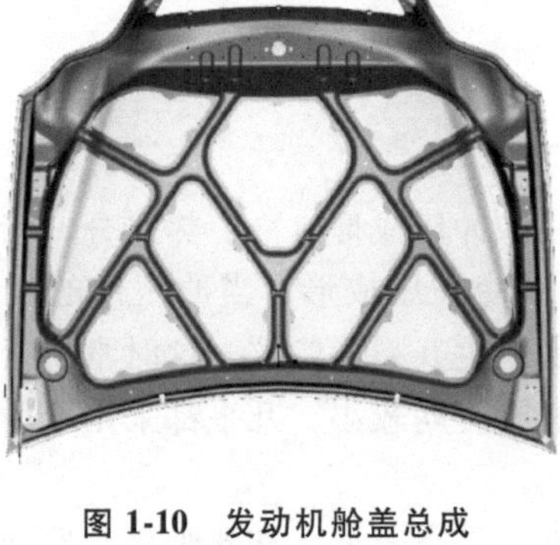

图 1-10　发动机舱盖总成

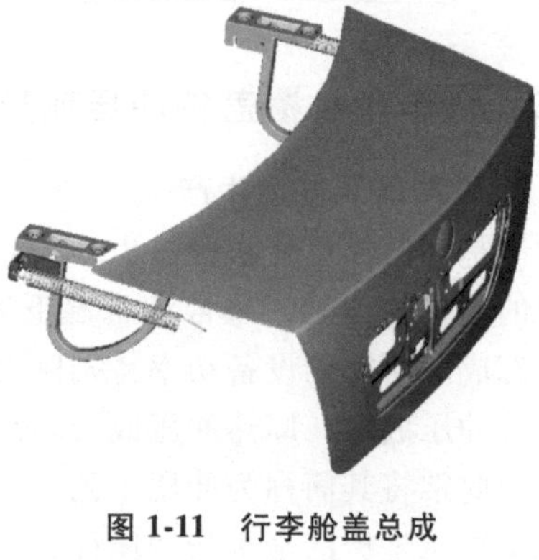

图 1-11　行李舱盖总成

(9) 翼子板（图 1-12） 翼子板是遮盖车轮的车身外板，按照安装位置分为前翼子板和后翼子板，前翼子板安装在前轮处，因此必须要保证前轮转动及跳动时的最大极限空间。现在很多轿车翼子板已与车身本体成为一个整体。对于白车身来说，翼子板碰撞的机会比较多，所以前翼子板一般独立装配，这样容易整件更换。

(10) 顶盖总成（图 1-13） 车顶盖是车厢顶部的盖板。对于轿车车身的总体刚度而言，顶盖不是很重要的部件。从设计角度来讲，重要的是它如何与前、后窗框及支柱交界点平顺过渡，以求得最好的视觉感和最小的空气阻力。为了安全，车顶盖还应有一定的强度和刚度，一般在顶盖下增加一定数量的加强梁，顶盖内层敷设绝热衬垫材料，以阻止外界热量的传导及减少振动时噪声的传递。顶盖总成由顶盖外板、顶盖 1 号横梁、顶盖 2 号横梁、顶盖 3 号横梁四部分构成。三个横梁大大提高了顶盖总成的强度。

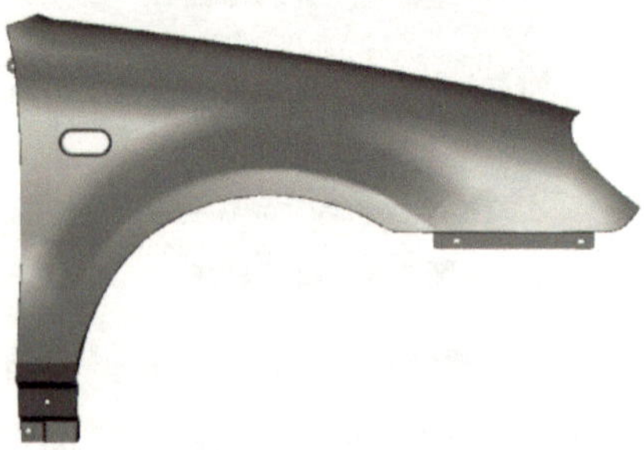

图 1-12 翼子板

图 1-13 顶盖总成

(11) 后围板总成（图 1-14） 后围板总成由行李舱门横梁、后围板、行李舱门锁安装板总成、后围加强板构成。后围板总成参与了构成行李舱，是车体固件中承受横向载荷的主要部位之一。

(12) 行李舱隔板总成（图 1-15） 行李舱隔板总成由后排座椅挂钩固定板总成、行李舱主盖板、左右侧连接角板和流水槽构成，其主要作用是构成行李舱和固定后排座椅。

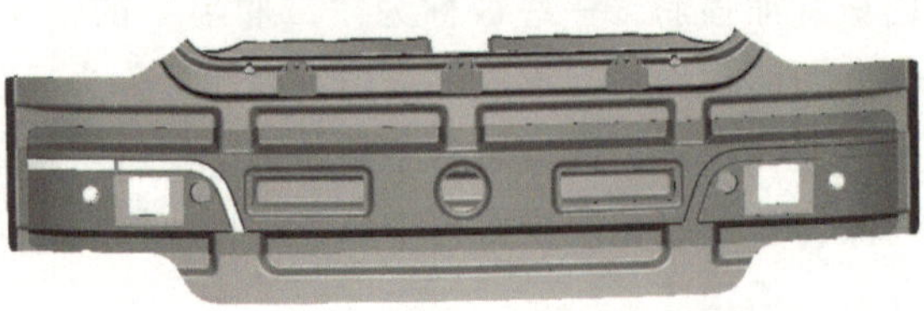

图 1-14 后围板总成

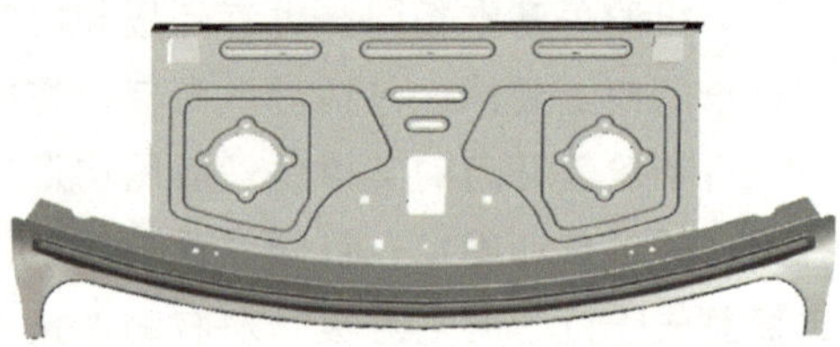

图 1-15 行李舱隔板总成

二、汽车车身覆盖件冲压成形

1. 汽车冲压及冲压生产

冲压是利用冲模使板料产生分离或变形的加工方法。冲压成形有冷、热之分。当被加工冲压件的板材较薄时，通常在常温下完成冲压成形，即冷冲压成形；当冲压件的板材较厚时，冷态成形所需的设备功率特别巨大，且冲压成形易产生开裂和裂纹，这时常将板材加温后再进行冲压成形，即热冲压成形。汽车冲压件的板材厚度均较小，几乎都采用冷冲压成形工艺，因此常将其简称为冲压工艺。

汽车冲压生产的是车身冲压件，主要是指车身的内、外覆盖件，如驾驶室、发动机舱盖和车门等。这些冲压件是由薄钢板在双轴向拉延应力的作用下产生变形而成为曲面覆盖件的。覆盖件的特征是具有形状复杂的空间曲面，要求表面光洁、刚性好和美观，这些要求是通过加工过程中工件产生足够的塑性变形并与模型相吻合而获得的。图 1-16 所示为车身冲压厂车间的典型平面布置图，图中说明了冲压生产过程中组成部分所处的合理位置。图 1-17 所示为黄海客车冲压制作车间平面布置示意图。

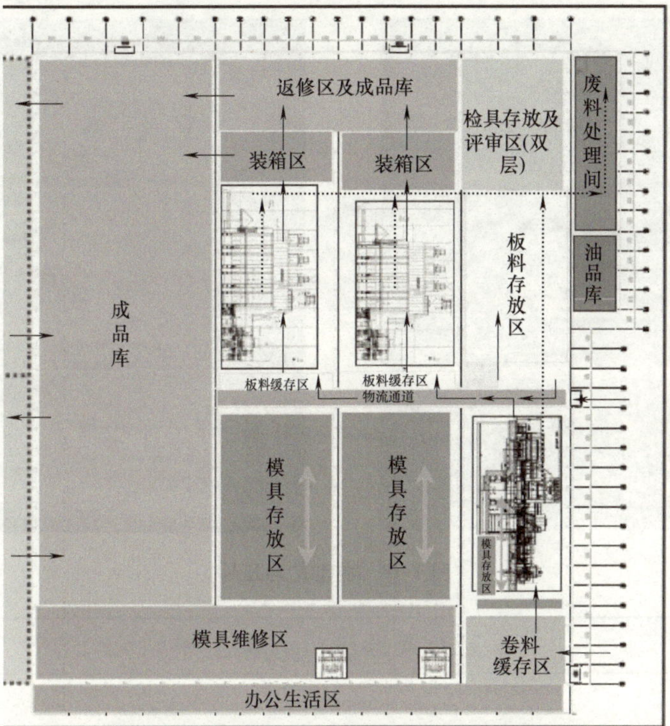

图 1-16　车身冲压厂车间的典型平面布置图

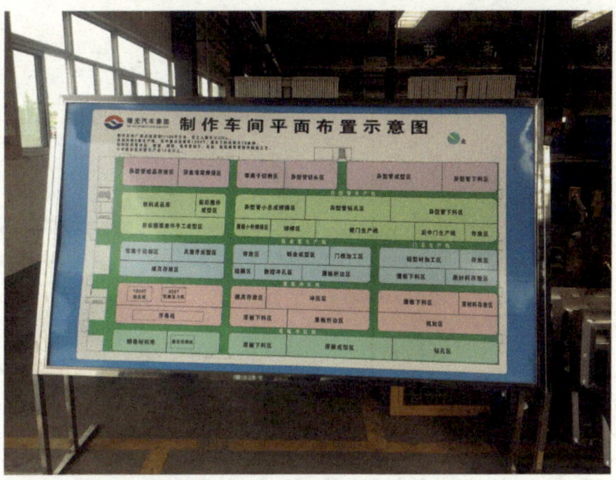

图 1-17　黄海客车冲压制作车间平面布置示意图

2. 车身覆盖件冲压成形地位

以数量计，在汽车车身上有 60%~70%的零件是用冲压工艺生产出来的，其中典型的冲压件包括车身的内、外覆盖件和骨架件，车架的纵梁、横梁和保险杠等，车轮的轮辐、轮辋和挡圈等，散热器的散热片、冷却液管和储液室等，发动机的气缸垫、油底壳和滤清器等，底盘上的制动器零件、减振器零件等，座椅的骨架、滑轨和调角器等，车厢的侧板和底板等，车锁及其他附件上的零件等，如图 1-18 所示。

因此，冲压工艺在汽车制造工艺中占有很大的比重，它直接影响着汽车的产品质量、生产率和生产成本。

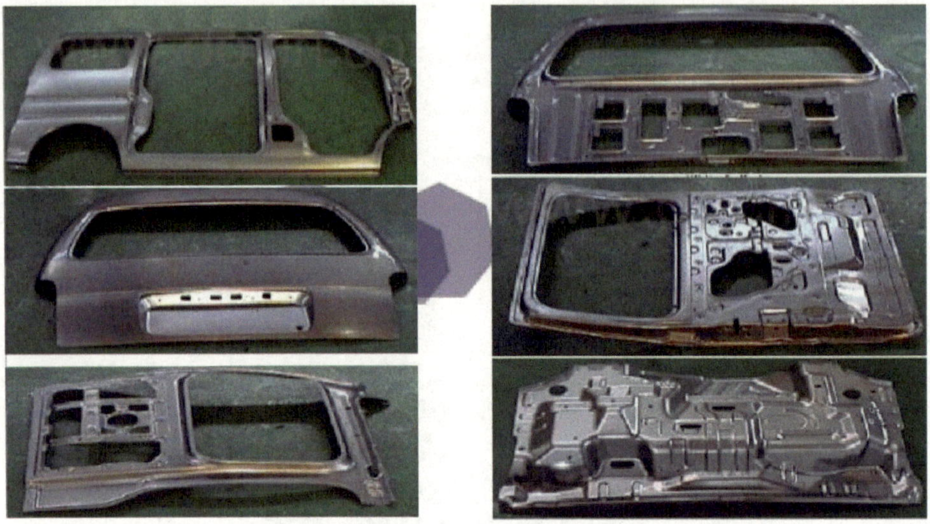

图 1-18　典型的冲压件

学习效果评价（任务工单）

一、填空题

1. 当前，汽车车身外形设计多样，观察下图，概括说明汽车车身覆盖件主要由哪几大部分组成。

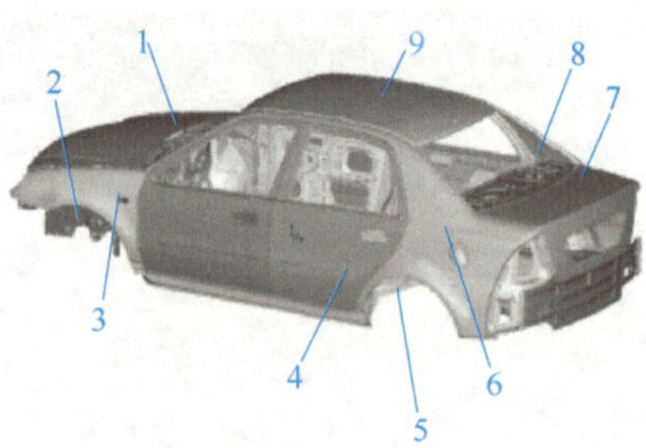

图中，1—________、2—________、3—________、4—________、5—________、6—________、7—________、8—________、9—________。

2. 四门总成分为________、________、________、________。

3. ________是利用冲模使板料产生分离或变形的加工方法。当被加工冲压件的________时，通常在常温下完成冲压成形，即________。

4. 汽车零件的冲压工艺一般包括________、________、________和________四个过程。

二、简答题

概述前、后地板总成的组成和作用。

____

____

____

<table>
<tr><th colspan="5">考核与评价</th></tr>
<tr><td>成员合作</td><td colspan="4">好◎　一般◎　较差（理由）：</td></tr>
<tr><td rowspan="2">任务完成情况</td><td colspan="2">基础知识　熟练◎　不太熟◎</td><td colspan="2">案例分析　熟练◎　不太熟◎</td></tr>
<tr><td colspan="2">资料查阅　熟练◎　不太熟◎</td><td colspan="2">能力训练　熟练◎　不太熟◎</td></tr>
<tr><td colspan="2">其他（包括对学习过程、老师教学方法的建议和意见，对同组学生评价等各方面）</td><td colspan="3"></td></tr>
<tr><td colspan="2">分析汽车车身覆盖件的结构分类和组成，了解各组成部分对车身的作用，并对以上学习任务做出评价</td><td colspan="3"></td></tr>
</table>

学习任务二　汽车冲压材料和冲压设备的选用

【任务描述】

汽车生产中采用了大量的冲压成形工艺，冲压成形工艺材料消耗低、工艺流程简单，适合大量流水线生产。冲压能生产出一定强度、一定刚度、形状复杂、重量轻的零件。冲压成形的零件互换性好，能保证装配的稳定性、生产率高，产品质量稳定，而且非常适合汽车工业多品种、大批量生产的需要。冲压材料与冲压生产的关系十分密切，材料的好坏不仅决定产品的性能，更直接影响冲压工艺的过程设计，影响冲压产品的质量、成本、使用寿命和生产组织。汽车车身覆盖件冲压成形离不开专用汽车冲压设备，汽车冲压设备的好坏直接决定汽车冲压件的冲压质量和冲压精度，对汽车整车制造工艺起到至关重要的作用。

【学习重难点】

1. 学习重点

1）汽车冲压钢板的类型、钢板的特性和应用；

2）汽车开卷落料线的结构组成；

3）压力机的种类、工作原理和应用；

4）汽车冲压生产线的结构特点和发展应用。

2. 学习难点

1）汽车开卷落料线各单元的作用和结构组成；

2）冲压机的工作原理；

3）汽车冲压生产线的结构特点。

【任务学习资料】

一、汽车冲压材料的基本要求

汽车不同部位的冲压件有不同的作用，具有不同的加工工艺过程。为了满足不同部位冲压件的作用要求和简化工艺过程，要求冲压件的材料强度高、成形性好、重量轻、耐腐蚀，具有良好的焊接性和抗凹陷性，表面光洁易涂装，可以再生。

二、汽车各部件对材料的性能要求

(1) 汽车车身对材料的性能要求 汽车车身部件大都是覆盖件，外形复杂，成形复杂，但受力不大，采用模具成形工艺，材料的成形性能就成了主要矛盾，因此要求材料具有成形性、张紧刚性、延伸性、抗凹性、耐蚀性和焊接性等。

(2) 汽车车厢零件对材料的性能要求 汽车车厢零件形状不太复杂，大都采用辊压成形工艺，对材料的成形性、刚性、耐蚀性和焊接性都有一定的要求。一般选用成形性能和焊接性较好的高强度钢板。

(3) 车架及一些支撑件对材料的性能要求 车架及一些用于支撑和连接的零部件，都是重要的承载件，大都采用模具成形工艺，要求材料有较高的强度和较好的塑性，以及疲劳耐久性、碰撞能量吸收能力和焊接性等。

三、汽车冲压钢板

钢板一直是制造汽车车身和结构件的主要材料。据统计，载货汽车钢板约占钢材总用量的 50%，而轿车约占 75%。由此可见，汽车钢材的使用以钢板为主。

按轧制方法分，汽车冲压钢板可分为冷轧薄钢板和热轧钢板，如图 1-19 所示。按冲压级别区分，可分为普通冲压级、深冲级和超深冲级钢板。按强度级别区分，可分为普通强度、高强度和超高强度钢板。目前，广泛应用的汽车冲压材料包括冷轧薄钢板和热轧钢板两类。其中，冷轧薄钢板应用于车身覆盖件的冲压，热轧钢板主要应用于车架大梁和车轮等受力大的结构件。

图 1-19 汽车冲压钢板

1. 冷轧薄钢板

目前，大批量生产中使用最多的就是冷轧薄钢板。冷轧薄钢板的厚度在0.15~3.2mm范围内，汽车车身多采用厚度为0.6~0.8mm的薄板。这种薄钢板尺寸精度非常高，表面光滑，具有良好的力学性能和可加工性，主要用于车身侧围板、顶盖、发动机舱盖、翼子板、行李舱盖、车门板和仪表板等外覆盖件，这些零件要求材料具有高的成形性能、良好的表面质量和焊接性能。

（1）一般冲压用薄钢板　汽车覆盖件早期都用低碳沸腾钢板（08F）和铝镇静钢板（08Al）冲制。沸腾钢板由于冲压成形性能差和容易失效等缺陷现已较少使用，而铝镇静钢板仍作为冲压用钢板大量应用，特别是对于成形要求不高的车身零件，采用铝镇静钢板仍然占多数。但随着汽车性能越来越高和用途越来越广，轿车车身的形状为了减小空气阻力和外形美观而日趋复杂，对钢板的冲压性能要求日益提高。目前，已能大规模生产的第三代冷轧无间隙原子钢（IF钢板）能满足新要求。一般冲压用薄钢板如图1-20所示。

图1-20　一般冲压用薄钢板

（2）汽车用高强度钢板　为确保车身碰撞安全性和轻量化，用于汽车车身的高强钢板强度从440MPa级提高到590MPa级，车身结构件使用980MPa级超高强度钢板，使用比例在40%以上。从提高车身缓蚀性能来看，合金化热镀锌钢板具有与冷轧薄钢板相同的高强度特性。汽车用高强度冷轧薄钢板主要用于车身零部件，大致分为内外面板、结构件和加强件三类，如图1-21所示。

图1-21　汽车车身冲压材料分布

2. 冲压用热轧钢板

车用热轧钢板的数量很大，载货汽车的用量约占钢板总重量的50%，翻斗自卸车的用量更大，但轿车用热轧钢板的数量很少，只占钢板总量的10%左右。热轧钢板在我国按其厚度可分为热轧薄板（厚度≤4.0mm）和热轧中厚板（厚度>4.0mm）。按钢种可分为碳素结构用热轧钢板和低合金热轧钢板。热轧高强度钢板主要用于载货汽车车架纵梁和横梁、车厢的纵梁和横梁以及制动盘等受力结构件和安全件。载货汽车车架用冲压热轧钢板，如图 1-22 所示。目前这些零件用热轧高强度钢板的抗拉强度分别为 390MPa 和 510MPa，并建立了我国汽车用热轧高强度钢板系列，如锰钢和锰稀土钢系列、硅钒钢系列、含钛钢系列和含铌钢系列。

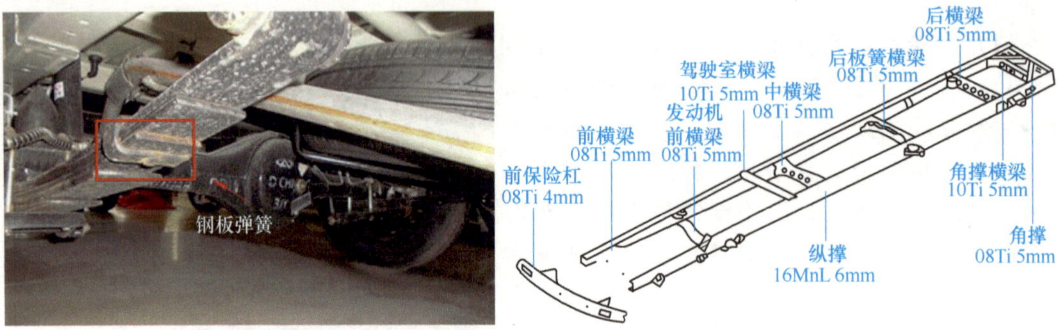

图 1-22 载货汽车车架用冲压热轧钢板

四、汽车冲压设备的概述

车身设备冲压和生产线的发展经历了以下四个阶段。

1. 单台压力机多品种轮换生产

用单台压力机进行冲压生产，每完成一道工序就要更换一次模具，而且要存放大量的半成品，其占地面积大，生产率低，搬运的次数较多，冲压件质量差。但因单台压力机设备投资少，所以一些小型汽车配件厂一般采用这种方式进行零部件的冲压成形。

2. 多台压力机组成的冲压流水生产线

1）半流水线生产线。将双动压力机拉深的半成品成批存放，然后送到多台单动压力机构成的流水线进行后续成形。

2）流水生产线。双动压力机与多台单动压力机进行联机，通过固定胶带机传递各工序之间的半成品，而模具中的冲压半成品的取出和放入由人工操作完成。

3）半机械化流水线作业。将多台压力机（双动和单动）之间通过胶带机连接起来，胶带的高度和长度可进行调节，用机械化取料装置从模具中将冲压半成品取出，仅需要人工进行上料。

3. 多台压力机组成的冲压自动生产线

这种冲压自动化生产线仍由多台压力机组成，但各台压力机之间都配有机械化上料与下料装置。目前，常见的冲压自动化生产线有以下几种形式：

1）多台压力机配备通用搬运机器人组成的普通冲压生产线，如图 1-23 所示。

2）多台压力机配备专用机械手组成的高速冲压生产线，如图 1-24 所示。

4. 大型单台多工位压力机自动生产线

在覆盖件冲压领域，大型多工位压力机是最先进、最高效的冲压设备，是高自动化、高柔性化的典型代表。它通常由拆垛机、大型压力机、三坐标工件传送系统和码垛工位组成，如图 1-25 所示。多工位压力机生产节拍可达 16～25 次/min，是手工送料流水线的 4～5 倍，

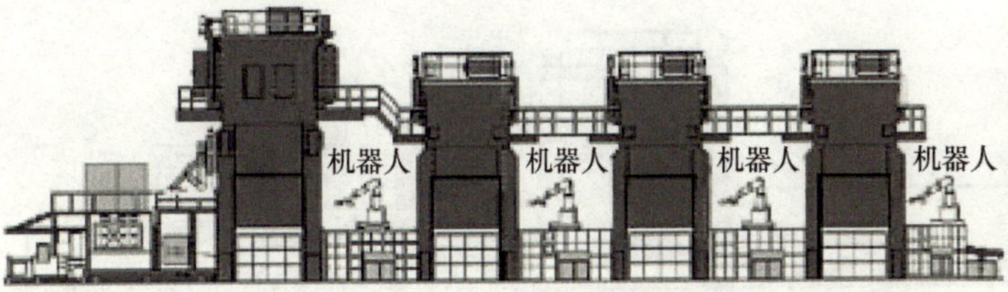

图 1-23　普通冲压生产线

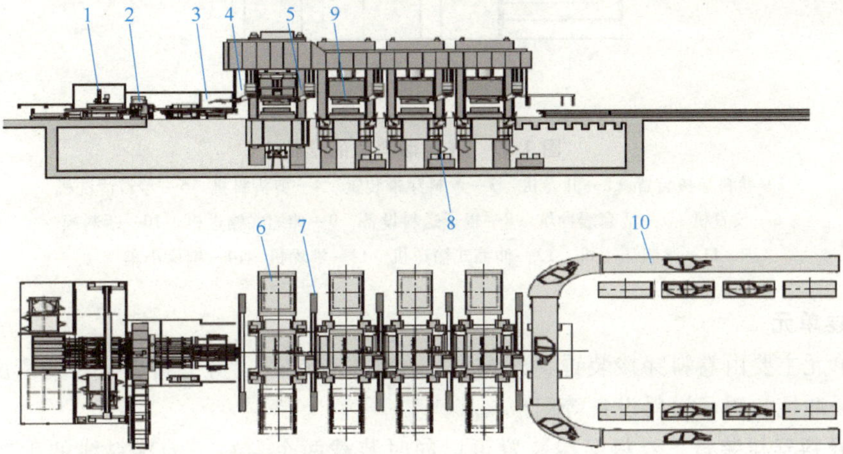

图 1-24　高速冲压生产线

1—拆垛机　2—清洗机　3—对中台　4—上料机械手　5—搬运机械手　6—移动工作台　7—端拾器更换小车　8—废料槽　9—搬运机械手　10—纤维传送带

是普通冲压生产线的 2～3 倍。它是当今世界汽车制造业首选的最先进的冲压设备，目前 95000kN 压力的大型多工位压力机已能生产。

五、汽车开卷落料线

开卷落料线（图 1-26）是一种适用于汽车、钢板配送等行业表面覆盖件卷板的开卷、清洗、校平、落料和堆垛的板材加工设备，随着国内汽车工业的不断进步，采用自动化开卷落料线的厂家也越来越多，尤其是国内的汽车合资企业。开卷落料线按照功能可分为开卷单元、落料压力机和堆垛单元三个单元，其中各个单元又由不同的设备组合而成，如图 1-27 所示。

图 1-25　多工位压力机

图 1-26　开卷落料线的实物图

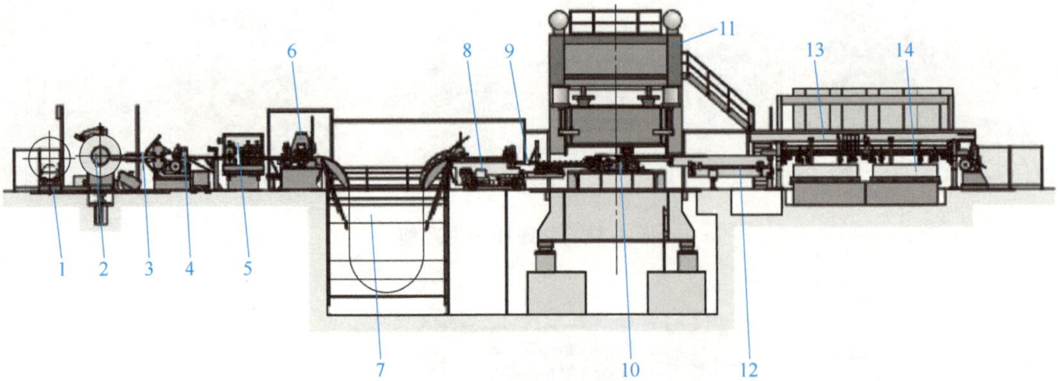

图 1-27　开卷落料线的结构

1—卷料穿梭装置　2—开卷机　3—卷料穿带装置　4—剪头料机　5—卷料清洗机
6—校直机　7—活套缓冲坑　8—辊子送料设备　9—伸缩式输送机　10—落料模
11—落料压力机　12—伸缩式输送机　13—堆垛机　14—堆垛小车

1. 开卷单元

开卷单元主要由卷料穿梭装置、开卷机、卷料穿带装置、剪头料机、卷料清洗机、校直机、活套缓冲坑、辊子送料设备等组成。

(1) 卷料穿梭装置　卷料穿梭装置可以同时装载两个卷料，为落料线的生产做卷料准备。其小车是由一台横向移动装置和配备导柱的升降液压缸组成的。卷料穿梭装置上装有轨道，其四个轮子的运动方向和生产方向平行，通过液压驱动来进行移动，如图 1-28 所示。

(2) 开卷机　开卷机用于将卷料从顶部或底部至支撑处进行开卷，主要由横移机架、心轴、交流变频电动机及减速机等组成。卷料的外径由一台模拟超声波装置进行监控，如图 1-29 所示。

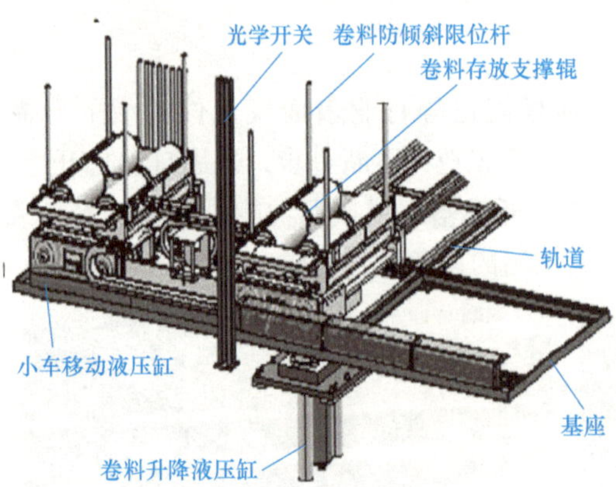

图 1-28　卷料穿梭装置

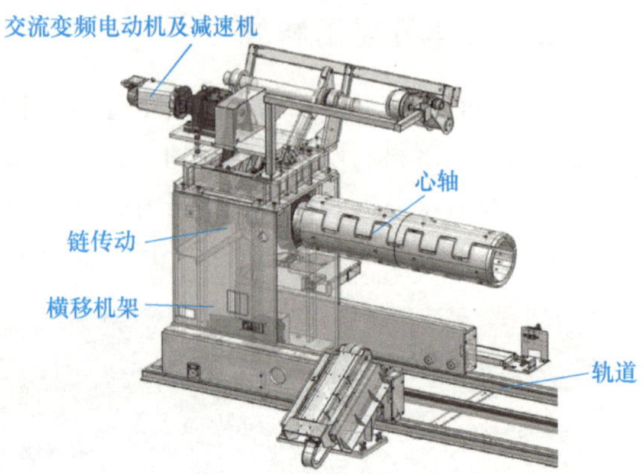

图 1-29　开卷机

(3) 卷料穿带装置　卷料穿带装置用于将经过开卷的卷料由开卷机输送到落料压力机进行剪切分离作业。其主要由机架、剥皮机、清洁辊和脏辊组成。剥皮机用于将卷料引入脏辊，脏辊再将卷料送至剪头料机前进行切头料，头料剪切完毕后，再由清洁辊将卷料输送至落料压力机，如图 1-30 所示。

（4）剪头料机　在钢卷运输过程中，其最外层往往都会出现变形或者脏污等情况，为了防止这些不良情况损坏设备，在进入落料线剪切之前都需要将卷料的最外一层切掉，而这一工序就是在剪头料机完成的。剪头料机的结构为机械偏心式，由机架、剪切刃、交流电动机以及离合制动器等组成，如图 1-31 所示。

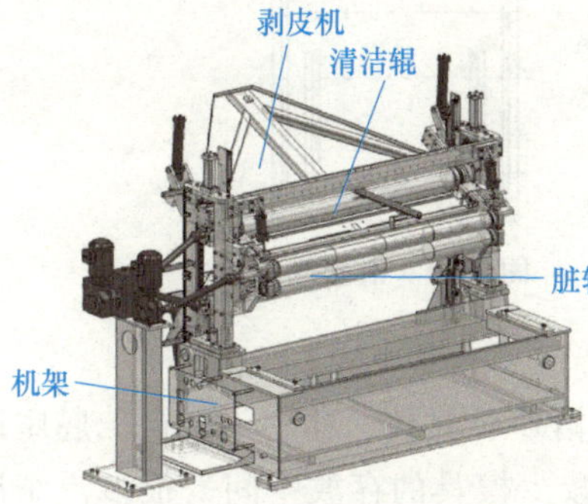

图 1-30　卷料穿带装置

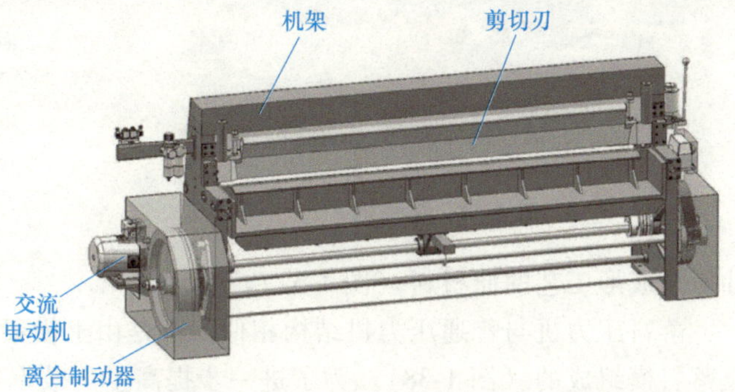

图 1-31　剪头料机

（5）卷料清洗机　卷料清洗机由机架、夹送辊、毛刷辊、两个挤干辊等组成。该设备主要用于清洗卷料上的防锈油，其中所有辊子的驱动都由单独的交流变频电动机控制（图 1-32）。

（6）校直机　校直机（图 1-33）是由机架、夹送辊（图 1-34）、上部校平挡块以及驱动部件组成的。该设备主要是将弯曲的卷料重新校直，然后再进入落料压力机进行剪切。

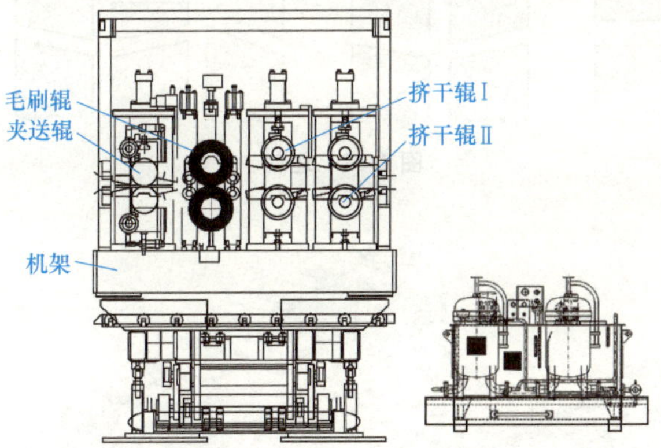

图 1-32　卷料清洗机

图 1-33　校直机

（7）活套缓冲坑　活套缓冲坑包括悬链辊、活套桥和光栅设备（图 1-35）。它安装在连续运行的矫平机和间歇运行的辊子送料装置之间。活套控制能够确保为落料线中的压力机提供充足的间歇性带料进料。活套深度的选择需要适合于带料的厚度和屈服强度范围，以防止固定塑性材料发生任何更多的变形。

（8）辊子送料设备　辊子送料设备由机架、送料辊、配备带料侧面导向的导向辊辊道、测量轮和伺服驱动单元组成（图 1-36）。在进料过程中，辊子送料设备以一定角度将活套坑输送过来的卷料输送到落料压力机中。

2. 落料压力机

当卷料输送至落料压力机后，落料压力机开始剪切出一定规则形状的坯料，这些坯料是

图 1-34　夹送辊

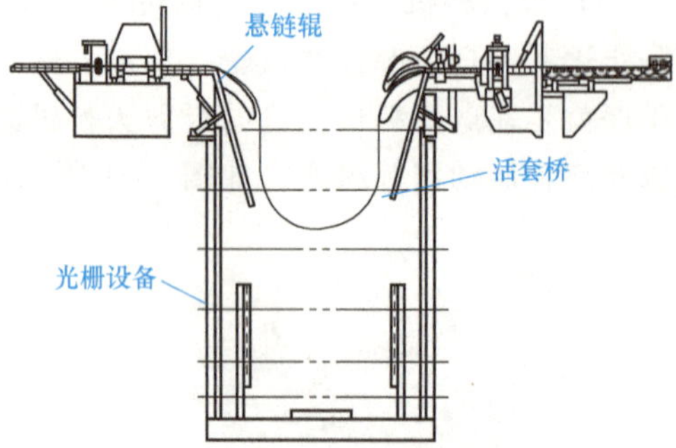

图 1-35　活套缓冲坑

冲压线成形工艺的原材料（图 1-37）。

落料压力机与普通压力机结构相似，都是由上横梁、滑块、立柱、移动工作台、底座以及落料模组成的（图 1-38）。为了进一步提高生产效率和减少模具的存放空间，很多汽车厂在开卷落料线都采用摆剪模（图 1-39），摆剪模刀具的最大摆动角度为±30°，由伺服电动机进行驱动。

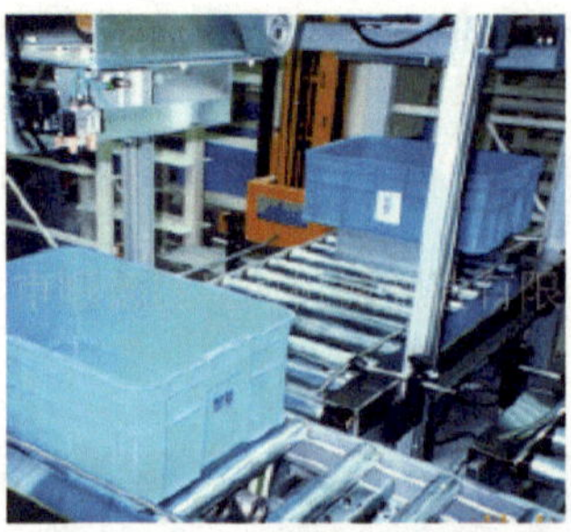

图 1-36　辊子送料设备

图 1-37　坯料

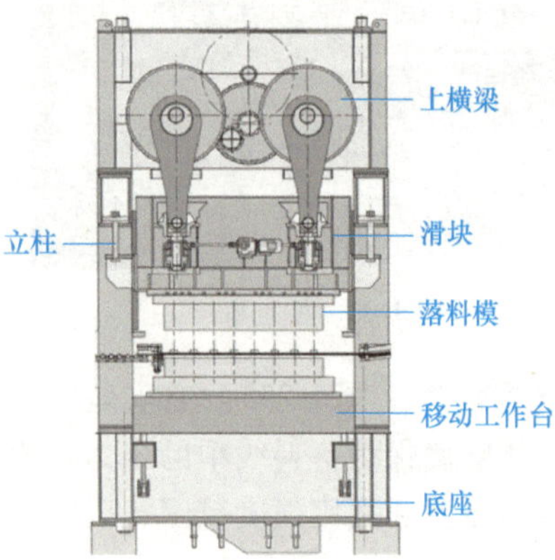

图 1-38　落料压力机

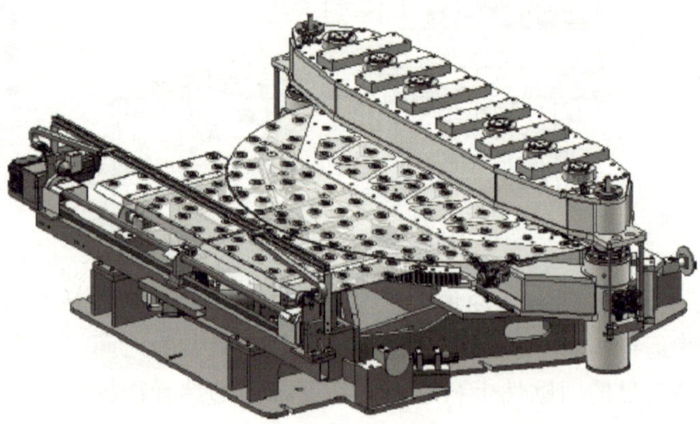

图 1-39　摆剪模

3. 堆垛单元

堆垛单元由伸缩式输送机和堆垛机等组成。

(1) 伸缩式输送机　伸缩式输送机的作用是将落料压力机剪切的板料输送至堆垛机。伸缩式输送机由四条传送带组成，每条传送带可根据落料模具和剪切出来坯料的形状进行单独横向调节以及纵向伸缩，并且在高度上也可以进行整体调节，以适应不同高度的模具，如图 1-40 所示。

(2) 堆垛机　堆垛机主要由磁性输送机、堆垛小车以及液压升降台组成，如图 1-41 所示。整条落料线的基本操作步骤为卷料上料→开卷→清洗→校直→送料→剪切→落料→堆垛。整条线的生产模式为全自动化生产，自动化程度非常高，整线操作仅需要三个操作员。开卷落料线为冲压线提供原材料，是冲压成形的前工序。

图 1-40　伸缩式输送机

图 1-41　堆垛机

六、压力机

拉深、冲弧、弯曲等板料冲压加工是将冲模装在压力机上，高速、大量生产出高质量的零件。

(1) 压力机分类

1) 按动力传递形式，压力机分为机械压力机和液压机，机械压力机常用的有摩擦压力机和曲柄压力机。曲柄压力机的工作原理为：曲柄压力机（图 1-42）工作时，由电动机通过 V 带驱动大带轮（通常兼作飞轮），经过齿轮副和离合器带动曲柄滑块机构，使滑块和凸模直线下行。锻压工作完成后滑块回程上行，离合器自动脱开，同时曲柄轴上的制动器接

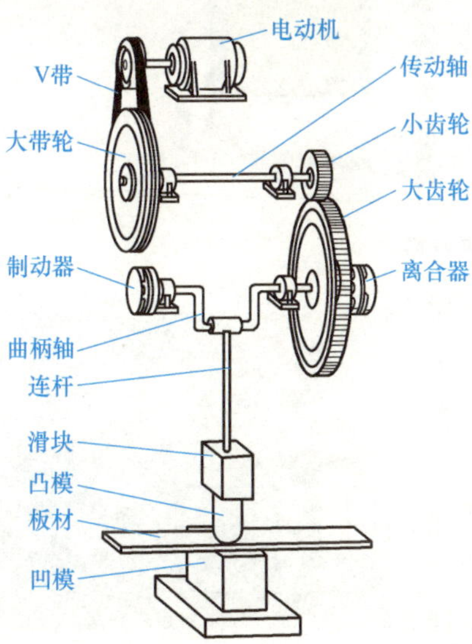

图 1-42　曲柄压力机

通，使滑块停止在上止点附近。

2）按床身的形式，压力机分为开式压力机和闭式压力机。开式压力机也称为冲床，应用最为广泛，如图 1-43 所示。开式压力机多为立式，机身呈 C 形，前、左、右三面敞开，结构简单，操作方便，机身可倾斜某一角度，以便冲好的工件滑下落入料斗，易于实现自动化。但开式压力机机身刚度较差，影响制件精度和模具使用寿命，适用于 40～4000kN 中小型压力机。闭式压力机机身呈框架形，机身前后敞开，刚性好，精度高，工作台面的尺寸较大，如图 1-44 所示，适用于压制大型零件，公称工作力多为 1600～60000kN。冷挤压、热模锻和双动拉深等重型压力机等均使用闭式压力机。

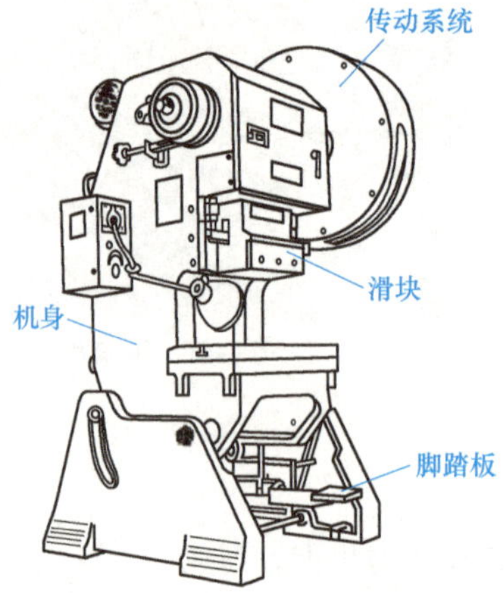

图 1-43　开式压力机

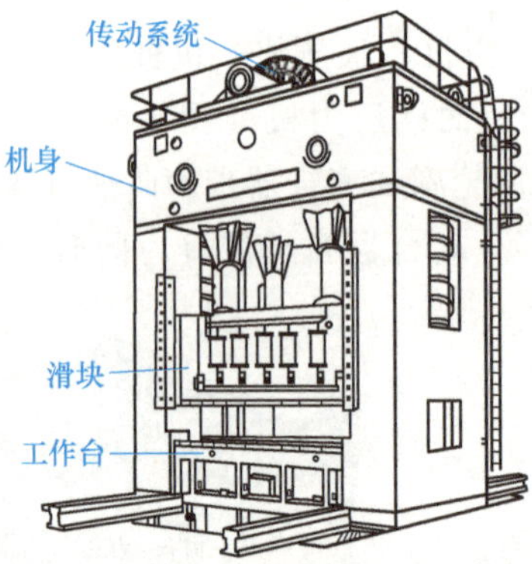

图 1-44　闭式压力机

3）按压力机的压力大小，压力机可分为小型压力机、中型压力机和大型压力机。压力在 100t 以下的是小型压力机，在 100～300t 的是中型压力机，在 300t 以上的是大型压力机。

（2）双柱式压力机　双柱式压力机的床面和滑块行程很大，一般为 1000kN 以上弧度大、刚度高的大型、中型压力机，适于加工较高精度的冲压件。双柱式压力机如图 1-45 所示。

图 1-45　双柱式压力机

(3) 双动压力机　浅拉冲压件或几乎无精度要求的拉深件，大都采用缓冲装置来压边。而深拉冲压件或高精度的拉深件，则在双动压力机（图 1-46）上成形。当压料圈压住板料后，装在内滑块上的冲模开始拉深。压料圈的负荷虽随滑块的负荷而变化，但可从液压压料装置中得到补偿，以使压边力在冲压成形过程中保持一致。

(4) 四柱式油压机　四柱式床身结构主要用在油压机上，由上横梁、工作台和四根立柱装配而成，主柱也是滑块的导轨。四柱式油压机如图 1-47 所示。

图 1-46　J45-315A 单点双动压力机

图 1-47　四柱式油压机

七、汽车冲压生产线

1. 汽车落料剪切生产线

汽车车身冲压件所用钢板大部分都是以卷料进厂，在冲压成形前应在剪切线上剪成所需要的尺寸与形状。卷料剪切线可按剪切机类型和卷料输送方式区分，其情况见表 1-1 和表 1-2。图 1-48 所示为汽车外板落料剪切生产线。生产线由卷料台车、储存装置、开卷机、缓冲架、洗涤弯转装置、平整机、高速送料器、落料压力机、堆料机和控制装置组成。平整机用于卷料校平，可消除加工硬化钢板屈服强度延伸现象，其效果与弯曲装置相同。在落料生产线或剪切生产线上已剪成的大型板料，可再用圆盘剪床或龙门剪床（图 1-49）剪成板条料。

表 1-1　轿车生产冲压车间设备

用途	分类	台数	备注
坯料剪切冲压前处理	落料生产线	4	包括梯形落料生产线
	剪切生产线	3	
	龙门剪切机	6	
	多圆剪切机	1	
	钢板平整机	2	
	钢板清洗机	1	
	钢板翻转机	2	
冲压加工（拉深冲孔弯曲等）	大型压力机（吨位 4000～15000kN）	80(13)	1）一般由 3～6 台压力机组成生产线 2）括号内为双动压力机
	中型压力机（吨位 3000～5000kN）	69(9)	
	小型压力机（吨位 500～2500kN）	33	
	连续自动压力机	2	
	高速自动压力机	2	

（续）

用途	分类	台数	备注
模具修理用	模具修理用压力机	2	油压驱动
废料处理	打包机	6	油压驱动

表 1-2　卷料剪切线分类

按剪床分类	按卷料输送方式分类	按剪床分类	按卷料输送方式分类
高速剪床生产线	定量滚动送料	移动式梯形落料生产线	辊道送料
剪床生产线	长度定程送料	圆盘剪床生产线	凸轮送料
落料压力机生产线	夹持送料		

图 1-48　汽车外板落料剪切生产线

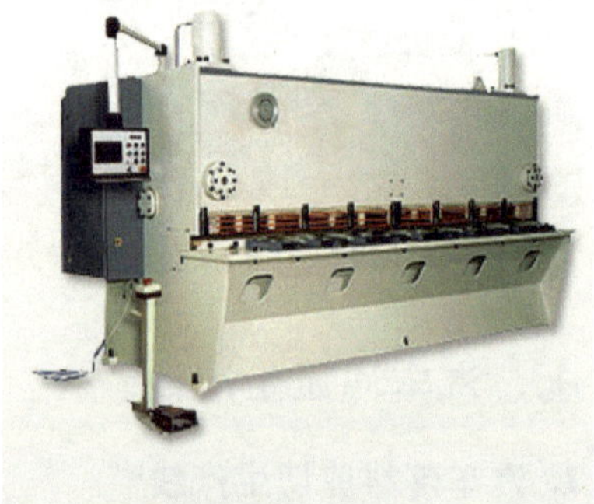

图 1-49　龙门剪床

2. 冲压自动化生产线

汽车覆盖件冲压生产的机械化和自动化程度是汽车车身制造技术水平的重要标志之一。冲压生产的机械化和自动化主要表现在：坯料准备，使用卷材、带料，实现卷材的开卷、校平和落料自动化；大型覆盖件，形成不同形式的冲压自动化生产线和机械化冲压生产线；小型冲压件，大量采用连续或自动冲模，采用高速压力机实现冲压生产的高速化；废料排除，采用废料处理的自动化系统。根据产量的不同，生产线的自动化程度也不同。半自动化生产线：人工上料、取件，由传送带在设备间运输半成品件。自动化生产线：自动上料、取件，由传送带在设备间运输半成品件。全自动化生产线：卷材开卷线、上料、涂润滑油、取件、工序件翻转、输送和工序件的质量检测等全部由程序控制或计算机控制，全生产线实现无人化生产。

（1）半自动冲压生产线　半自动冲压生产线是指除二次加工件需人工搬运外，生产线上的其他装置与设备（送料器、卸料器）都实现了自动化，如图 1-50 和图 1-51 所示。

（2）自动冲压生产线　自动冲压生产线，按其机械结构不同，可分为刚性连接的自动化生产线（图 1-52）和柔性连接的半自动化生产线（图 1-53）。

刚性连接的自动化生产线由一个贯通全线的刚性滑架构成，整个滑架与压力机同步动作，分别完成包括夹紧、进给、松开和复位等动作在内的工作循环。这种自动化生产线要求压力机之间距离相等或压力机间共位成倍数。全线的压力机和自动传送装置以及出件器、翻转器等通过统一的动力系统，自动协调动作。这种自动化生产线的自动化程度较高，通用性

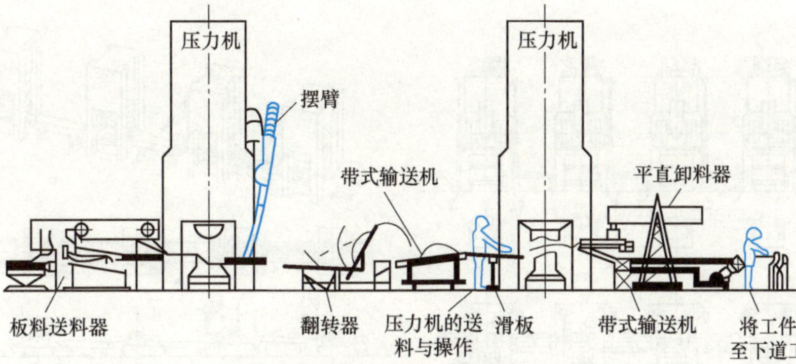

图 1-50　半自动冲压生产线

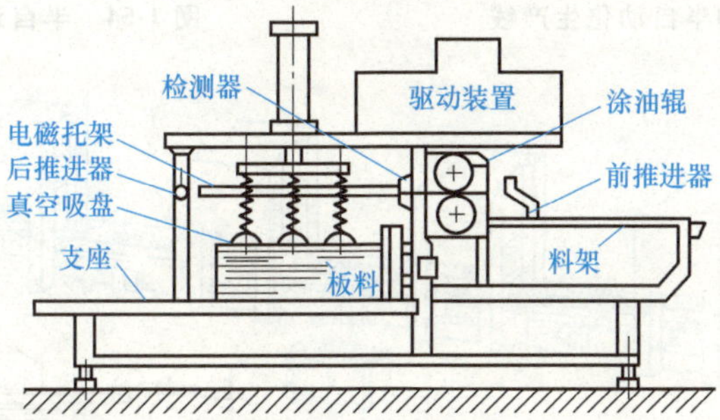

图 1-51　板料送料器

图 1-52　刚性连接的自动化生产线

较差，要有很好的定位和可靠的保险装置。柔性连接的半自动化生产线调整方便、机动灵活、通用性较好，它不像刚性连接的自动化生产线要求那么高，压力机间距离不一定相等，也不一定要求压力机距离间隔为零件共位的倍数。这种生产线适用于产量不是非常大的情况，图 1-54 所示为半自动化生产线示意图。

图 1-55 所示为全自动生产线示意图。目前，国内各大汽车厂的车身覆盖件的批量生产均采用全自动冲压生产线或者大型多工位压力机。前者基本都是由单台压力机串联成一条生产线，压力机之间零件的搬运采用机器人完成。这种通过机器人组成的自动化冲压线，在世界范围内得到了广泛的应用。自动化生产线还包括自动化板料拆垛装置。

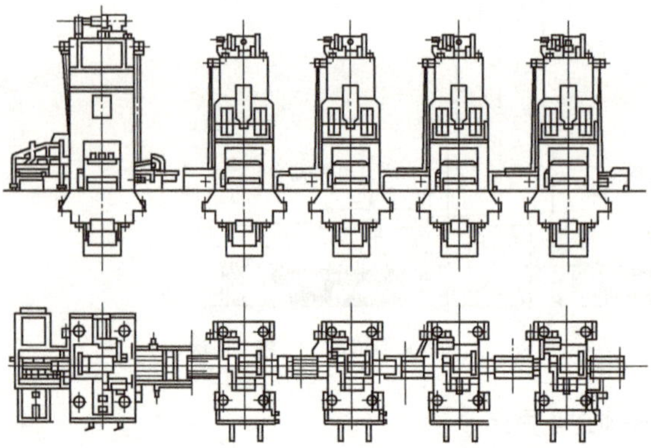

图 1-53　柔性连接的半自动化生产线

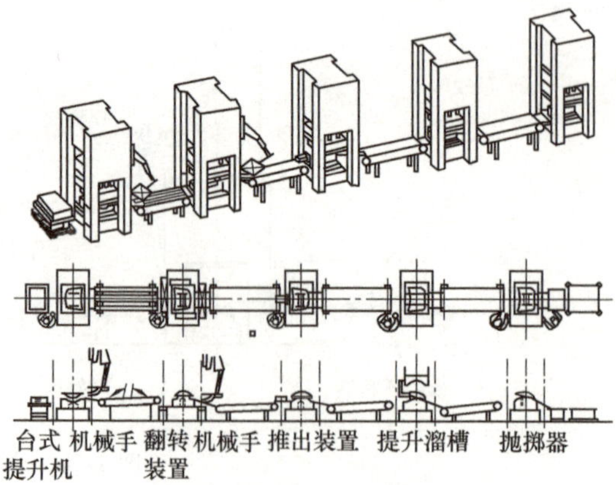

图 1-54　半自动化生产线示意图

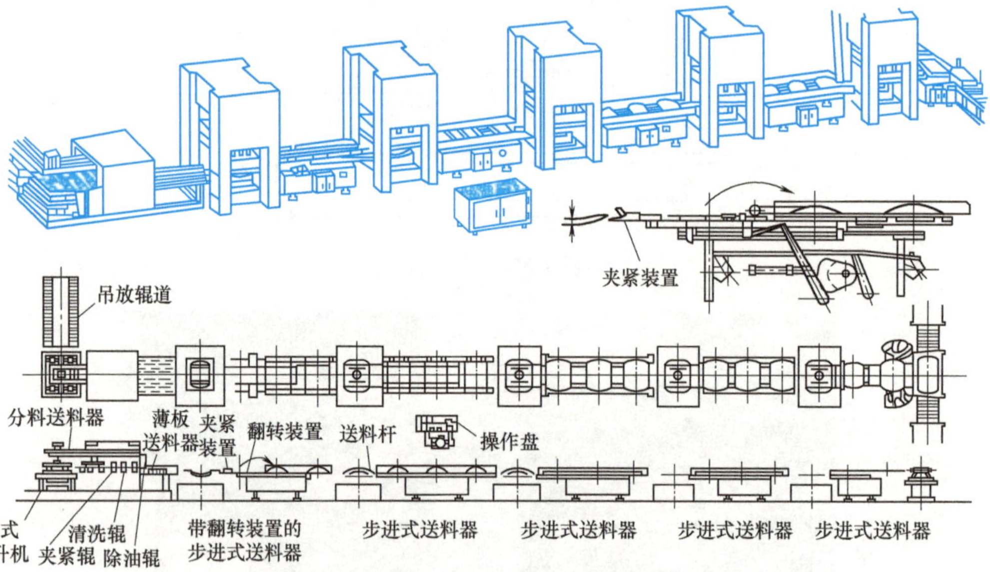

图 1-55　全自动生产线示意图

采用机器人进行压力机连线的优点在于，工件在单台压力机之间不需要过渡存放，如图 1-56 所示。机器人的端拾器将工件从一台压力机的模具里面取出来，然后直接放到下一台压力机的模具里面。因此每一台压力机只需要一个机器人，而省掉了过渡工位托架。采用机器人的缺点是，重工件由于离心力较大而且传送距离较长而不能快速输送，所以生产线的产量很大一部分取决于工件的大小，目前的水平是 6~8 件/min。

为进一步提高自动化生产线的效率，德国和日本又分别研制出了横杆式机器人（图 1-57），配合高速冲压生产线，将冲压自动化生产线的生产效率提高到 12~18 件/min，使生产效率能够达到 700 件/h 以上。相对于传统的机器人，横杆式机器人缩短了机器人搬运冲压件的时间，缩短了机器人的安装时间，使压力机的间距由 6~8m 缩短到 5.2m。这样不仅缩短了工件的搬运时间，提高了生产节拍，还减少了厂房建设的投资，为企业节省了大量的资金。

图 1-56　机器人自动化生产线

图 1-57　横杆式机器人（机械手）

（3）坯料准备的自动化和机械化　毛坯准备工作主要是板料剪切，如果使用的毛坯是卷材，则毛坯准备工作包括开卷、落料或剪切。用来剪切板料的普通剪板机的机械化生产线一般由升降料台、板料的分放机构、送料机构、定位机构、下料机构和堆垛机构等组成（具体部件参见图 1-58）。

宽卷材是汽车车身覆盖件生产中广泛采用的一种原材料形式，用宽卷材备料的工艺程序一般是：开卷机开卷→多辊校平→落料压力机落料（或切断）→堆垛。

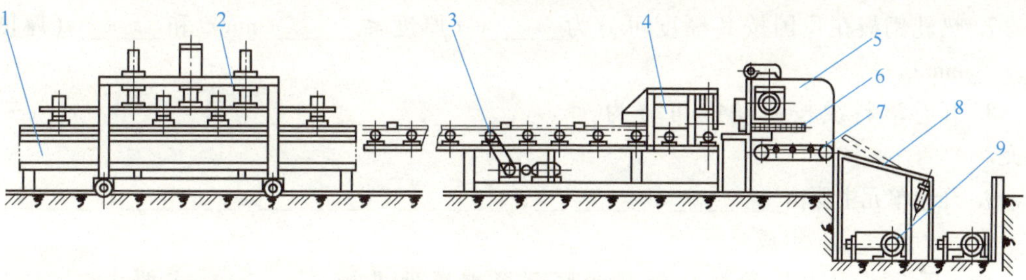

图 1-58　板料剪切机械化生产线

1—升降料台　2—带有抓取机构的可移式板料放置装置　3—机动滚道　4—送进装置　5—剪板机　6—防板料下沉磁力滚道　7—下料机构　8—下料转换机构　9—坯料起重运输小车

（4）废料处理方式　大批量生产车身时，冲压后的废料处理是汽车覆盖件生产中不可缺少的一个环节，在较大的汽车车身生产工厂，由于生产量大，废料多（一般占原材料的 25%～40%），一般在冲压厂房地下设有复杂的废料处理系统。图 1-59 所示为地下冲压废料处理系统示意图。废料处理的一般过程如下：

1）废料的收集。从压力机冲模上顺序下来的废料，通常都采用由冲压设备旁的斜槽自动经设在压力

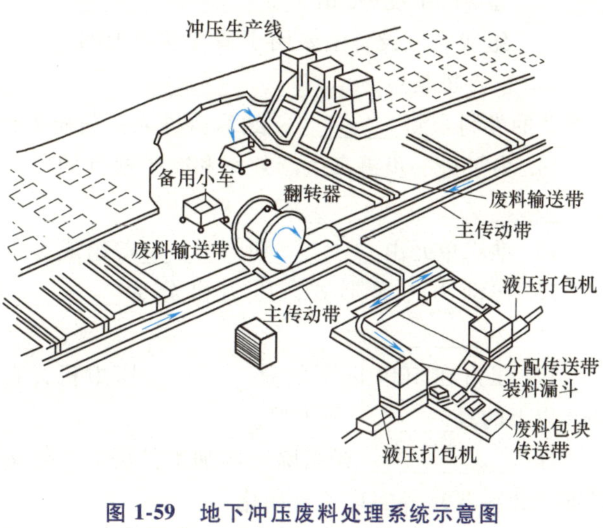

图 1-59　地下冲压废料处理系统示意图

机前后地面上的废料洞口下的滑槽滑入地下输送带上。

2）由地下输送带将废料送至处理车间。

3）用打包机打包成块。

4）将压好的废料块由专用运输车送出。

学习效果评价（任务工单）

一、填空题

1. 按轧制方法区分，汽车冲压钢板可分为____________和____________。

2. 按冲压级别区分，汽车冲压钢板可分为________、________和________。

3. 按强度级别区分，汽车冲压钢板可分为________、________和________。

4. 目前，大批量生产中使用最多的就是________。冷轧薄钢板的厚度在________ mm范围内，汽车车身多采用________ mm 的薄板。

5. 为确保车身碰撞安全性和轻量化，用于汽车车身的高强度钢板强度从440MPa级提高到________ MPa 级。

6. 汽车用高强度冷轧钢板主要用于车身零部件，大致分为________、________和________三类。

7. 热轧钢板在我国按其厚度可分为______（厚度≤______ mm）和______（厚度>______ mm）。

8. 开卷落料线按照功能可分为____________、____________和____________三个单元。

9. 开卷单元主要由________、________、________、________、________、________、________、________组成。

10. 开卷机用于将卷料从顶部或底部至支撑处进行________，主要由________、________、________以及________组成。

11. 为了防止一些不良情况损坏设备，在进入落料线剪切之前都需要将卷料的最外一层切掉，而这一工序就是在________完成的。

12. 卷料清洗机由________、________、________、________、________以及________组成。该设备主要用于清洗卷料上的________。

13. 校直机是由________、________、________以及________组成的。该设备主要是将弯曲的卷料重新________，然后再进入落料压力机进行剪切。

14. 为了进一步提高生产效率和减少模具的存放空间，很多汽车厂在开卷落料线都采用________。

15. 堆垛单元由________和________等组成。

16. 按动力传递形式，压力机分为________和________，机械压力机常用的有________和________。

17. 压力在100t以下的是________压力机，在100～300t的是________压力机，在300t以上的是________压力机。

18. ____________是指除二次加工件需人工搬运外，生产线上的其他装置与设备（装料器、卸料器）都实现了自动化。

19. 按机械结构的不同，冲压自动化生产线可分为＿＿＿＿＿＿和＿＿＿＿＿＿。

二、简答题

1. 简述汽车冲压材料的基本要求。

2. 简述汽车冲压设备发展的四个阶段。

<table>
<tr><th colspan="3">考核与评价</th></tr>
<tr><td>成员合作</td><td colspan="2">好◎　一般◎　较差（理由）：</td></tr>
<tr><td rowspan="2">任务完成情况</td><td>基础知识　熟练◎　不太熟◎</td><td>案例分析　熟练◎　不太熟◎</td></tr>
<tr><td>资料查阅　熟练◎　不太熟◎</td><td>能力训练　熟练◎　不太熟◎</td></tr>
<tr><td colspan="2">其他（包括对学习过程、老师教学方法的建议和意见，对同组学生评价等各方面）</td><td></td></tr>
<tr><td colspan="2">分析汽车冲压材料的主要性能，掌握汽车冲压材料分类及各类型材料在汽车上的应用，并对以上学习任务做出评价</td><td></td></tr>
</table>

学习任务三　汽车冲压工序及冲压模具设计

【任务描述】

在现代汽车生产制造中，冲压工艺起着重要的作用。据统计，汽车60%~70%的零件是用冲压工艺制造出来的。特别是车身的制造，更离不开冲压工艺。轿车所有的覆盖件、骨架件，载货汽车的驾驶室板件、车架零件等，都是采用冲压工艺成形的。冲压技术对汽车产品质量、生产效率及生产成本有着重要影响。

【学习重难点】

1. 学习重点

汽车冲压工序内容及其特点。

2. 学习难点

汽车冲压模具结构及工作原理。

【任务学习资料】

一、汽车冲压基本工序

1. 冲压定义

冲压是指利用安装在压力机上的冲模对材料施加压力，使其产生分离或塑性变形，从而获得所需要零件的一种压力加工方法。冲压一般在室温下进行，所以又称为冷冲压，如图 1-60 所示。

图 1-60　汽车冲压

2. 冲压工序分类

由于冲压件的形状、尺寸和精度要求不同，因此，冲压加工方法是多种多样的。根据材料的变形特点及企业现行的习惯，冲压的基本工序可分为分离工序与成形工序两大类。分离工序是使冲压件与板料沿要求的轮廓线相互分离，并获得一定断面质量的冲压加工方法。成形工序是使冲压毛坯在不破裂的条件下发生塑性变形，以获得所要求形状、尺寸的零件的冲压加工方法。按冲压方式的不同，又有多种基本工序，见表 1-3。

表 1-3　汽车冲压基本工序

类型	工序	图例	实物	工序特点
分离	落料		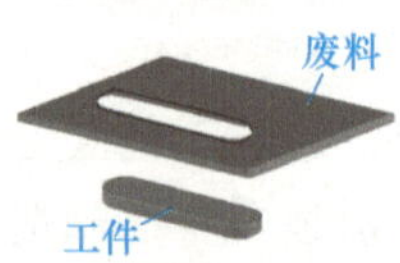	用冲模沿封闭曲线冲切，冲下的部分是零件。用于制造各种平板形状的零件
	冲孔	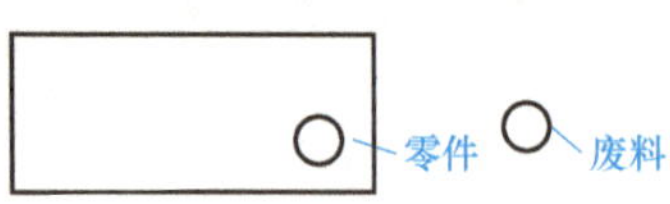	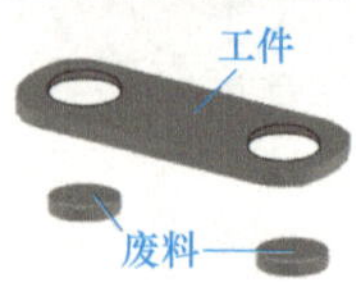	用冲模沿封闭曲线冲切，冲下的部分是废料。用于制造各种平板形状的零件
	切断		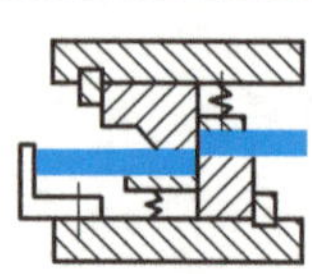	用冲模沿不封闭的曲线进行分切产生分离

（续）

类型	工序	图例	实物	工序特点
分离	切口	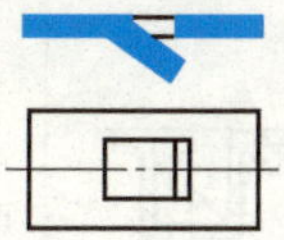	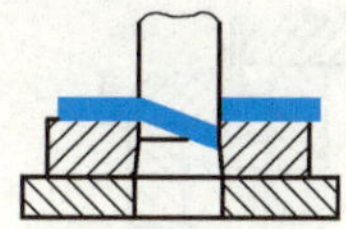	在坯料上将板材部分切开，切口部分发生弯曲或分离
	修边	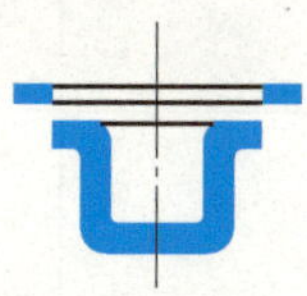	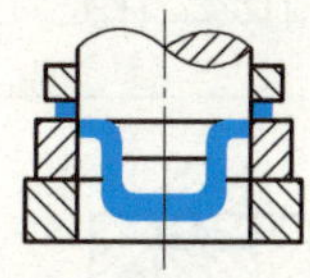	将拉深或成形后的半成品边缘部分的多余材料切掉
	剖切	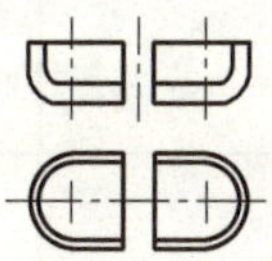	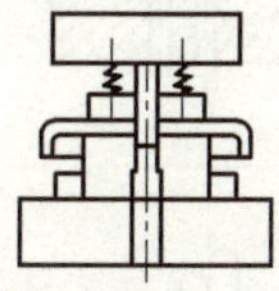	将半成品切开成两个或几个工件
成形	弯曲	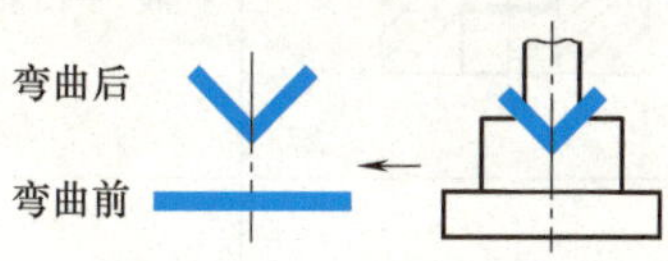	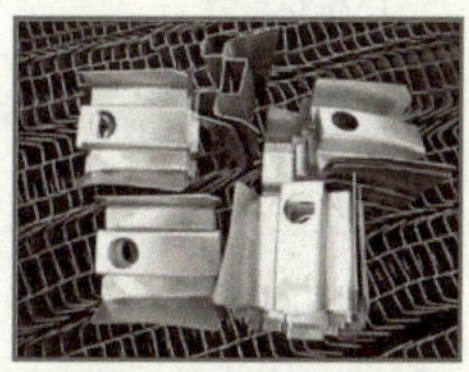	使坯料的一部分相对于另一部分弯曲成一定角度的工艺
	拉深	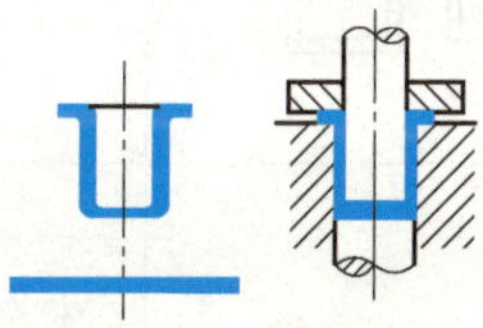	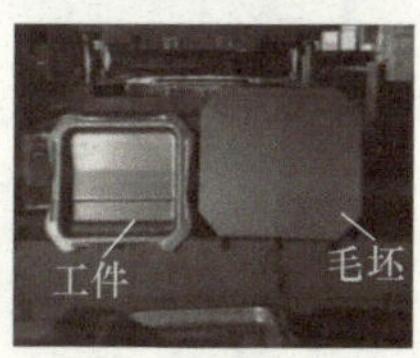	将板料压制成空心零件，壁厚基本不变
	翻边	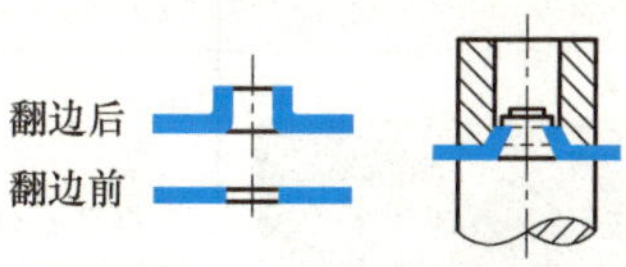	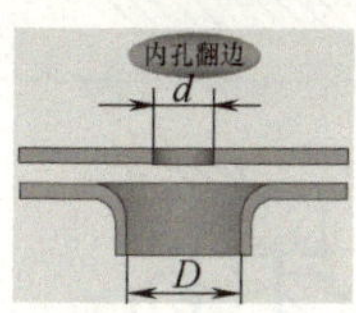	将板料或工件上有孔的边缘翻成竖立边缘
		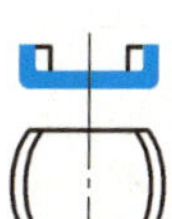 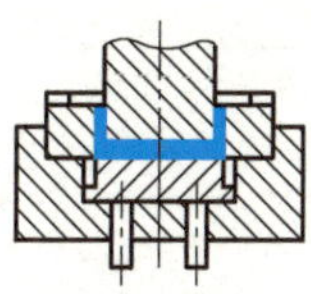		将工件的外缘翻起圆弧曲线状的竖立边缘
	扭曲	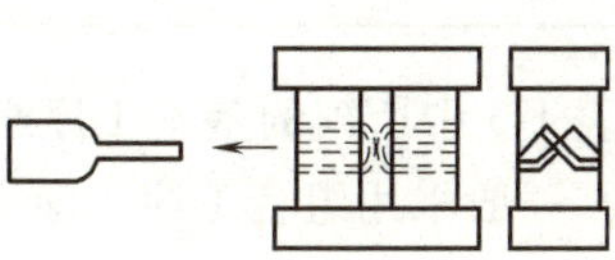	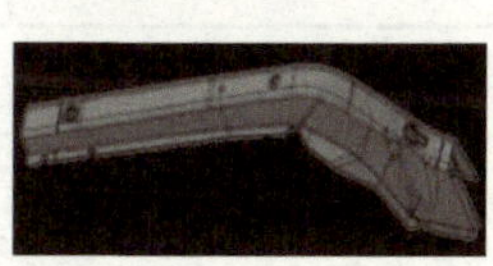	将平板坯料的一部分相对于另一部分扭转一个角度

（续）

类型	工序	图例	实物	工序特点
成形	整形	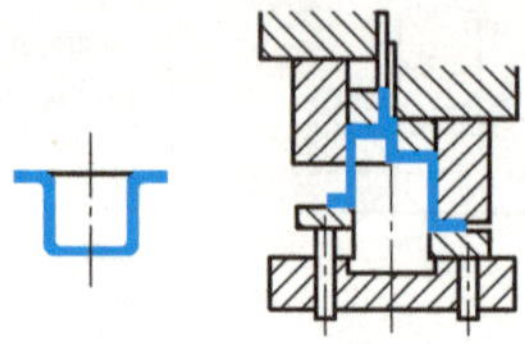	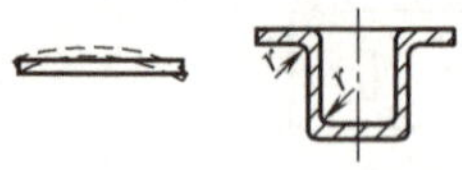	把形状不太准确的工件校正成形
	局部成形	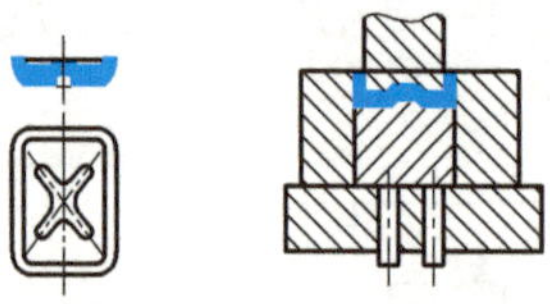		在板料或工件上压出筋条、花纹或文字，在起伏处的整个厚度上都变薄
	胀形	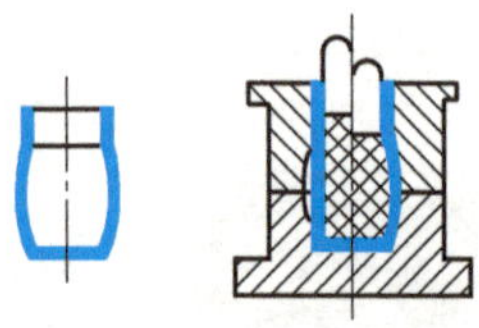	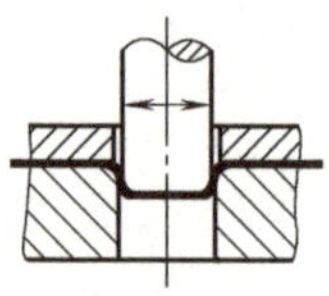	使空心件的一部分沿径向扩展，呈凸肚形
	缩口	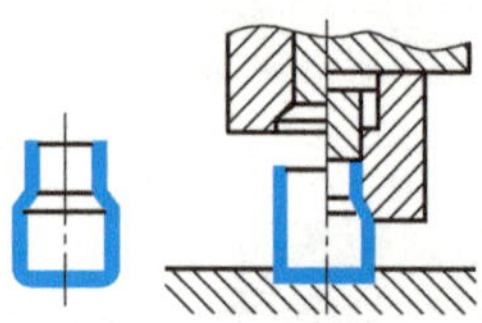	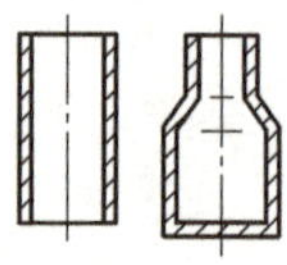	将空心件的口部缩小
	扩口	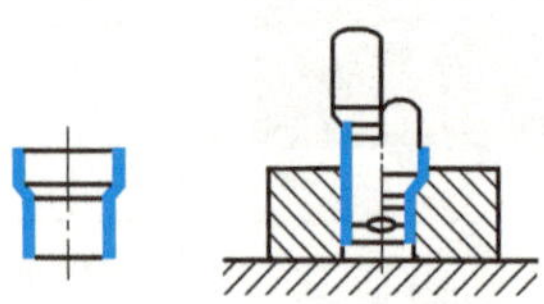		将空心件的口部扩大，常用于筒形零件
	卷边	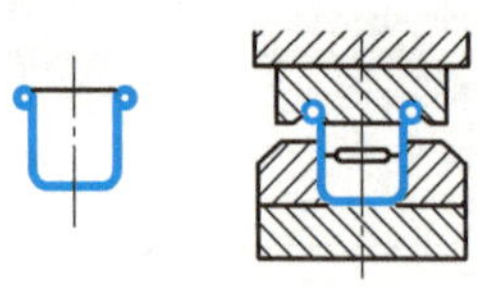		将空心件的边缘卷成一定的形状
	校平	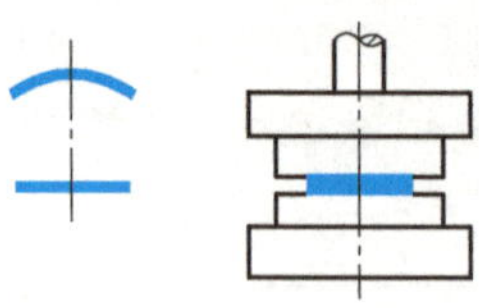		将毛坯或工件不平的面或弯曲部位予以压平

在实际生产中，当生产批量较大时，如果仅以表 1-3 中所列的基本工序组成冲压工艺过程，则生产率可能很低，不能满足生产需要。因此，一般采用组合工序，即把两个以上的基本工序组合成一道工序，构成复合、级进、复合—级进的组合工序。

二、冲压工艺方法

冲压工艺方法的种类很多，在汽车冲压工艺中常用的工艺方法主要有开卷与校平、冲裁、弯曲、拉深、胀形等。

1. 开卷与校平

图 1-61　开卷校平生产线

开卷与校平属于汽车冲压工艺前板料预处理工艺，通常与剪切和下料工序一道在生产线上完成。其工艺内容是将钢厂供应的卷筒板料进行开卷，整平后按照冲压工艺要求剪断成一定尺寸规格的料坯。开卷与校平工序处于冲压工艺流程的首位，通过该工序可将冲压坯料达到预期要求的平整度和尺寸，且不对板料造成任何损伤。某企业生产的开卷校平生产线如图 1-61 所示，常见的板料开卷和下料参数见表 1-4。

表 1-4　常见的板料开卷和下料参数

<table>
<tr><th rowspan="3">带材厚度/mm</th><th rowspan="3">带材宽度/mm</th><th colspan="3">生产线速度/(m/min)</th><th rowspan="3">带材内径/mm</th><th rowspan="3">带材最大质量/kg</th><th rowspan="3">带材最大外径/mm</th><th rowspan="3">剪板长度/mm</th></tr>
<tr><th colspan="2">横剪</th><th rowspan="2">纵剪</th></tr>
<tr><th>飞剪</th><th>停机剪</th></tr>
<tr><td>0.15~0.6</td><td>—</td><td rowspan="3">70~120</td><td rowspan="3">15~60</td><td rowspan="3">30~200</td><td>450、508</td><td>15000</td><td rowspan="10">1000~2200</td><td rowspan="3">500~4000</td></tr>
<tr><td>0.3~1.2</td><td>450</td><td rowspan="2">508、610</td><td rowspan="5">20000</td></tr>
<tr><td>0.5~2.0</td><td>650</td></tr>
<tr><td>0.8~3.0</td><td>800</td><td rowspan="3">60~80</td><td rowspan="3">15~50</td><td rowspan="3">30~150</td><td rowspan="7">508、610、762</td><td rowspan="7">1000~16000</td></tr>
<tr><td>1~4</td><td>1000</td></tr>
<tr><td>2~8</td><td>1300</td></tr>
<tr><td>3~12</td><td>1600</td><td rowspan="4">30~60</td><td rowspan="4">10~40</td><td rowspan="4">—</td><td rowspan="4">40000</td></tr>
<tr><td>4~16</td><td>1800</td></tr>
<tr><td>6~20</td><td>2000</td></tr>
<tr><td>8~25</td><td>2200</td></tr>
</table>

2. 冲裁

冲裁是利用冲裁模使板料产生分离的一种冲压工艺，主要包括落料、冲孔、切口、修边、剖切和切断等多种具体工序。在冲裁过程中，板料在模具的作用下被分成两部分，可以直接冲出成品零件，也可以为其他工序制备毛坯。从板料上冲下所需外形的零件或毛坯的冲裁工序称为落料，在工件或板料上冲出所需形状的孔的冲裁工序则称为冲孔。

3. 弯曲

弯曲是利用设备或专用工具使金属板料、管料、棒料或型材在模具中弯成一定曲率、一定角度和形状的变形工艺，如图 1-62 所示。弯曲工艺在冲压生产中占有很大的比例，应用于汽车纵梁、车厢等零件的成形过程。弯曲成形既可以利用模具在压力机上进行，也可以在其他专用设备（如折边机、弯管机、滚弯机）上进行。这些弯曲方法尽管使用的坯料和采用的工具及设备各不相同，但它们弯曲时的变形规律是一样的。

4. 拉深

拉深（又称为拉延）是利用拉深模将冲裁或裁剪后所得到的平板坯料制成开口空心件的一种冲压方法。拉深是冲压生产中应用最广泛的工序之一，汽车车身覆盖件的主要生产工艺就是拉深。拉深工艺示意图如图 1-63 所示。

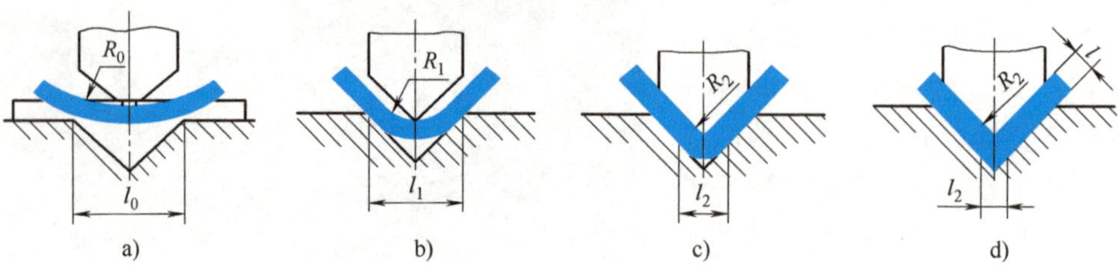

图 1-62　弯曲变形工艺过程

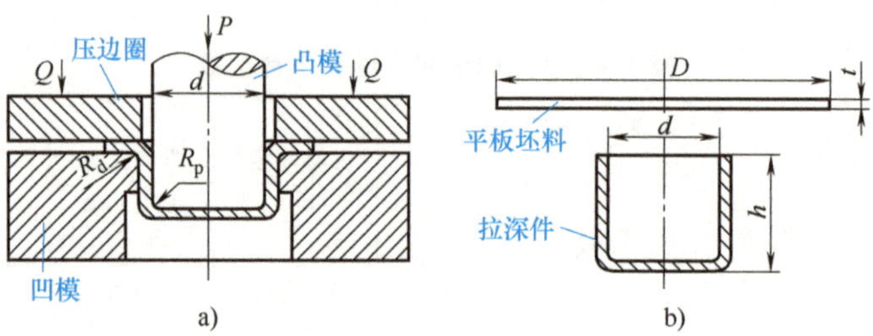

图 1-63　拉深工艺示意图

a）拉深模结构　b）坯料与制作图

三、汽车典型冲压覆盖件的冲压工序流程

1. 发动机外罩成形工艺路线

发动机外罩成形工艺路线见表 1-5。

表 1-5　发动机外罩成形工艺路线

工序号	工序名称/说明	设备	简图
1	下料/开卷与校平	开卷与校平生产线	
2	拉深/整体成形	双动拉深压力机	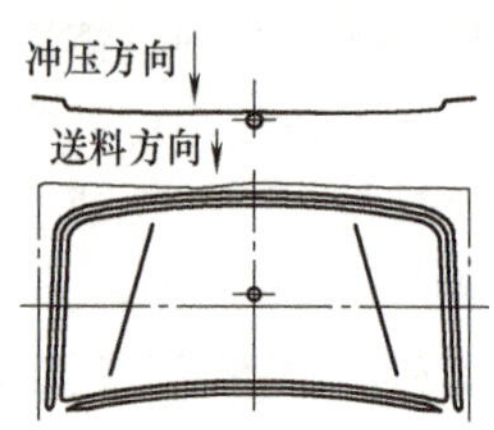

（续）

工序号	工序名称/说明	设备	简图
3	修边冲孔/周边修边、冲通风孔	单动压力机	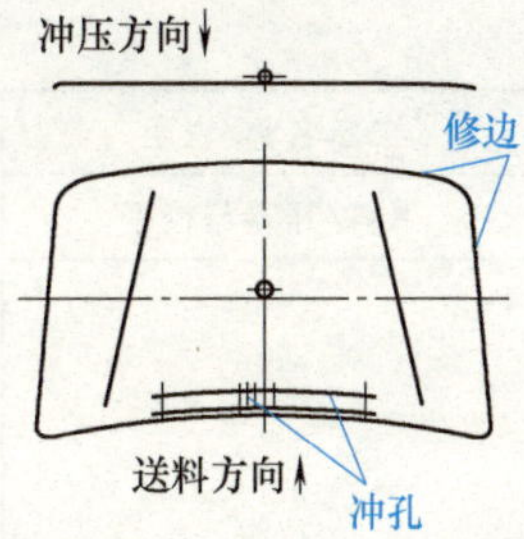

2. 顶盖成形工艺路线

顶盖成形工艺路线见表 1-6。

表 1-6　顶盖成形工艺路线

工序号	工序名称/说明	设备	简图
1	下料/开卷与校平	开卷与校平生产线	
2	拉深/拉深及两侧切边	双动拉深压力机	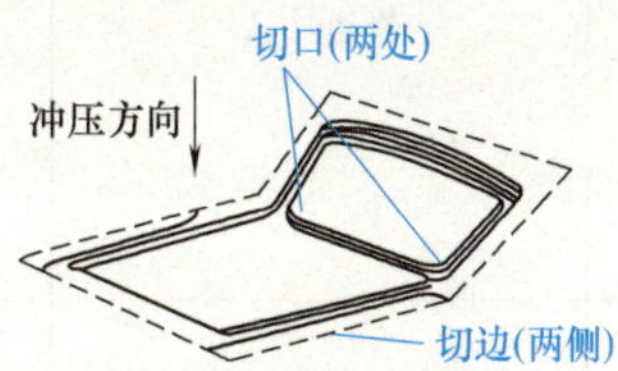
3	修边冲孔	单动压力机	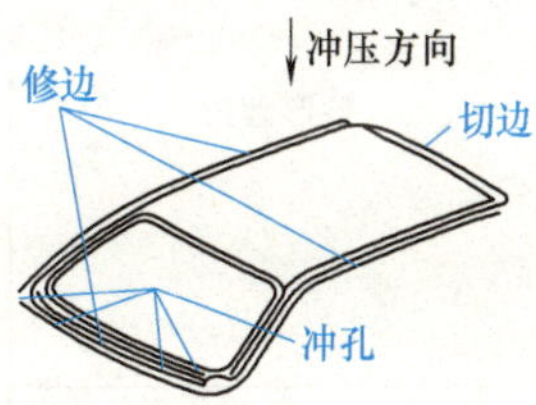
4	整形翻边	单动压力机	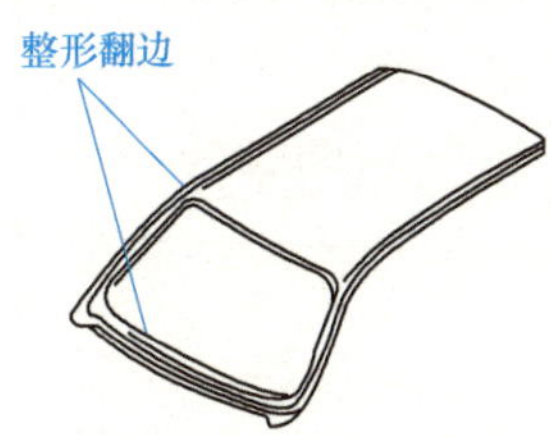
5	修边冲孔整形	单动压力机	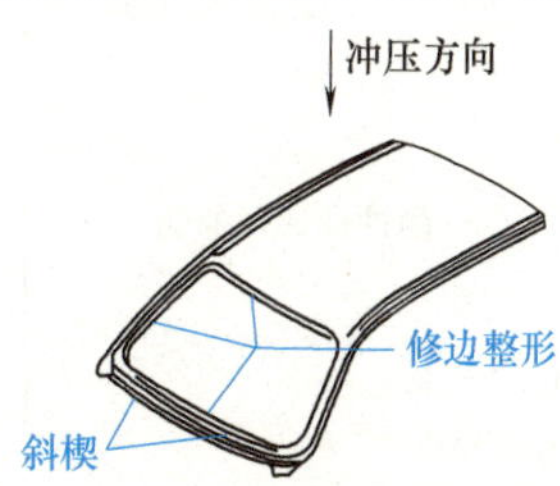

3. 左、右翼子板成形工艺路线

左、右翼子板成形工艺路线见表 1-7。

表 1-7 左、右翼子板成形工艺路线

工序号	工序名称/说明	设备	简图
1	下料/开卷与校平	开卷与校平生产线	
2	拉深	双动拉深压力机	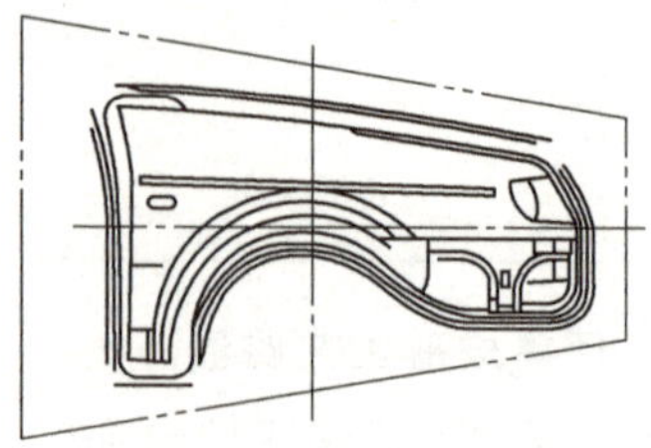
3	修边冲孔	单动压力机	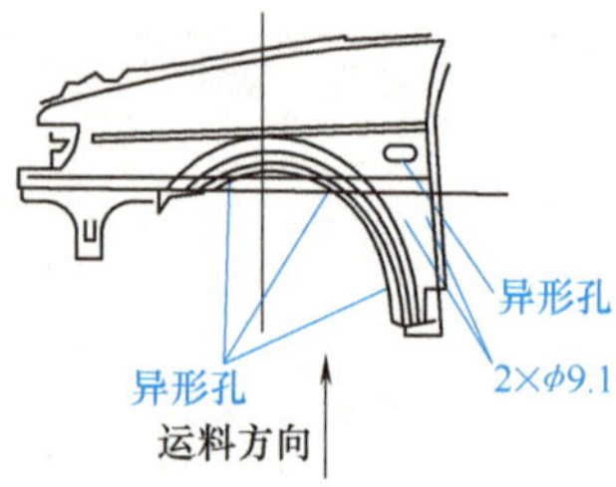
4	整形翻边	单动压力机	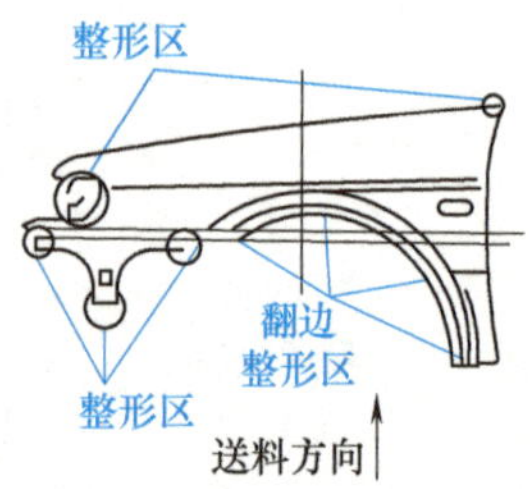
5	侧成形	单动压力机	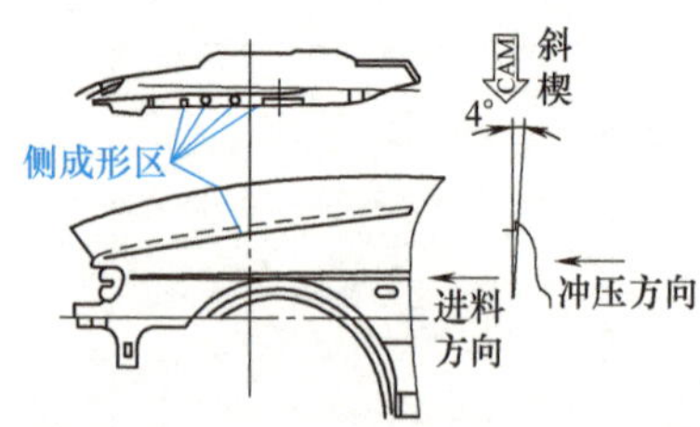
6	侧冲孔成形修边	单动压力机	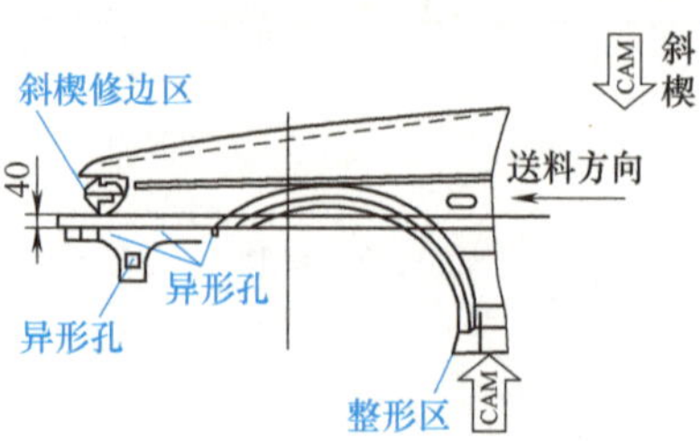

（续）

工序号	工序名称/说明	设备	简图
7	侧翻边冲孔	单动压力机	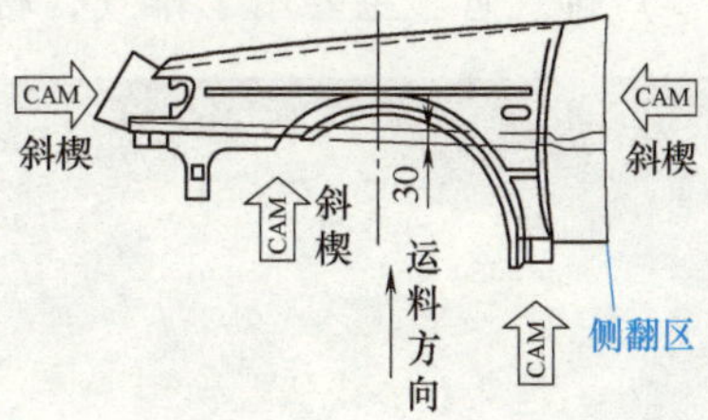

4. 汽车覆盖件成形工艺的设备配置

1）拉深工序多采用宽台面双动压力机。由于汽车覆盖件的形状复杂，单动压力机很难达到要求，因此广泛采用10000~20000kN的双动压力机。

2）广泛采用单动宽台面多点压力机。由于汽车覆盖件轮廓尺寸大且材料厚度小，因而广泛采用宽台面多点压力机。同时为了缩短换模时间，广泛采用带活动台面的压力机。

3）厂房地下应设置废料处理系统。由于生产量大，冲压生产中的废料通常都采用由斜槽自动滑入地下输送带，由输送带送至厂外，再用打包机打包后，由专用运输车送出。

4）应采用料堆翻转装置。在汽车覆盖件中，有许多左、右对称件，它们用同一落料模下料，但在拉深时毛坯正反方向不同，其中必有一件毛坯要翻转过来。为了提高生产效率，保证毛坯不受损伤和码放整齐，就要采用单个毛坯或料堆翻转装置。

四、汽车冲压模具

在汽车车身冲压中所使用的模具主要有拉深模、修边模和翻边模。

1. 拉深模

拉深是车身冲压除下料外的第一道工序，也是最重要的工序。车身覆盖件的基本形状是由拉深工序形成的，因此拉深模也是车身冲压最重要、最复杂的模具。拉深模就是把平板坯料拉伸成具有一定形状的空心零件，主要由凸模、凹模、压边圈、固定座和顶出器五个部件组成，如图1-64所示。

图1-64　拉深模

（1）凸模及其他组件　凸模也称为上模，是模具中用于成形制品内表面的零件，即以外形为工作表面的零件，如图1-65所示。主要功能如下：

1）自润导板。主要起导向的作用，材质通常是HT300。

2）调整垫块。主要用来调整凸模及压边圈是否敦实，材质通常是45钢。

3）铸入式起重棒。主要用于起吊模具，材质通常是45钢。

（2）凹模及其他组件　凹模也称为型腔，是成形塑件外表面的主要零件，可在定模上安装，也可以在动模上安装，如图1-66所示。

1）凹模本体。材质通常采用钼铬铸铁。

2）压印标记销。主要用来检测试模时模具能否合到底，还可以区分左、右件，材质通常是 Cr12MoV，通常安装在制件上比较接近平面的地方。

3）排气管。主要用于排气，材质通常是直径为 6mm 的铜管，安装在适当位置即可。

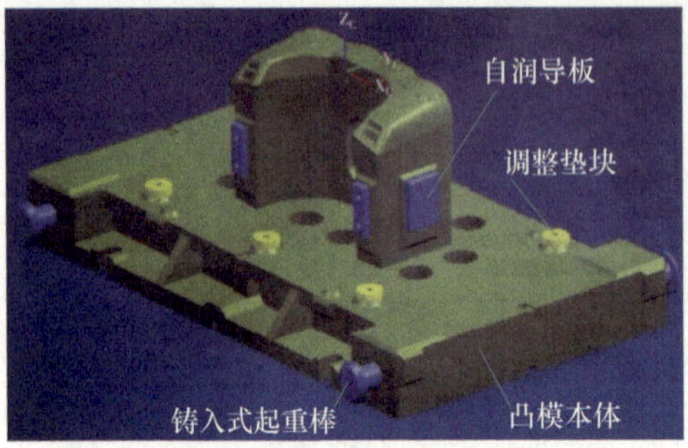

图 1-65　凸模及其他组件

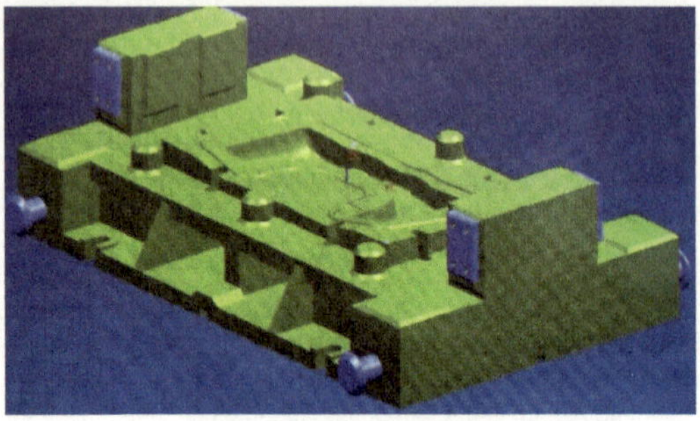

图 1-66　凹模及其他组件

（3）压边圈及其他组件　压边圈是指在拉深过程中，为防止工件口缘部分失稳而起皱，在凹、凸模之间边缘部分设置的圈形压紧装置。压边圈拉深时一般不需要进行润滑。图 1-67 所示为压边圈及其他组件。压边圈利用机械结构实现了对压边力的控制，而且结构紧凑、实用性强。

每个制件的汽车模具成功与否，最主要的是看能否拉出合格的拉深件。图 1-68 所示为汽车的侧围模具。

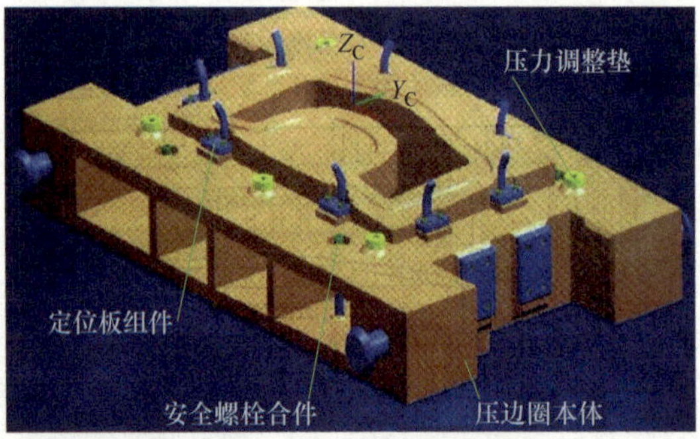

图 1-67　压边圈及其他组件

图 1-68　汽车的侧围模具

2. 修边模

一般所称的修边模包括了修边冲孔模，冲孔合并在修边中对于修边模的结构影响不大，只是增加了冲孔凸模、凹模和凸模固定座，如图 1-69 所示。修边冲孔模是汽车冲模中的第二套模具，其好坏直接影响装车后的效果。根据修边镶块的运动方向，修边模可分为以下三类：

1）修边镶块与压力机方向一致做垂直运动，这类修边模叫作垂直修边模。

2）修边做水平运动或倾斜运动的修边模称作斜楔修边模。

3）一些修边镶块做垂直方向运动，而另一些修边镶块做水平运动或倾斜运动的修边模称作垂直斜楔修边模。

3. 翻边模

翻边指的是在坯料的平面部分或曲面部分上，利用模具的作用使之沿封闭或不封闭的曲线边缘形成有一定角度的直壁或凸缘的成形方法。而翻边模是指使毛坯的平面部分或曲面部分的边缘沿一定曲线翻起竖立直边的成形模，如图 1-70 所示。

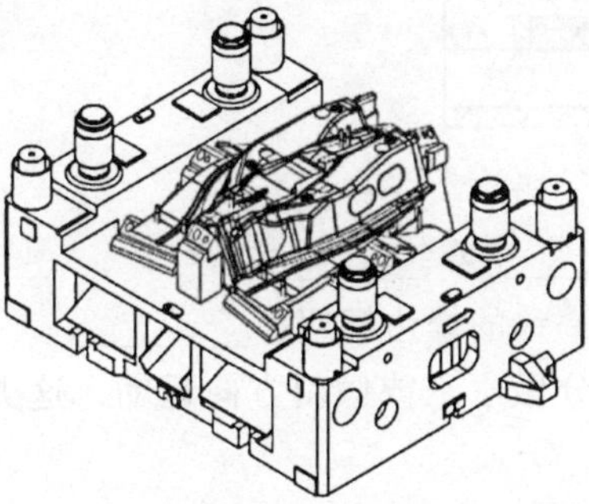

图 1-69　修边模

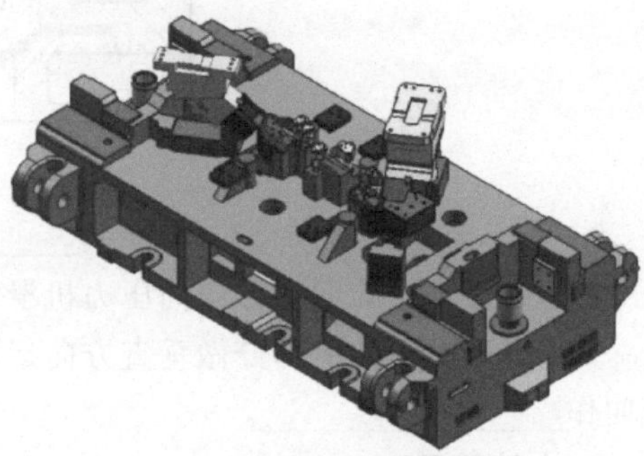

图 1-70　翻边模

翻边也是覆盖件冲压的关键工序之一。覆盖件上的翻边除满足焊接和装配的要求以外，还增加了覆盖件的刚性强度，使覆盖件边缘变得光滑、整齐和美观。根据翻边冲压方向的不同，翻边模可分为垂直翻边模和水平翻边模两大类。水平翻边（含倾斜翻边）则需要斜楔结构完成翻边成形工作。

学习效果评价（任务工单）

一、填空题

1. 冲压是指利用安装在压力机上的________对材料施加压力，使其产生________或________，从而获得所需要零件的一种压力加工方法。

2. 根据材料的变形特点及企业现行的习惯，冲压的基本工序可分为________与________两大类。

3. ________与________工序处于冲压工艺流程的首位，通过该工序可将冲压坯料达到预期要求的平整度和尺寸，且不对板料造成任何损伤。

4. ________是利用冲裁模使板料产生分离的一种冲压工艺，主要包括________、________、切口、修边、剖切和切断等多种具体工序内容。

5. ________是利用设备或专用工具使金属板料、管料、棒料或型材在模具中弯成一定________、一定________的变形工艺。

6. 弯曲工艺的常见质量问题包括________、________。

7. ________是利用拉深模将冲裁或裁剪后所得到的平板坯料制成________的一种冲压方法。它是冲压生产中应用最广泛的工序之一。

8. 根据冲压件的大小所使用的冲压设备不同，汽车覆盖件拉深模可分为________和________两大类。

9. 单动拉深模常见的典型结构有____________、____________、____________、____________等。

10. 填写图中双动拉深模的结构。

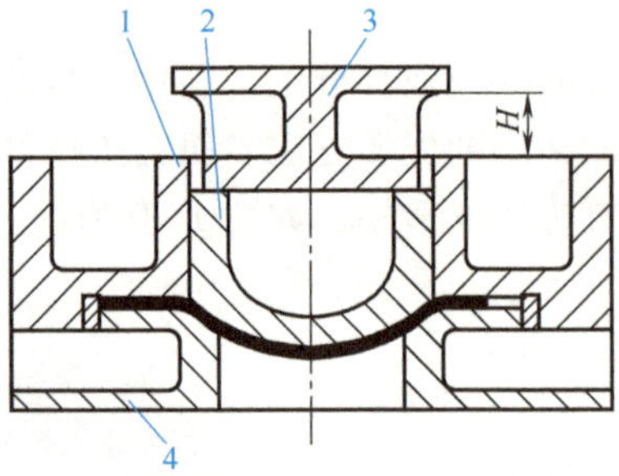

1—________ 2—________ 3—________ 4—________

11. 修边镶块的运动方向同压力机滑块运动方向一致的修边模叫作________。

12. 修边镶块的一部分做垂直方向运动，另一部分做水平或倾斜方向运动，这类修边模叫作________________。

二、简答题

1. 概述汽车冲压工序分类及内容。

____

____

2. 简述单动拉深模的工作原理。

____

____

考核与评价			
成员合作	好◎　一般◎　较差（理由）：		
任务完成情况	基础知识　熟练◎　不太熟◎	案例分析　熟练◎　不太熟◎	
	资料查阅　熟练◎　不太熟◎	能力训练　熟练◎　不太熟◎	
其他（包括对学习过程、老师教学方法的建议和意见，对同组学生评价等各方面）			
掌握冲压工序的类型和特点，了解汽车冲压覆盖件冲压工艺和设计过程，熟悉拉深模、修边模和翻边模的结构和特点，并对以上学习任务做出评价			

学习任务四　汽车冲压件质量检验

【任务描述】

汽车冲压外覆盖件作为车身外表面零件，其表面不允许有桔皮和凹陷等缺陷，但是在冲压生产过程中，经常会发现一些不良质量的问题，如何避免这些问题的产生，本学习任务对此将进一步探索。

【学习重难点】

1. 学习重点

冲压件常见质量缺陷。

2. 学习难点

冲压件质量缺陷检验方法。

【任务学习资料】

在汽车冲压生产过程中，零件主要存在的质量缺陷一般可以分为外观缺陷、功能尺寸缺陷以及返修缺陷三类。

一、外观缺陷

外观缺陷主要有裂纹、缩颈、坑包、变形、麻点、锈蚀、材料缺陷、起皱、毛刺、拉压痕及划伤、圆角不顺、叠料和打磨缺陷及打磨印。

1. 裂纹

检查方法：目视。裂纹对于外覆盖件是不可接受的，如图 1-71 所示。对于内覆盖件，仅细微的碎裂允许进行补焊返修处理，但返修部位应是客户不易发觉的地方，且必须满足冲压件的返修标准。

2. 缩颈

检查方法：目视、剖解。缩颈是冲压件成形过程潜在的危险破裂点，对冲压件的功能、强度、耐疲劳度有着至关重要的影响，如图 1-72 所示。根据缩颈的程度可判定冲压件是否合格、返修及报废等。外覆盖件缩颈影响整车外观，客户是不可接受的。

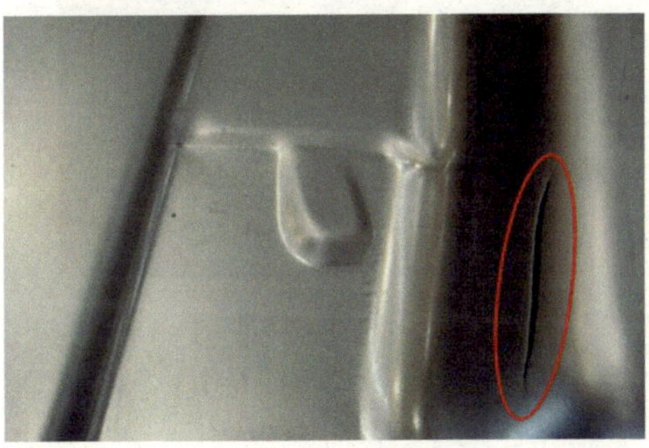

图 1-71　裂纹

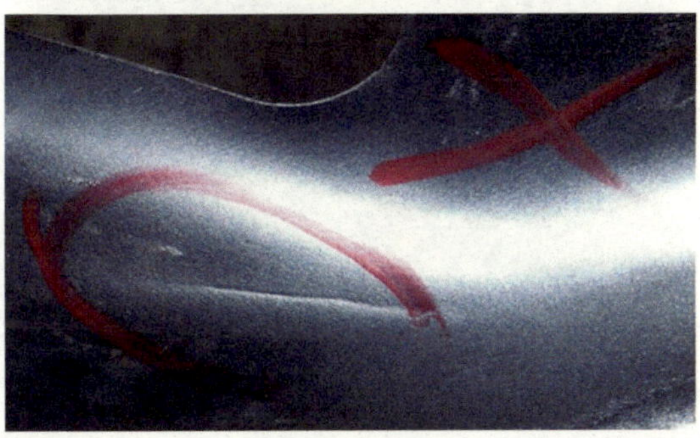

图 1-72　缩颈

3. 坑包

检查方法：目视。坑包的存在严重影响覆盖件油漆后的外观质量，是客户所不能容忍的缺陷，如图 1-73 所示。大面积的坑包还影响制件强度、耐疲劳度，无法修复。

4. 变形（凸起、凹陷、波浪）

检查方法：目视、磨石打磨、触摸、涂油。变形的产生主要是由于模具没有研配到位、人为操作不当或者机器人吸盘没有调试到位产生的，如图 1-74 所示。变形按照缺陷可以分为以下三类，A 类缺陷：它是用户不能接受的缺陷，没有经过培训的用户也能注意到。B 类缺陷：它是在冲压件外表面上摸得着、看得见和可确定的缺陷。C 类缺陷：它是需要修正的缺陷，绝大多数处于模棱两可的情况下，只有在磨石打磨后才看得出。

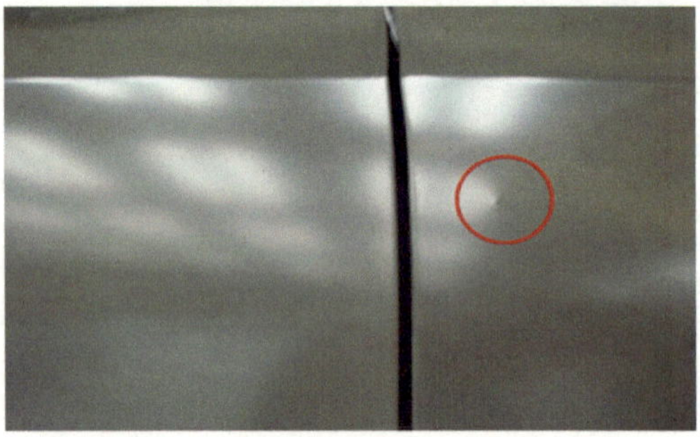

图 1-73　坑包

图 1-74　变形

5. 麻点

检查方法：目视、磨石打磨、触摸、涂油。麻点的产生有很多原因（图 1-75），如带来的板料脏、镀锌板锌粉脱落麻点，模具本身型腔表面脏、模具镀铬脱落，设备机器人吸盘脏、压力机工作台面不干净，以及厂房环境中有灰尘和细沙等，按照缺陷可以分为以下三类，A 类缺陷：麻点集中，超过整个面积的 2/3 都分布有麻点。B 类缺陷：麻点可看到、可摸到。C 类缺陷：打磨后可见单独分布的麻点，要求麻点间的距离为 300mm 或更大。

6. 锈蚀

检查方法：目视、剖解。锈蚀是由于冲压件长期存放或者存放不当导致生锈，它对冲压件的功能、强度和耐疲劳度有着至关重要的影响，如图 1-76 所示。

图 1-75　麻点

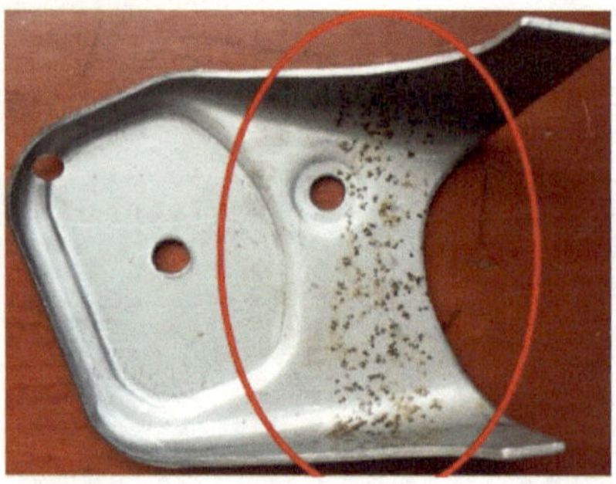

图 1-76　锈蚀

7. 材料缺陷

检查方法：目视。材料强度不符合要求，轧钢板留下的痕迹、重叠、桔皮、有条纹、镀锌表面疏松、镀锌层剥落等都属于材料缺陷，如图 1-77 所示。

8. 起皱

检查方法：目视。外覆盖件不允许存在任何客户容易察觉的起皱（图 1-78），内覆盖件不允许存在严重的起皱从而导致材料叠料。

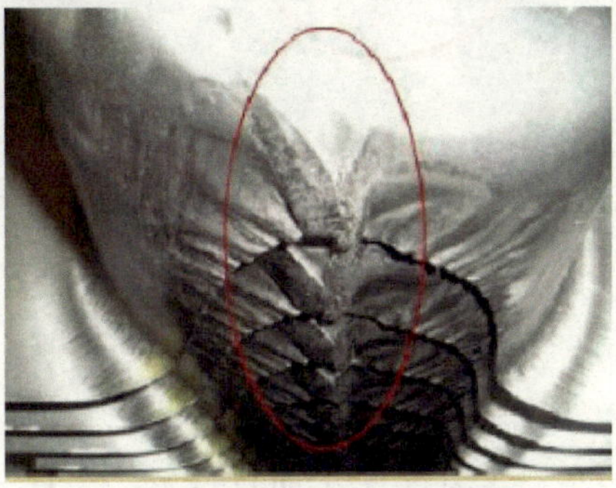

图 1-77　材料缺陷——重叠

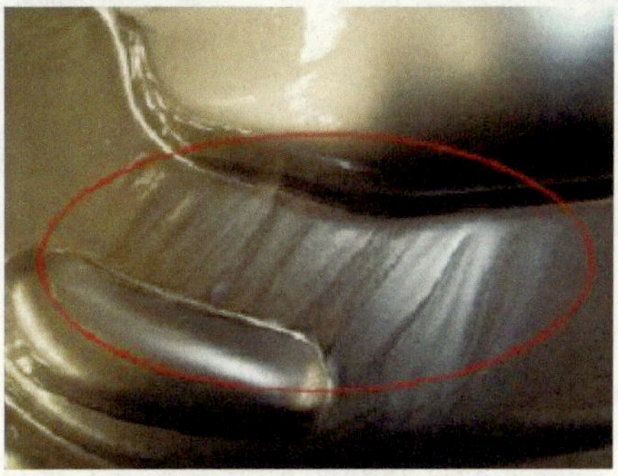

图 1-78　起皱

9. 毛刺

检查方法：目视。材料在凸凹模冲压剪切的作用下，从弹性变形到塑性变形再到断裂分离。由于凸凹模间隙的存在，材料被拉断时在分离方向超出板料厚度的毛边部分通常被称为毛刺，如图 1-79 所示。毛刺不仅会严重影响产品的质量，还会磨损劳保用品，存在着严重的安全隐患。

10. 拉压痕及划伤

检查方法：目视。外覆盖的外表面不允许存在拉毛、划伤及压痕（图 1-80），外覆盖件的内表面不允许存在影响外表面质量的划伤和压痕。内覆盖件表面不允许存在潜在的导致零件拉裂的严重划伤和压痕。

图 1-79　毛刺

图 1-80　压痕

11. 圆角不顺

检查方法：目视、检具测量。圆角不顺是指圆角半径不够均匀，不够清晰光顺，如图 1-81 所示。外覆盖件不允许存在圆角不顺，内覆盖件的一些装配面、搭接面圆角不顺不仅影响制件外观，严重的还会影响焊接和装配。

12. 叠料

检查方法：目视。外覆盖件不允许存在叠料缺陷，内覆盖件不同程度的叠料缺陷会导致客户抱怨，功能类冲压件还会影响制件的装配和车身强度，如图 1-82 所示。

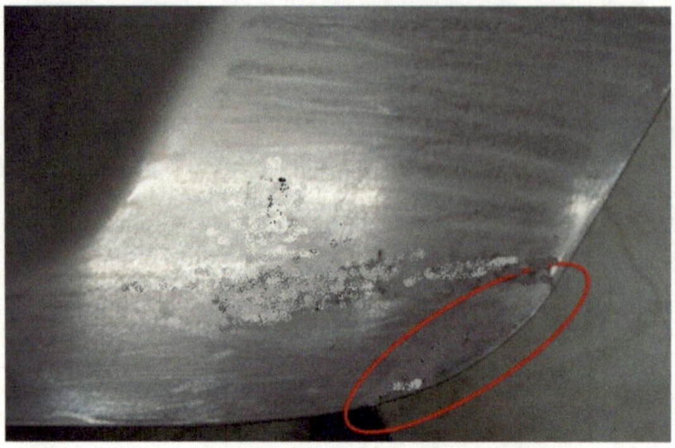

图 1-81 圆角不顺

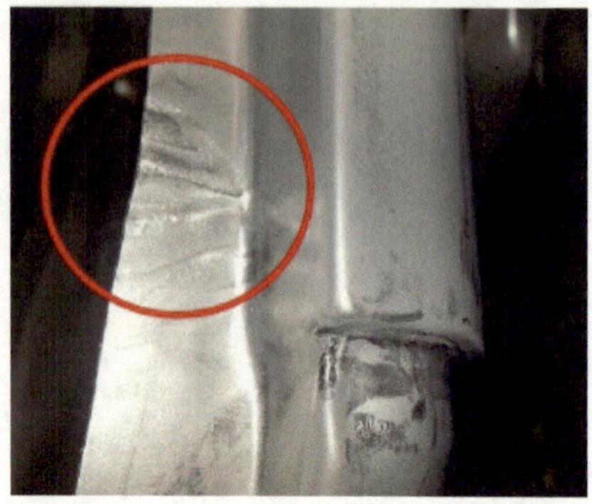

图 1-82 叠料

13. 打磨缺陷及打磨印

检查方法：目视、磨石打磨。

打磨按照缺陷分为以下三类，A 类缺陷：打磨穿了，在外表面上明显可见，一目了然。B 类缺陷：能看到、摸到，在有争议的地方打磨后也能证明。C 类缺陷：用磨石打磨后能看出。针对冲压件存在的缺陷，一定要遵循“质量从严”的原则进行判定，外观缺陷检测判定标准见表 1-8。

表 1-8 冲压件外观缺陷检测判定标准（参考）

<table>
<tr><th rowspan="3">项目</th><th rowspan="3">描　述</th><th colspan="5">判定</th></tr>
<tr><th colspan="2">一区</th><th colspan="2">二区</th><th rowspan="2">三区</th></tr>
<tr><th>外部</th><th>内部</th><th>外部</th><th>内部</th></tr>
<tr><td rowspan="3">裂纹</td><td>1）封闭裂纹长度≥80mm 或宽度≥3mm（料厚≥0.8mm），宽度≥2mm（料厚≤0.8mm）
2）不封闭裂纹长度≥50mm，宽度≥2mm</td><td colspan="5">报废</td></tr>
<tr><td>长度小于 80mm 或宽度小于 3mm（料厚≥0.8mm）；长度≤80mm 且宽度≤2mm（料厚≤0.8mm）</td><td colspan="5">返工</td></tr>
<tr><td>安全件减振器</td><td>—</td><td>—</td><td>—</td><td>—</td><td>报废</td></tr>
<tr><td rowspan="3">缩颈</td><td>缩颈部位厚度/料厚≤20%，长度≥80mm</td><td colspan="5">返工</td></tr>
<tr><td>缩颈部位厚度/料厚≥20%，长度≤80mm</td><td>放行</td><td>放行</td><td>放行</td><td>放行</td><td>放行</td></tr>
<tr><td>安全件减振器受力部位缩颈≥料厚的 10%</td><td>—</td><td>—</td><td>—</td><td>—</td><td>报废</td></tr>
<tr><td rowspan="3">坑包</td><td>面积≥$8cm^2$ 或长度≥10cm，高度≥3mm</td><td>报废</td><td>返工</td><td>报废</td><td>返工</td><td>返工</td></tr>
<tr><td>面积 $4cm^2 \leq S < 8cm^2$ 或长度 $5cm \leq L < 10cm$，面积≥$100cm^2$ 或长度≥10cm</td><td>返工</td><td>返工</td><td>返工</td><td>返工</td><td>放行</td></tr>
<tr><td>坑包高度≥1mm</td><td>返工</td><td>返工</td><td>返工</td><td>放行</td><td>放行</td></tr>
<tr><td rowspan="2">麻点</td><td>零件 2/3 面积上能看到麻点或小凸包</td><td>报废</td><td>返工</td><td>报废</td><td>返工</td><td>放行</td></tr>
<tr><td>零件表面用磨石磨件之前用手感觉明显的麻点或麻点群</td><td>返工</td><td>放行</td><td>返工</td><td>放行</td><td>放行</td></tr>
<tr><td rowspan="2">锈蚀</td><td>锈蚀厚度≥料厚的 40%</td><td colspan="5">报废</td></tr>
<tr><td>表面质量受锈蚀影响但可通过打磨修复</td><td>返工</td><td>返工</td><td>返工</td><td>返工</td><td>返工</td></tr>
<tr><td rowspan="2">材料缺陷</td><td>料厚明显不符合要求，表面有明显的桔皮滑移线、镀锌层疏松、锌皮脱落长度≥300mm，宽度≥5mm</td><td colspan="5">报废</td></tr>
<tr><td>轻微的材料缺陷、磨件后可见的材料缺陷</td><td>返工</td><td>放行</td><td>返工</td><td>放行</td><td>放行</td></tr>
</table>

（续）

<table>
<tr><th rowspan="3">项目</th><th rowspan="3">描　述</th><th colspan="5">判定</th></tr>
<tr><th colspan="2">一区</th><th colspan="2">二区</th><th rowspan="2">三区</th></tr>
<tr><th>外部</th><th>内部</th><th>外部</th><th>内部</th></tr>
<tr><td rowspan="2">起皱/波纹/棱线</td><td>棱线、弧线度明显地不清晰、不光顺；肉眼就能看出的严重起皱、棱线错位，严重影响焊接及装配</td><td colspan="5">报废</td></tr>
<tr><td>棱线、弧度不够清晰光顺；非一区内用肉眼可见的皱纹、波纹、棱线错位、在要求严格的部位还包括磨件后的可见波纹等缺陷</td><td>返工</td><td>放行</td><td>返工</td><td>放行</td><td>放行</td></tr>
<tr><td>毛刺</td><td>装配面上的粗毛刺（大于料厚的 45%）、有危险性的粗毛刺</td><td colspan="5">返工</td></tr>
<tr><td>拉毛</td><td>拉毛深度≥料厚的 20%或宽度≥2mm、长度≥5mm</td><td>返工</td><td>返工</td><td>返工</td><td>返工</td><td>放行</td></tr>
<tr><td rowspan="2">压痕</td><td>压痕深度≥料厚的 40%</td><td>报废</td><td>返工</td><td>报废</td><td>返工</td><td>返工</td></tr>
<tr><td>料厚的 10%<压痕深度<料厚的 40%</td><td>返工</td><td>返工</td><td>返工</td><td>返工</td><td>放行</td></tr>
<tr><td rowspan="2">划伤</td><td>未经专业训练的人一眼就能看出的划伤，深度≥料厚的 50%</td><td>报废</td><td>返工</td><td>报废</td><td>返工</td><td>返工</td></tr>
<tr><td>指甲触及有感觉</td><td>返工</td><td>返工</td><td>返工</td><td>放行</td><td>放行</td></tr>
<tr><td rowspan="2">圆角</td><td>圆角半径不均匀，未达到要求，明显地不清晰、不光顺</td><td>报废</td><td>报废</td><td>报废</td><td>报废</td><td>报废</td></tr>
<tr><td>圆角半径不够均匀，不够清晰光顺；配合间隙较之原状态相差 2mm 以上</td><td>返工</td><td>返工</td><td>返工</td><td>返工</td><td>返工</td></tr>
<tr><td>叠料</td><td>板料重叠宽度≥8mm</td><td>报废</td><td>报废</td><td>返工</td><td>返工</td><td>返工</td></tr>
<tr><td rowspan="2">其他</td><td>能引起严重功能障碍的缺陷</td><td colspan="5">报废</td></tr>
<tr><td>对使用有明显影响的缺陷</td><td colspan="5">返工</td></tr>
</table>

二、功能尺寸缺陷

功能尺寸缺陷主要包括孔偏、少边、少孔、孔径不符、多料、型面尺寸不符及其他。

1. 孔偏或少孔

检查方法：检具测量，三坐标测量。冲压件的孔根据孔偏移的大小、孔的作用而有不同的质量标准。对于定位孔、安装孔的位置精度要求高，一般工艺孔、过孔位置精度要求低。冲压件少孔是产品设计和要求所不允许的，如图 1-83 所示。

2. 孔径不符

检查方法：间隙尺、游标卡尺。冲压件孔的直径偏差大小，根据孔的作用而有不同的质量标准。定位孔、安装孔的偏差精度高低直接决定了整车的装配性能。一般工艺孔、过孔位置偏差精度要求相对低些。孔径不符如图 1-84 所示。

3. 少边或多料

检查方法：检具测量，间隙尺、钢直尺、三坐标测量。冲压件少边或多料在不同类别的冲压件上影响程度大不相同。例如，焊接边少边影响焊点分布和操作，压合边少边和多料决定压合后的总成质量，如图 1-85 所示。

4. 型面尺寸不符

检查方法：检具测量，间隙尺、钢直尺、三坐标测量。冲压件型面尺寸偏差由于设计、规划等工艺水平是避免不了的，但是其偏差的大小直接决定了整车的外观配合、冲压件匹配及零部件装配等质量水平，如图 1-86 所示。尺寸缺陷的检验判定要遵循的标准见表 1-9。

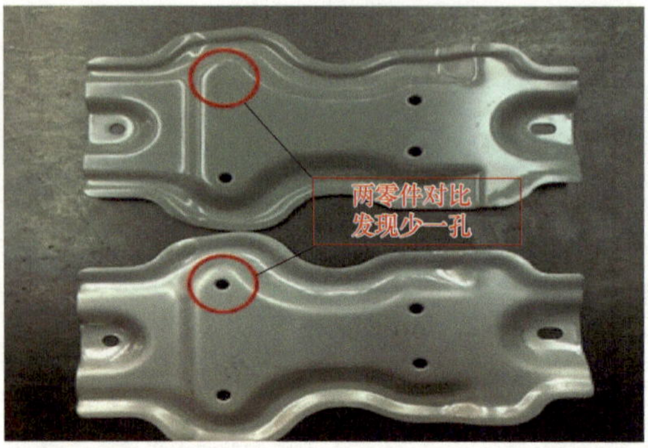

图 1-83　少孔

图 1-84　孔径不符

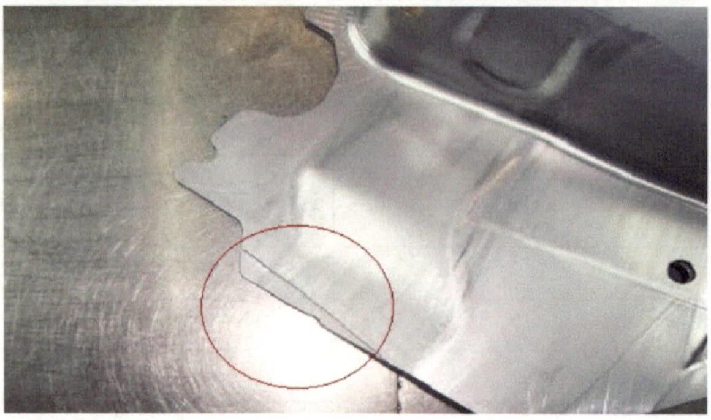

图 1-85　少边

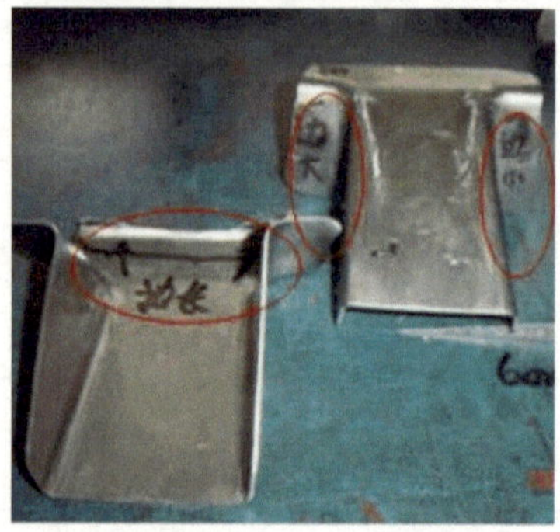

图 1-86　尺寸不符

表 1-9　尺寸缺陷的检验判定要遵循的标准（参考）

项目	描述 零件与检具的间隙用 d 表示，平度用 h 表示，单位为 mm	判定结果
压合料边面 定位面特殊料边面	$-0.5 \leq h \leq 0.5$、$2.5 \leq d \leq 3.5$	合格
焊缝搭接边	$-1.0 \leq h \leq 1.0$、$2.0 \leq d \leq 4.0$	
点焊搭接边 涉及外观/装配面料边	$-0.5 \leq h \leq 0.5$、$2.0 \leq d \leq 4.0$	
定位孔	$0 \leq$ 直径 ≤ 0.2、$-0.5 \leq d \leq 0.5$、$-0.5 \leq$ 圆心位置偏移量 ≤ 0.5	
装配孔	$-0.2 \leq$ 直径 ≤ 0.2、$-0.5 \leq d \leq 0.5$、$-0.5 \leq$ 圆心位置偏移量 ≤ 0.5	
一般过孔	$-0.5 \leq$ 直径 ≤ 0.5、$-1.0 \leq d \leq 1.0$、$-1.0 \leq$ 圆心位置偏移量 ≤ 1.0	
一般边缘	$1.5 \leq d \leq 4.5$、$-1.0 \leq h \leq 1.0$	
一般型面	$2.0 \leq d \leq 4.0$	

三、返修缺陷

返修缺陷主要包括裂纹、孔穴、固体夹杂、未熔合和未焊透、形状缺陷、变形、坑包、刨痕、抛光影、板件变薄及其他。返修缺陷检验判定需要遵循的标准见表 1-10。

表 1-10　返修缺陷检验判定需要遵循的标准

<table>
<tr><th colspan="2" rowspan="2">项目</th><th rowspan="2">描述</th><th colspan="4">整车区域</th></tr>
<tr><th>A</th><th>B</th><th>C</th><th>D</th></tr>
<tr><td rowspan="7">焊接质量</td><td>裂纹</td><td>不允许出现裂纹</td><td rowspan="7">返修</td><td rowspan="7">返修</td><td colspan="2">返修</td></tr>
<tr><td rowspan="2">气孔缩孔</td><td rowspan="2">焊缝长度内出现一个气孔缩孔径≤0.5mm,焊缝长度内出现两个以上的连续气孔缩孔径≤1mm</td><td colspan="2">合格</td></tr>
<tr><td>返修</td><td>合格</td></tr>
<tr><td>固体夹杂</td><td>夹渣、氧化物夹杂、金属夹杂</td><td>返修</td><td>合格</td></tr>
<tr><td>未熔合</td><td>在焊缝金属和母材之间或焊道金属和焊道金属之间未完全熔化结合的部分</td><td colspan="2">返修</td></tr>
<tr><td>未焊透</td><td>焊接时接头的根部未完全熔透的现象</td><td colspan="2">返修</td></tr>
<tr><td>形状缺陷</td><td>焊瘤/错边/烧穿/未焊满</td><td colspan="2">返修</td></tr>
<tr><td rowspan="4">表面缺陷</td><td rowspan="2">抛光影</td><td>未做振动处理或处理后在检验区正常灯光条件下仍有抛光总面积的 1/3 以上可见</td><td>返修</td><td>返修</td><td>返修</td><td>合格</td></tr>
<tr><td>处理后在检验区正常灯光条件下仍有抛光总面积的 1/3 以下可见</td><td>返修</td><td>返修</td><td>合格</td><td>合格</td></tr>
<tr><td rowspan="2">刨痕</td><td>1)未做抛光/振动处理或处理后在检验区正常灯光条件下仍有刨痕长度在 5mm 以上可见
2)深度占板厚的 15%</td><td>返修</td><td>返修</td><td>返修</td><td>合格</td></tr>
<tr><td>1)处理后在检验区正常灯光条件下仍有刨痕长度在 5mm 以下
2)手指甲接触感觉不太明显
3)刨痕个数≤3 条</td><td>返修</td><td>返修</td><td>合格</td><td>合格</td></tr>
</table>

四、外观检验方法

1. 触摸检查

用干净的纱布将外覆盖件的表面擦干净。检验员需戴上纱手套沿着零件纵向紧贴零件表面触摸，这种检验方法取决于检验员的经验，必要时可用磨石打磨被探知的可疑区域并加以验证，这种方法不失为一种行之有效的快速检验方法，如图 1-87 所示。

图 1-87　触摸检查

2. 磨石打磨

用干净的纱布将外覆盖件的表面擦干净，用磨石打磨的规格为 20mm×13mm×100mm 或更大。有圆弧的地方和难以接触到的地方用相对较小的磨石打磨(如，8mm×100mm 的半圆形磨石)。磨石粒度的选择取决于表面状况（如表面粗糙度、是否镀锌等)，建议用细粒度的磨石。磨石打磨的方向基本沿纵向进行，并且要很好地贴合零件的表面，部分特殊的地方还可以补充横向打磨，如图 1-88 所示。

3. 柔性砂网的打磨

用干净的纱布将外覆盖件的表面擦干净，用柔性砂网紧贴零件表面沿纵向打磨至整个表面，任何麻点、压痕很容易被发现（不建议用此方法检验凹瘪、波浪等缺陷)。

4. 涂油检查

首先用干净的纱布将外覆盖件的表面擦干净，然后再用干净的刷子沿着同一个方向均匀地涂油至零件的整个外表面，最后把涂完油的零件放在高强度的灯光下检查（图 1-89），建议把零件竖在车身位置上。采用此方法可以很容易地发现零件上微小的麻点、凹瘪和波纹。

图 1-88　磨石打磨

图 1-89　涂油后灯光检查

五、尺寸检验

尺寸检验是利用检具、钢直尺和塞尺等测量工具，对冲压件的孔位置、大小、型面尺寸和料边等部位进行测量，同时结合产品样板，对冲压件的尺寸进行确认。典型检具使用的具体步骤如下（图 1-90）。

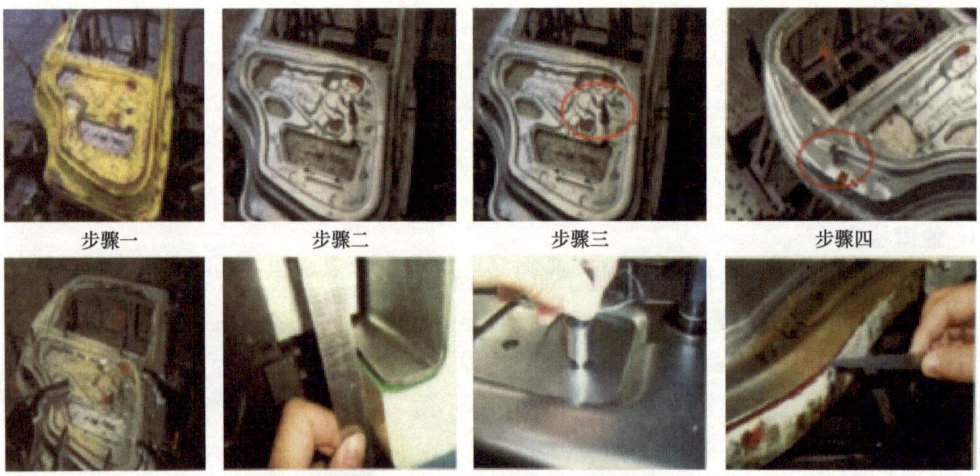

图 1-90　典型检具使用的步骤

步骤一，检具夹紧机构全部打开，注意检查样件以及检具表面，并清除油污，避免污染检具。

步骤二，制件放在检具上进行初步定位，注意将制件与检具型面贴服摆放，注意轻拿轻放，避免冲压件磕碰变形及损坏检具。

步骤三，插入主定位。

步骤四，插入辅助定位。

步骤五，依次对制件进行夹紧。

步骤六，制件料边检测，参照检具切边线对冲压件轮廓进行检查，确认是否存在少料和多料的现象，注意读取数值，不要斜视，保证读数的准确性。

步骤七，制件孔位检测，利用检测销及参照检具目测孔，对冲压件的孔位和孔径进行目视检测，确认制件是否有偏孔、孔径不一致等现象。

步骤八，用三角塞尺检测型面间隙，对偏差的检测点进行标记。

学习效果评价（任务工单）

一、填空题

1. 外观缺陷检验的方法有________、________、________、________。

2. 有圆弧的地方和难以接触到的地方用____________________打磨。

3. ________是利用检具、钢直尺和塞尺等测量工具，对冲压件的孔位置、大小、型面尺寸和料边等部位进行测量，同时结合产品样板，对冲压件的尺寸进行确认。

4. ________是冲压件成形过程潜在的危险破裂点，对冲压件的功能、强度、耐疲劳度有着至关重要的影响。

5. 变形按照缺陷可以分为____________、____________、____________三类。

二、简答题

1. 概述外观缺陷的类型有哪些。

____

____

____

2. 概述功能缺陷的类型有哪些。

____

____

考核与评价

<table>
<tr><td>成员合作</td><td colspan="2">好◎　一般◎　较差（理由）：</td></tr>
<tr><td rowspan="2">任务完成情况</td><td>基础知识　熟练◎　不太熟◎</td><td>案例分析　熟练◎　不太熟◎</td></tr>
<tr><td>资料查阅　熟练◎　不太熟◎</td><td>能力训练　熟练◎　不太熟◎</td></tr>
<tr><td>其他（包括对学习过程、老师教学方法的建议和意见，对同组学生评价等各方面）</td><td colspan="2"></td></tr>
<tr><td>熟悉外观缺陷、功能尺寸缺陷和返修缺陷的类型，了解外观缺陷和尺寸缺陷检验方法，了解具体检验的步骤，并对以上学习任务做出评价</td><td colspan="2"></td></tr>
</table>

情境模块二 汽车焊装工艺

【情境描述】

车身是汽车的基体，车身应具有“承力、保护、美学”三大最基本的功能，此三大功能是否能得到最大限度的实现，在很大程度上取决于车身焊装质量，这正是业内常说“车身焊装工艺水平直接关系着汽车产品的外观质量和使用性能”的原因。轿车车身是各类汽车车身中结构最复杂、焊点和采用的焊接方式最多、对焊接质量要求最高的，它是汽车焊装工艺中的典型代表。因此，本学习情境以轿车车身为例介绍汽车焊装工艺，如图 2-1 所示。

图 2-1 汽车焊装工艺

【情境目标】

知识目标

1. 掌握焊接的定义和汽车焊接方法的分类；
2. 掌握电阻焊的定义、焊接原理，了解焊点形成过程；
3. 掌握焊条电弧焊的基本原理，了解其工艺参数的选择；
4. 掌握 CO_2 气体保护焊的工作原理和焊接设备的结构；
5. 掌握 MIG 焊、MAG 焊、TIG 焊和埋弧焊的定义和焊接原理；
6. 掌握螺柱焊的定义和焊机结构；
7. 掌握钎焊的定义和原理；
8. 掌握电子束焊、等离子弧焊的定义和焊接原理。

技能目标

1. 具备查阅有关现代汽车焊接成形技术资料的能力；
2. 具有电阻焊焊机操作使用和设备维护的能力；
3. 具备焊条电弧焊焊机操作和使用的能力；

4. 具有 CO_2 气体保护焊焊接设备操作和使用的能力；

5. 具有焊接件质量检测的能力。

素养目标

1. 培养爱岗敬业、团结协作、吃苦耐劳的劳动精神；

2. 培养认真负责、仔细全面、一丝不苟、精益求精的工匠精神。

【任务准备】

1. 教学场所

理实一体化教室、超星学习通教学平台、汽车厂焊接车间现场。

2. 教学资源

课程标准、授课计划、教学课件 PPT、电子教案、动画仿真、短视频、微课、在线题库、任务工单、企业实践案例及电子教学设备等。

学习任务一　焊接和电阻焊认知

【任务描述】

公元前 3000 多年埃及出现了锻焊技术。公元前 2000 多年中国的殷朝采用铸焊制造兵器。公元前 200 年前，中国已经掌握了青铜的钎焊及铁器的锻焊工艺。近代焊接技术是从 1885 年出现碳弧焊开始的。

【学习重难点】

1. 学习重点

1）电阻焊接触电阻的形成、焊接原理；

2）电阻点焊的焊接设备、焊接工艺参数选择。

2. 学习难点

电阻焊、电阻点焊和凸焊焊接参数的影响。

【任务学习资料】

一、汽车焊装工艺的基本认知

1. 焊接与焊接工艺

焊接是指通过加热、加压，或两者并用，并且用填充材料（有时也可不用），使焊件达到原子结合状态的一种方法。被结合的两个物体可以是各种同类或不同类的金属与非金属（石墨、陶瓷、塑料等），也可以是一种金属与一种非金属。但是，目前工业中应用最普遍的还是金属之间的结合，如图 2-2 所示。

图 2-2　汽车焊接工艺

2. 焊接在现代工业中的地位

在工业生产中采用的连接方法主要有可拆连接和不可拆连接两大类。螺钉、键、销钉等连接方式属于可拆连接，它们通常不用于制造金属结构，而是用于零件的装配和定位工作。不可拆连接有铆接、焊接和粘接等几种方式，它们通常用于金属结构或零件的制造。据不完全统计，目前全世界年产量 45% 的钢和大量有色金属，都是通过焊接加工形成产品的。特别是焊接技术发展到今天，几乎所有部门（如机械制造、石油化工、交通、能源、冶金、电子、航空航天等）都离不开焊接技术。因此可以这样说，焊接技术的发展水平是衡量一个国家科学技术先进程度的重要标志之一，没有现代焊接技术的发展，就不会有现代工业和科学技术的今天。

3. 焊接方法分类

目前，在工业生产中应用的焊接方法已达百余种。根据它们的焊接过程特点可将其分为钎焊、压焊和熔焊三大类，每大类又可按不同的方法细分为若干小类，如图 2-3 所示。

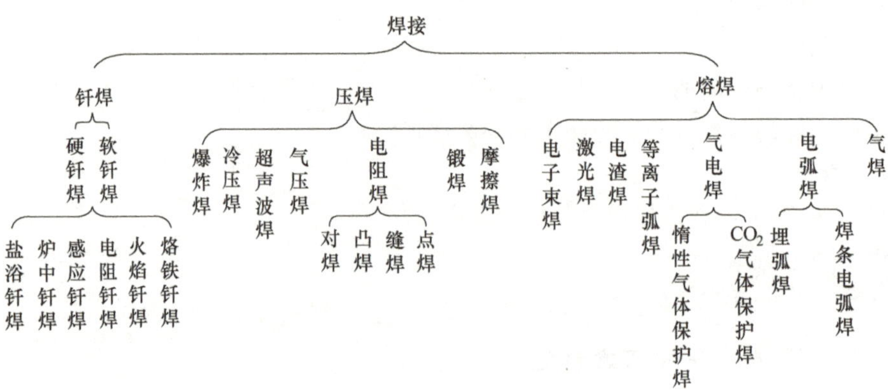

图 2-3　焊接方法的分类

二、电阻焊

1. 电阻焊的定义和分类

电阻焊是将被焊工件置于两电极之间加压，并在焊接处通以电流，利用电流流经工件接触面及其邻近区域产生的电阻热将其加热到熔化或塑性状态，使之达到金属结合而形成牢固接头的工艺过程。由于焊接所需要的热来自于电流通过工件焊接处的电阻产生的热量，因此将其称为电阻焊，如图 2-4 所示。

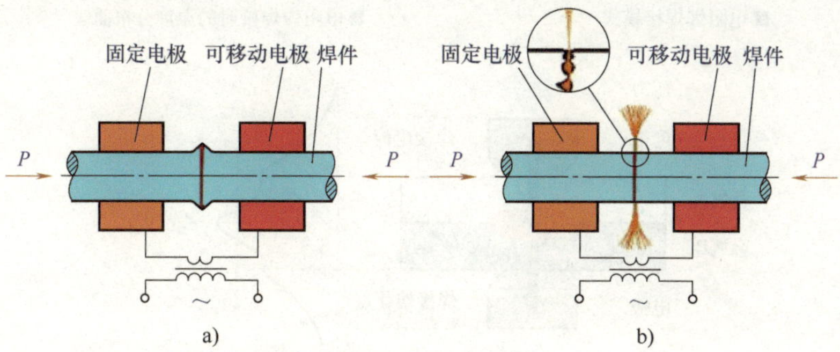

图 2-4　电阻焊

a）电阻对焊　b）闪光对焊

P—压力

电阻焊有点焊、缝焊、对焊和凸焊等多种不同的焊接方式，如图 2-5 所示。电阻焊应用范围很广泛，在汽车、拖拉机、飞机制造、电真空器件和仪表制造等工业部门中，电阻焊是重要的焊接工艺之一。点焊常用于车身冲压件的搭接焊，凸焊常用于螺母的焊接。

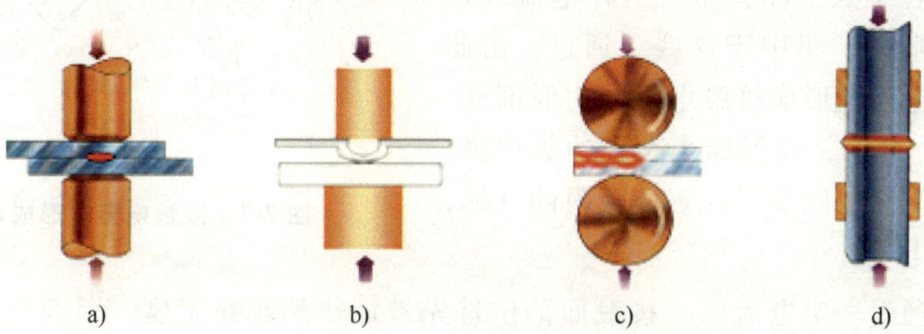

图 2-5　电阻焊焊接方式

a）点焊　b）凸焊　c）缝焊　d）对焊

（1）点焊　将焊件压紧在两个柱状电极之间，通电加热，使焊件在接触处熔化形成熔核，然后断电，并在压力下凝固结晶，形成组织致密的焊点。点焊适用于焊接 4mm 以下的薄板（搭接）和钢筋，广泛用于汽车、飞机、电子、仪表和日常生活用品的生产。

（2）缝焊　缝焊与点焊相似，所不同的是用旋转的盘状电极代替柱状电极。叠合的工件在圆盘间受压通电，并随圆盘的转动而送进，形成连续焊缝。缝焊适宜于焊接厚度在 3mm 以下的薄板搭接，主要应用于生产密封性容器和管道等。

（3）对焊　根据焊接工艺过程的不同，对焊可分为电阻对焊和闪光对焊。

（4）凸焊　凸焊实际上只是焊接接头的形式与点焊不太一致，其焊接原理和所用的焊接设备与点焊均没有本质的差异，因此点焊是电阻焊最典型的代表。点焊有单点焊、多点焊、单面点焊和双面点焊等多种。

2. 电阻焊的焊接原理

电阻焊的原理是当电流通过导体时，由于电阻产生热量，当电流不变时，电阻越大，产生的热量越多。当两块金属相接触时，接触处的电阻远远超过金属内部的电阻。因此，如有大量电流通过接触处，则其附近的金属将很快地烧到红热并获得高的塑性。这时如施加压力，两块金属会连接成一体。电阻焊焊接原理图如图 2-6 所示。

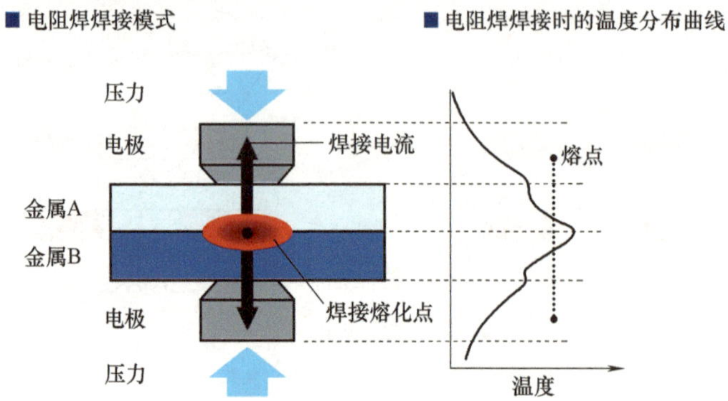

图 2-6　电阻焊焊接原理图

3. 接触电阻

（1）接触电阻的形成　两焊件接触面上存在一定的电阻称为接触电阻。当电流通过两焊件接触面时，由于接触面实际上不是绝对平的，两焊件只能在若干点上相接触，这样电流通过接触面时就会收缩，集中于这些点通过，由此而造成的附加电阻是形成接触电阻的主要部分，如图 2-7 所示。同时，接触面上存在的氧化膜、油膜和脏物等阻碍，以及焊件表面吸附的气体，也会引起接触电阻。

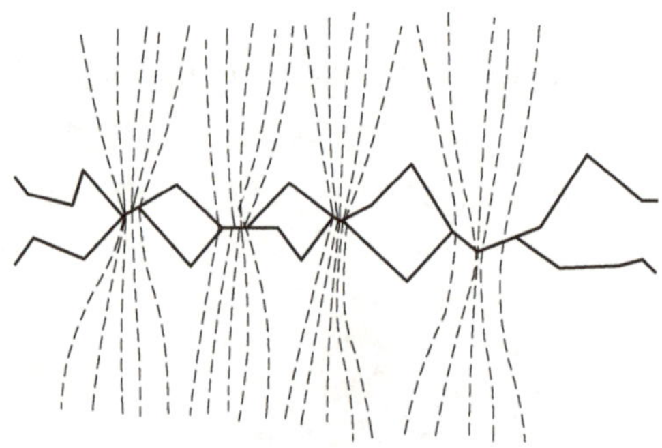

图 2-7　接触电阻的形成示意图

当两焊件通过一定电流时，接触面部位首先被加热到较高温度，因而较早达到焊接温度，所以电阻焊是通过焊件接触面上产生的电阻热作为主要热源。

（2）影响接触电阻大小的因素　接触电阻的大小与电极压力、材料性质、焊件表面状况以及温度有关。任何能够增大实际接触面积的因素，都会减小接触电阻。随着电极压力的增大，焊件表面的凸出点被压平，氧化膜也会被破坏，接触面积随之增加，接触电阻就减小。焊件表面存在的氧化物和脏物越多，尤其是存在导电性很低的氧化物时，接触电阻越显著增加。

在焊接过程中，随着焊件温度的上升，材料强度逐渐下降，压力将造成更大的接触面积，同时焊件表面上阻碍导电的物质也易被挤走，所以随着温度的上升，接触电阻将急剧下降。

4. 焊点的形成过程

（1）预压阶段　为避免接触电阻过大而使焊件烧穿或将电极工作表面烧坏，一定要在焊件受到预压作用后方可通电。

（2）焊接通电加热阶段　预压阶段结束后，开始通电加热，在压力的作用下该处金属发生塑性变形，晶粒破碎，在高温下破碎的晶粒强烈地进行再结晶，使焊件通过相互结晶形成共同晶粒，即完成塑性状态下的焊接。随着温度升高，塑性状态区域向四周扩展，中心部分开始出现熔化区，由于熔化区域被环状的塑性焊接区域所包围（图 2-8），因此熔化的金属不致于在压力的作用下被挤出而造成飞溅。

(3) 锻压（维持）阶段　当切断焊接电流后，电极继续对焊点进行挤压的工序称为锻压。加热结束后，因为焊核周围冷却条件好，故首先凝固，这使包围熔化区周围的金属外壳的刚性得到加强，中心部分凝固收缩时遇到更大的阻力。在断电后继续施加压力，可以克服凝固阻力，防止缩孔和裂纹的产生，形成力学性能高的焊点。

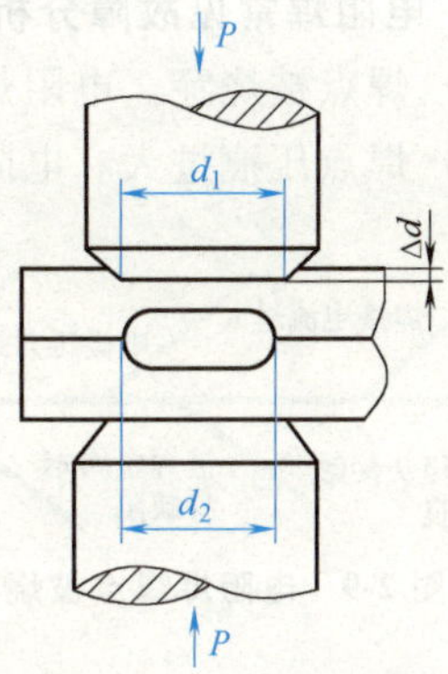

图 2-8　焊点的形成过程示意图

P—电极压力　d_1—电极与工件接触直径　d_2—焊点直径

5. 电阻焊技术参数

1）焊接电流的影响。从公式可见，电流对产热的影响比电阻和时间两者都大。因此，在点焊过程中，它是一个必须严格控制的参数。

2）焊接时间的影响。为了保证熔核尺寸和焊点强度，焊接时间与焊接电流在一定范围内可以互为补充。为了获得一定强度的焊点，可以采用大电流和短时间（强条件，又称为强规范），也可以采用小电流和长时间（弱条件，又称为弱规范）。选用强条件还是弱条件，取决于金属的性能、厚度和所用焊机的功率。

3）电极压力的影响。电极压力对两电极间总电阻 R 有显著影响，随着电极压力的增大，R 显著减小。因此，焊点强度总是随着电极压力的增大而降低。

4）电极形状及材料性能的影响。由于电极的接触面积决定着电流密度，电极材料的电阻率和导热性关系着热量的产生和散失，因而电极的形状和材料对熔核的形成有显著影响。随着电极端头的变形和磨损，接触面积将增大，焊点强度将降低。

5）工件表面状况的影响。工件表面上的氧化物、污垢、油和其他杂质会增大接触电阻，过厚的氧化物层甚至会使电流不能通过。局部导通时，由于电流密度过大，则会产生飞溅和表面烧损。氧化物层的不均匀性还会影响各个焊点加热的不一致，引起焊接质量的波动。因此，彻底清理工件表面是保证获得优质接头的必要条件。

6. 电阻焊特点

1）由于焊接热量集中，加热时间短，所以热影响区小，焊接变形与应力也较小。所以，通常焊后不需要校正及热处理。

2）通常不需要焊丝、焊剂、保护气体等焊接材料，焊接成本低。

3）电阻焊的熔核始终被固体金属包围，熔化金属与空气隔绝，焊接冶金过程比较简单。

4）操作简单，易于实现机械化与自动化，劳动条件较好。

5）生产效率高，可与其他工序一起安排在组装焊接生产线上。

6）由于电阻焊设备功率大，机械化、自动化程度较高，使设备的一次投资大，维修困难，而且常用的大功率单项交流焊机不利于电网的正常运行。

7）点焊、缝焊的搭接接头会增加构件的质量，使接头的抗拉强度及疲劳强度降低。

8）对电阻焊质量，目前还缺乏可靠的无损检测方法，只能靠工艺试样、破坏性试验来检查，以及靠各种监控技术来保证。

7. 电阻焊常见故障分析

1）焊点被烧穿。电阻焊焊点被烧穿的原因分析如图 2-9 所示。

2）焊点压痕过大。电阻焊焊点压痕过大的原因分析如图 2-10 所示。

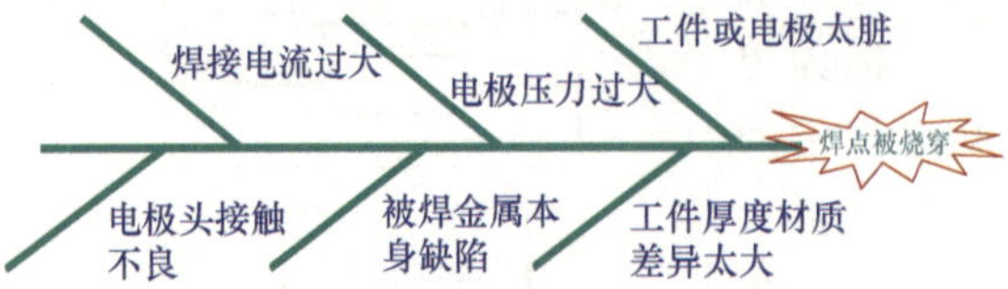

图 2-9 电阻焊焊点被烧穿的原因分析

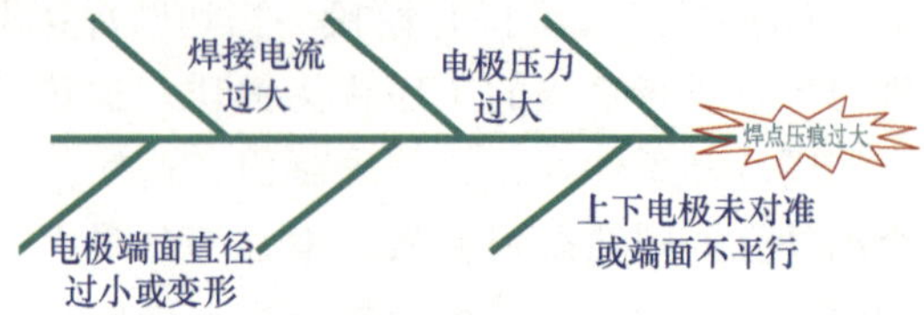

图 2-10 电阻焊焊点压痕过大的原因分析

3）焊点太小或强度不够。电阻焊焊点太小或强度不够的原因分析如图 2-11 所示。

4）焊点有烧痕或划痕。电阻焊焊点有烧痕或划痕的原因分析如图 2-12 所示。

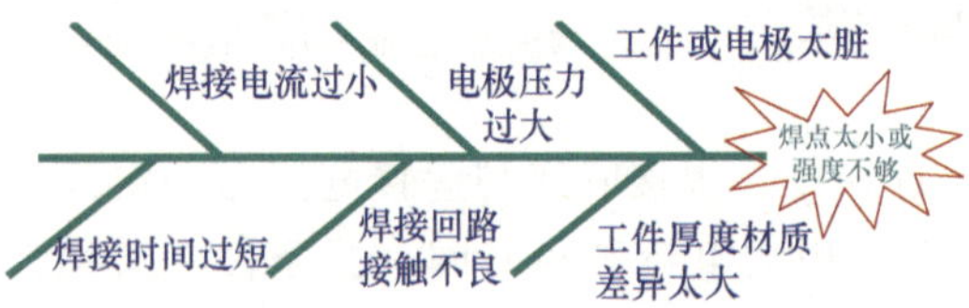

图 2-11 电阻焊焊点太小或强度不够的原因分析

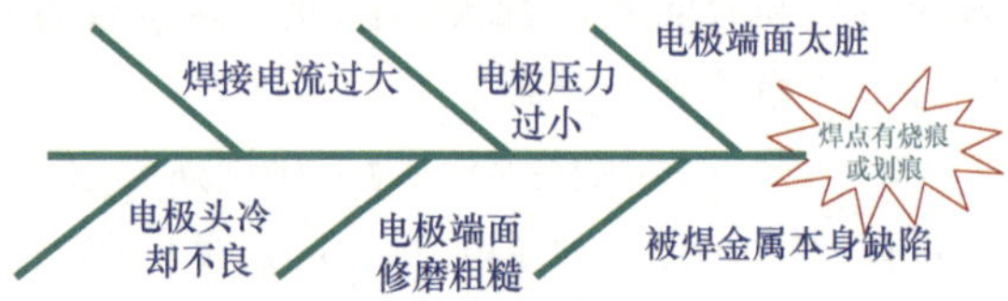

图 2-12 电阻焊焊点有烧痕或划痕的原因分析

5）焊接时飞溅大。电阻焊焊接时飞溅大的原因分析如图 2-13 所示。

6）焊点有裂纹。电阻焊焊点有裂纹的原因分析如图 2-14 所示。

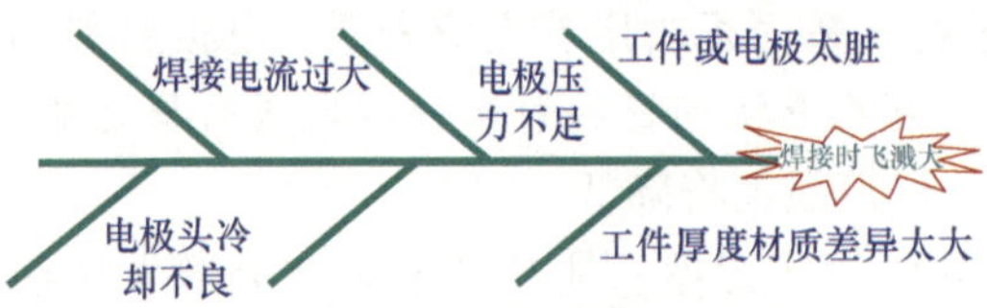

图 2-13 电阻焊焊接时飞溅大原因分析

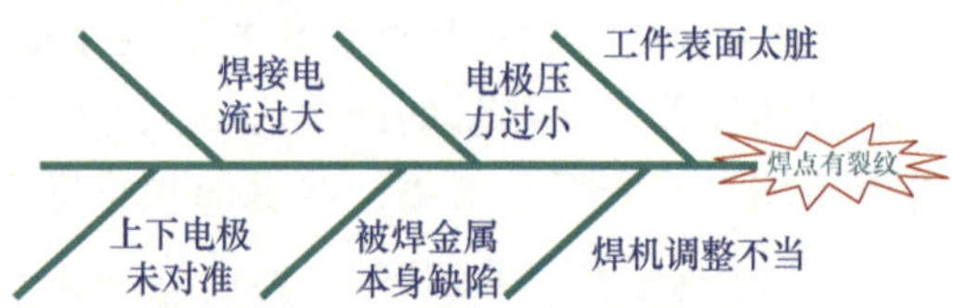

图 2-14 电阻焊焊点有裂纹原因分析

8. 电阻点焊

（1）电阻点焊的定义 点焊是将被焊工件压紧于两电极之间，并通以电流，利用电流流经工件接触面及邻近区域产生的电阻热将其加热到熔化状态，使之形成金属结合的一种方法。点焊的接头形式是搭接。点焊时，将焊件压紧在两圆柱形电极间，并通以很大的电流，利用两焊件接触电阻较大，产生的热量大，迅速将焊件接触处加热到熔化状态，形成液态熔池（焊核），当液态金属达到一定数量后断电，在压力的作用下，冷却凝固形成熔核，如图 2-15 所示。点焊主要用于带蒙皮的骨架结构，例如汽车驾驶室、客车厢体和飞机翼尖翼肋等。

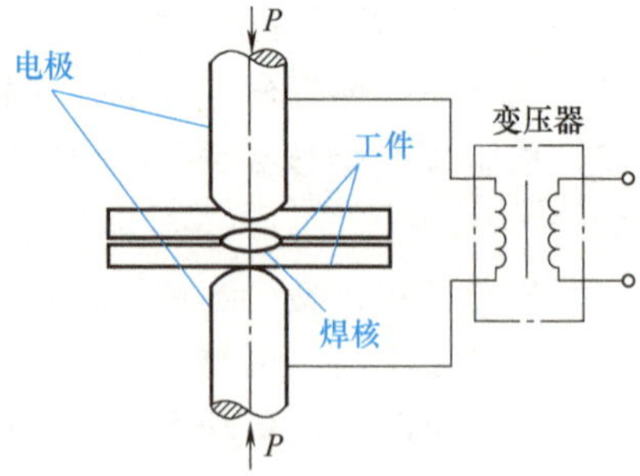

图 2-15 电阻点焊示意图

（2）电阻点焊的结构 汽车车身电阻点焊的应用和结构如图 2-16 所示。

（3）电阻点焊的电极 电极的作用是向焊接区传导电流、传递压力以及传导散发焊件表面的热量。点焊时，常用的电极材料有纯铜电极、镉青铜电极和铬青铜电极。

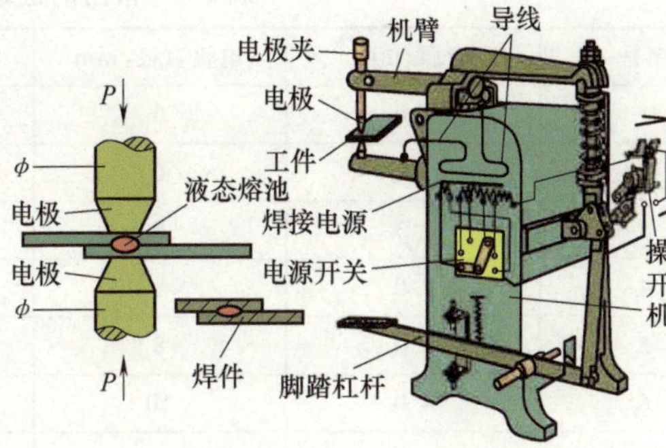

图 2-16　汽车车身电阻点焊的应用和结构

1）纯铜电极。纯铜具有良好的导电性和导热性，但由于硬度和屈服强度较低，因此使用寿命很短。纯铜电极适用于工作量不大的轻合金焊件的焊接。

2）镉青铜电极。镉青铜具有较好的力学性能和导电性（为纯铜的 90%），常用来制造焊接黑色金属的电极和有色金属电极。

3）铬青铜电极。铬青铜电极具有相当高的硬度，并具有良好的导电性和较好的抗氧化能力，它的使用寿命长，因此被广泛用于耐热钢和不锈钢的焊接。

（4）点焊的接头形式　点焊时工件采用的接头形式如图 2-17 所示，分为单剪搭接、双剪搭接、带垫片对接以及弯边搭接等几种，其中单剪搭接接头应用最广。

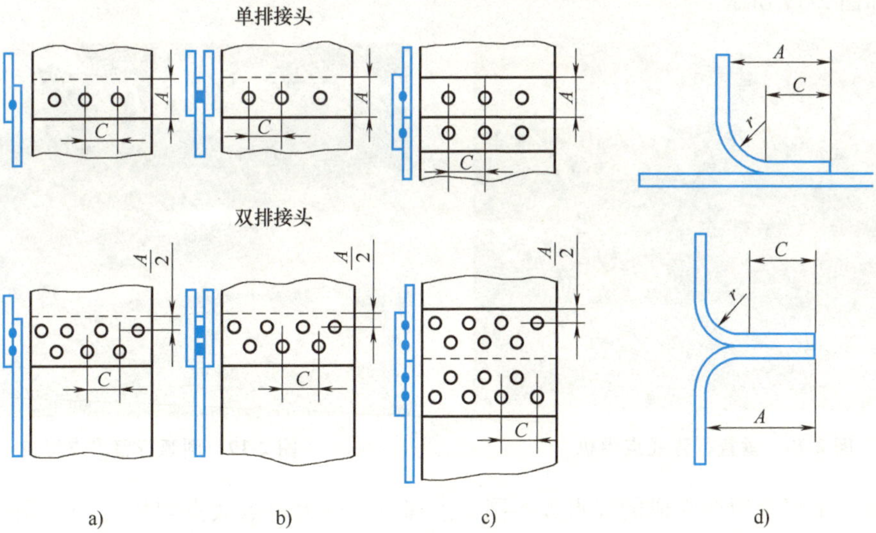

图 2-17　点焊时工件采用的接头形式

a）单剪搭接　b）双剪搭接　c）带垫片对接　d）弯边搭接

A—搭接重叠宽度　C—焊点之间距离　r—弯边弧度半径

（5）点焊焊接参数的选择　点焊时，主要的焊接参数有焊接电流、通电时间、电极接触面积和电极压力等。其焊接参数的选择主要用实验法，即试焊、检验，最后确定焊接规范。常用的低碳钢点焊焊接参数见表 2-1。

表 2-1 常用的低碳钢点焊焊接参数

序号	板厚/mm	电极直径/mm	焊接压力/N	通电时间/s	焊接电流/A
1	1.0	6	1000～2000	0.02～0.40	6000～8000
2	1.2	6	1000～2500	0.25～0.50	7000～10000
3	1.3	6	1500～3500	0.25～0.50	8000～12000
4	2.0	8	2500～5000	0.35～0.60	9000～14000
5	3.0	8	5000～8000	0.60～1.00	14000～18000
6	4.0	10	6000～9000	0.80～1.20	15000～20000
7	5.0	11	8000～10000	0.90～1.50	17000～24000
8	6.0	13	10000～14000	1.20～2.00	20000～26000

(6) 电阻点焊设备

1）点焊机的分类。

① 按使用的电源不同，点焊机可分为工频（即 50Hz 的交流电源）点焊机、脉冲点焊机、直流冲击波点焊机、电容储能式点焊机以及变频点焊机（包括高频点焊机和低频点焊机）等。

② 按加压机构传动方式的不同，点焊机可分为脚踏杠杆式点焊机、电动凸轮式点焊机、气压传动式点焊机、液压传动式点焊机以及复合（如气压-液压式）点焊机等。

③ 按电极的运动形式不同，点焊机可分为垂直行程式点焊机和圆弧行程式点焊机，如图 2-18 和图 2-19 所示。

图 2-18 垂直行程式点焊机

图 2-19 圆弧行程式点焊机

④ 按一个焊接周期完成的焊点数不同，点焊机可分为单点式点焊机（如常用的 DN2 系列点焊机）、双点式和多点式点焊机（如汽车制造专用的 DNI3 系列多头点焊机）。

⑤ 按点焊机安装形式的不同，点焊机可分为固定式点焊机、移动式点焊机和悬挂式点焊机。

2）焊钳。电阻点焊设备在汽车生产中主要分悬挂式点焊机和机器人点焊设备两类。悬挂式点焊机由焊钳、焊机变压器、焊机控制器、水冷却系统、气动加压系统和悬挂装置等部分组成，根据焊臂的动作分为 X 型与 C 型两种；机器人点焊设备主要由点焊控制器、焊钳（包括阻焊变压器）及水、电、气等辅助部分组成。

① 点焊机的焊钳由定焊臂、动焊臂、定电极、动电极、机体、悬臂、手柄、焊接起动开关、气缸和辅助行程开关等组成，如图 2-20 所示。

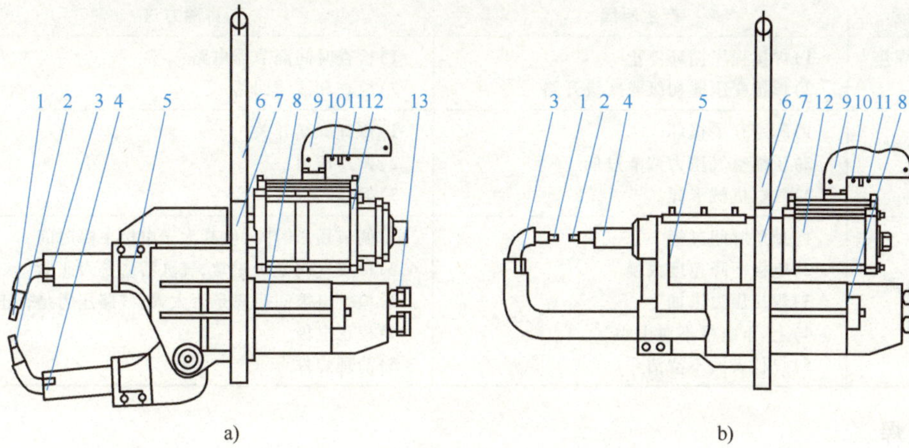

图 2-20　焊机基本结构形式及主要构成

a）X 型　b）C 型

1—定电极　2—动电极　3—定焊臂　4—动焊臂　5—机体　6—悬臂　7—转环　8—变压器　9—手柄　10—辅助行程开关　11—焊接起动开关　12—气缸　13—电缆束

② 焊钳的分类方法有很多种，按应用场合可分为便携式焊钳、自动平衡焊钳和机器人焊钳三大类。

a. 便携式焊钳。便携式焊钳是用于手工操作的焊钳，结构简单、重量轻、灵活方便，主要有普通型和一体化型两大类，如图 2-21a 所示。

b. 自动平衡焊钳。与便携式焊钳类似，它只是在焊接时不用人工控制，而是与夹具配合，固定在夹具上，实现一定程度的自动化生产。

c. 机器人焊钳。点焊机器人焊钳与焊条电弧焊焊钳一样有 C 型和 X 型两种，但与焊条电弧焊焊钳相比其使用寿命长、尺寸精度高、结构紧凑且重量轻，如图 2-21b 所示。

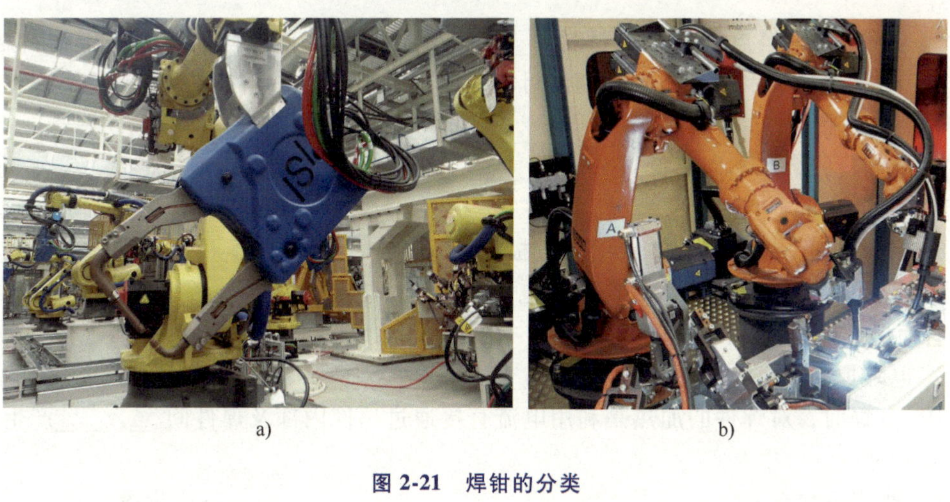

图 2-21　焊钳的分类

a）便携式焊钳　b）机器人焊钳

（7）点焊机常见故障及排除方法 点焊机常见故障及排除方法见表 2-2。

表 2-2 点焊机常见故障及排除方法

故障特征	产生原因	排除方法
焊接时无焊接电流	1）焊接程序循环停止 2）焊接变压器初级或次级开路	1）检查时间调节器电路 2）检查和清洁回路
焊接时电极不下降	1）脚踏开关损坏 2）压缩空气压力调节过低 3）气缸机械卡死	1）修理脚踏开关 2）调高压力 3）拆修气缸
焊件大电流烧穿	1）预压时间过短 2）电极下降速度太慢 3）焊接压力未加上 4）上、下电极不对中心 5）焊件表面不清洁	1）调节预压时间，使其大于电极下降时间 2）检查气阀是否正常，气缸活塞是否胀紧 3）检查电极间距离是否太大，气路压力是否正常 4）校正电极 5）清理焊件

9. 凸焊

如前所述，凸焊的焊接原理和设备与点焊很接近，只是焊接接头有所不同，因此，人们常将凸焊称为点焊的一种特殊形式。

学习效果评价（任务工单）

一、填空题

1. 焊接是指通过________、________，或两者并用，并且用________（有时也可不用），使焊件达到________状态的一种方法。

2. 在工业生产中采用的连接方法主要有________和________两大类。焊接属于________。

3. 根据焊接过程的特点，焊接方法可分为________、________和________三大类。

4. 将待焊处的母材金属________以形成焊缝的焊接方法称为熔焊。

5. 在焊接过程中，必须对焊件施加________（加热或不加热）以完成焊接的方法称为压焊。

6. 采用比母材熔点低的金属材料作________，将焊件和钎料加热到高于钎料熔点，低于________温度，利用液态钎料润湿母材，填充接头间隙并与母材相互扩散实现连接焊件的焊接方法称为________。

7. 按钎料的熔点不同，钎焊分为________（熔点在 450℃ 以上）和________（熔点在 450℃ 以下）两类。

8. ________是将被焊工件置于两电极之间________，并在焊接处通以电流，利用电流流经工件接触面及其邻近区域产生的电阻热将其加热到________________，使之达到金属结合而形成牢固接头的工艺过程。

9. 电阻焊有________、________、________、________等多种不同的焊接方式。

10. 点焊时，对焊件的加热是利用电流直接通过焊件内部及焊件间________产生的热量来实现的。

11. 焊点形成有____________、____________、____________三个阶段。

12. 点焊主要用于________的骨架结构，例如汽车驾驶室、客车厢体和飞机翼尖翼肋等。

13. 点焊时，常用的电极材料有___________、___________和___________。

14. 点焊的焊接过程由________、________、________、________四部分组成。

15. 焊钳的分类方法有很多种，按应用场合可分为________、________和________三大类。

16. 凸焊接头形成过程包括___________、___________、___________三个阶段。

17. 常用的凸焊电极有___________、___________、___________三种基本类型。

18. 凸焊质量检验的主要内容是焊接强度，常采用________进行检验。

二、简答题

1. 简述汽车焊接方法的种类。

2. 概述电阻焊的焊接原理。

3. 分析接触电阻的形成过程。

考核与评价

<table>
<tr><td>成员合作</td><td colspan="3">好◎　一般◎　较差（理由）：</td></tr>
<tr><td rowspan="2">任务完成情况</td><td colspan="2">基础知识　熟练◎　不太熟◎</td><td>案例分析　熟练◎　不太熟◎</td></tr>
<tr><td colspan="2">资料查阅　熟练◎　不太熟◎</td><td>能力训练　熟练◎　不太熟◎</td></tr>
<tr><td colspan="2">其他（包括对学习过程、老师教学方法的建议和意见，对同组学生评价等各方面）</td><td colspan="2"></td></tr>
<tr><td colspan="2">掌握焊接定义和焊接方法分类，电阻焊定义、分类和焊接原理，了解电阻焊点形成过程和技术参数的影响，会分析电阻焊常见故障缺陷及产生原因，并对以上学习任务做出评价</td><td colspan="2"></td></tr>
</table>

学习任务二 焊条电弧焊认知

【任务描述】

焊条电弧焊是工业生产中应用最广泛的焊接方法，它的原理是利用电弧放电（俗称电弧燃烧）所产生的热量将焊条与工件互相熔化并在冷凝后形成焊缝，从而获得牢固接头的焊接过程，如图 2-22 所示。

图 2-22 焊条电弧焊示意图

【学习重难点】

1. 学习重点

焊条电弧焊的焊接原理。

2. 学习难点

焊条电弧焊的工艺参数选择。

【任务学习资料】

一、焊条电弧焊的基本原理

焊条电弧焊是用手工操纵焊条进行焊接的电弧焊方法。进行焊条电弧焊时，在焊条末端和工件之间燃烧的电弧所产生的高温使焊条药皮与焊芯及工件熔化，熔化的焊芯端部迅速地形成细小的金属熔滴，通过弧柱过渡到局部熔化的工件表面，熔合在一起形成熔池。药皮熔化过程中产生的气体和熔渣，不仅使熔池和电弧周围的空气隔绝，而且和熔化了的焊芯、母材发生一系列冶金反应，保证所形成焊缝的性能。随着电弧以适当的弧长和速度在工件上不断地前移，熔池液态金属逐步冷却结晶，形成焊缝。焊条电弧焊的过程如图 2-23 所示。在工件与焊条两电极之间的气体介质中持续强烈的放电现象称为电弧。焊条电弧焊焊接低碳钢或低合金钢时，电弧中心部分的温度可达到 6000~8000℃，两电极的温度可达到 2400~2600℃。

二、焊条电弧焊的特点

1. 焊条电弧焊的优点

1）焊条电弧焊的设备。如图 2-24 所示，其使用的设备比较简单，价格相对便宜并且轻便。因此购置设备的投资少，而且维护方便，这是它广泛应用的原因之一。

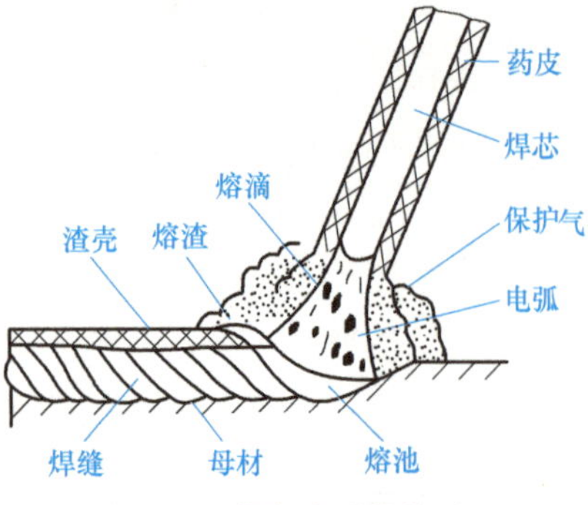

图 2-23 焊条电弧焊的过程

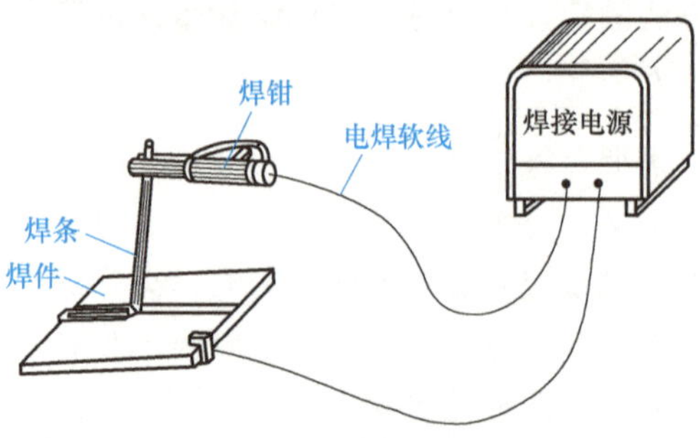

图 2-24 焊条电弧焊设备简图

2）不需要辅助气体防护。

3）操作灵活，适应性强。凡焊条能够达到的地方都能进行焊接。

4）应用范围广，适用于大多数工业用的金属和合金的焊接。

2. 焊条电弧焊的缺点

1）对焊工操作技术要求高，焊工培训费用大。

2）劳动条件差。

3）生产效率低。

4）不适于特殊金属以及薄板的焊接。焊条电弧焊的焊接工件厚度一般在 1.5mm 以上，1mm 以下的薄板不适于焊条电弧焊。

由于焊条电弧焊具有设备简单、操作方便、适应性强，能在空间任意位置焊接的特点，所以被广泛应用于各个工业领域，是应用最广泛的焊接方法之一。

三、焊条的基本知识

焊条是涂有药皮的供焊条电弧焊用的熔化电极，由药皮和焊芯两部分组成，如图 2-25 所示。根据资料统计，焊条电弧焊的焊条用钢约占焊接材料用钢（包括焊条及各种自动焊焊丝的总和）的 60%～80%，这充分说明手工电弧焊在焊接工作中占有重要地位。

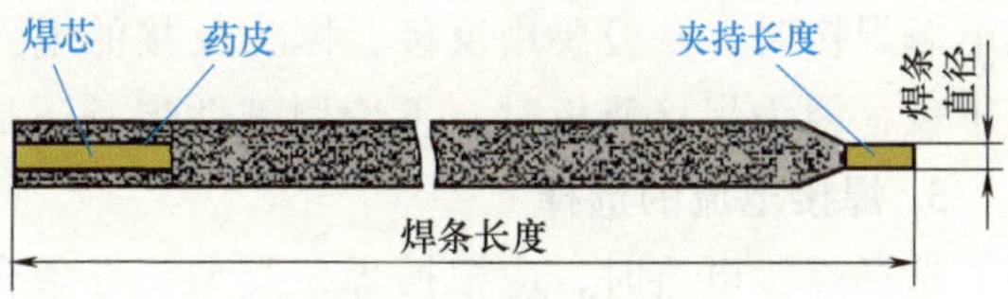

图 2-25　焊条的结构

焊条电弧焊时，焊条既作为电极，在焊条熔化后又作为填充金属直接过渡到熔池，与液态的母材熔合后形成焊缝金属。焊条是由焊芯（金属芯）和药皮组成的。在尾部有一段裸焊芯，约占焊条总长的 1/16，便于焊钳夹持并有利于导电。焊条直径（实际是指焊芯直径）通常有 2mm、2.5mm、3.2mm 或 3mm、4mm、5mm、5.8mm（或 6mm）等几种，常用的是 ϕ3.2mm、ϕ5mm、ϕ5.8mm 三种，其长度一般在 250～450mm 范围内。

（1）焊芯

1）焊芯的作用。焊芯是与焊件之间产生电弧并熔化作为焊缝的填充金属。焊条电弧焊时，焊芯金属占整个焊缝金属的 50%～70%。焊芯的化学成分将直接影响焊缝质量。

2）焊芯中的合金元素。焊芯中通常含有碳、锰、硅、铬、镍、硫、磷等元素，不同成分的焊条，其焊芯中这些元素的含量有所不同，各元素对焊缝的影响也不相同。

（2）药皮

1）药皮的作用。

① 防止空气对熔池的侵入。

② 提高焊接电弧的稳定性。

③ 提高焊缝质量。

2）药皮的类型包括高钛钠和高钛钾型、钛钙型、铁矿型、氧化铁型、高纤维素钠型和高纤维素钾型、低氢钠和低氢钾型、石墨型、盐基型。

（3）焊条的分类

焊条分为碳钢焊条、低合金钢焊条、不锈钢焊条、堆焊焊条、铸铁焊条、镍及镍合金焊条、铜及铜合金焊条、铝及铝合金焊条、特殊用途焊条。

四、焊接参数的选择

1. 焊条直径

焊条直径是指焊芯直径，它是保证焊接质量和效率的重要因素。焊条直径一般根据焊件厚度选择，同时还要考虑接头形式、施焊位置和焊接层数，对于重要结构，还要考虑焊接热输入的要求。在一般情况下，焊条直径与焊件厚度之间关系的参考数据见表 2-3。

表 2-3 焊条直径与焊件厚度之间的关系

焊件厚度/mm	2	3	4~5	6~12	13 以上
焊条直径/mm	2	3.2	3.2~4.0	4.0~5	4~6

2. 焊接电源种类和极性的选择

采用交流电源焊接时，电弧稳定性差。采用直流电源焊接时，电源稳定、柔顺，飞溅少，但电弧磁偏吹较交流严重。低氢型焊条稳弧性差，通常必须采用直流弧焊电源。用小电流焊接薄板时，也常用直流弧焊电源，因为引弧比较容易，电弧比较稳定。低氢型焊条用直流电源焊接时，一般要用反接，因为反接的电弧比正接稳定。焊接薄板时，焊接电流小，电弧不稳，因为焊接薄板时，不论用碱性焊条还是用酸性焊条，都选用直流反接。

3. 焊接电流的选择

选择焊接电流时，应根据焊条类型、焊条直径、焊件厚度、接头形式、焊接位置和层数等因素综合考虑。如果焊接电流过小会使电弧不稳，造成未焊透、夹渣以及焊缝成形不良等缺陷。反之，焊接电流过大易产生咬边、焊穿，增加焊件变形和金属飞溅量，使焊接接头的组装由于过热而发生变化。所以，焊接时要合理选择焊接电流。对于一定直径的焊条，有一个合适的焊接电流范围，可参考表 2-4。

表 2-4 焊接电流与焊条直径的关系

焊条直径/mm	1.6	2.0	2.5	3.2	4.0	5.0
焊接电流/A	25~40	40~65	50~80	100~130	160~210	220~270

焊接位置不同，电流也不一样。平焊最大，横焊次之，仰焊第三，立焊最小。在相同条件下，碱性焊条使用的焊接电流一般比酸性焊条小 10%左右，否则焊缝中易产生气孔。

总之，在保证不焊穿和成形良好的条件下，应尽量采用较大的焊接电流，并适当提高焊接速度，以提高焊接生产率。

4. 焊缝层数的选择

在焊件厚度较大时，往往需要进行多层焊。对于低碳钢和强度等级较低的低合金钢的多层焊，每层焊缝厚度过大时，对焊缝金属的塑性（主要表现在冷弯上）有不利影响。因此，对质量要求较高的焊缝，每层厚度最好不大于 5mm。

5. 电弧电压与焊接速度的控制

焊条电弧焊的电弧电压主要由电弧长度来决定。电弧长度越大，电弧电压越高；电弧长度越短，电弧电压越低。在焊接过程中，应尽量使用短弧焊接。焊接过程中，焊接速度应该均匀适当，既要保证焊透，又要保证不焊穿，同时还要使焊缝宽度和余高符合设计要求。如果焊接速度过快，熔化温度不够，易造成未熔合、焊缝成形不良等缺陷；如果焊接速度过慢，则高温停留时间延长，热影响区宽度增加，易使焊接接头的晶粒变粗，力学性能降低，同时使焊件变形量增大，当焊接较薄焊件时，易形成烧穿。焊接速度直接影响焊接生产率，所以应该在保证焊缝质量的基础上采用较大的焊条直径和焊接电流，同时根据具体情况适当加快焊接速度，以提高焊接生产率。

学习效果评价（任务工单）

一、填空题

1. 进行焊条电弧焊时，在________和________之间燃烧的电弧所产生的高温使焊条药皮与焊芯及工件熔化，熔化的焊芯端部迅速地形成细小的________，通过弧柱过渡到局部熔化的工件表面，熔合在一起形成________。

2. 在工件与焊条两电极之间的气体介质中持续强烈的放电现象称为________。

3. 焊条是涂有药皮并供焊条电弧焊用的熔化电极，由________和________两部分组成。

4. 在保证不焊穿和成形良好的条件下，应尽量采用________的焊接电流，并适当________焊接速度，以提高焊接生产率。

5. 焊条电弧焊的电弧电压主要由________来决定。

二、简答题

1. 概述焊条电弧焊的焊接原理。

____

____

____

2. 概述焊条药皮的作用。

____

____

____

考核与评价

<table>
<tr><td>成员合作</td><td colspan="2">好◎　一般◎　较差（理由）：</td></tr>
<tr><td rowspan="2">任务完成情况</td><td>基础知识　熟练◎　不太熟◎</td><td>案例分析　熟练◎　不太熟◎</td></tr>
<tr><td>资料查阅　熟练◎　不太熟◎</td><td>能力训练　熟练◎　不太熟◎</td></tr>
<tr><td>其他（包括对学习过程、老师教学方法的建议和意见，对同组学生评价等各方面）</td><td colspan="2"></td></tr>
<tr><td>掌握焊条电弧焊的焊接原理和焊条基础知识，熟悉焊条电弧焊参数的影响，并对以上学习任务做出评价</td><td colspan="2"></td></tr>
</table>

学习任务三　CO_2 气体保护焊认知

【任务描述】

按照采用的电极分，电弧焊分为熔化极和非熔化极两类，其中熔化极电弧焊是利用金属焊丝（或焊条）作为电极同时熔化填充焊缝的电弧焊方法，它包括焊条电弧焊、埋弧焊、CO_2 气体保护焊等。非熔化极电弧焊是利用不熔化电极（如钨棒、碳棒）进行焊接的电弧焊，它包括 TIG 焊、等离子弧焊等方法。CO_2 气体保护焊、混合气体保护焊（MAG 焊）的特点（表 2-5）非常明显，因此是在车身焊接工艺中用得最多的。

表 2-5　CO_2 气体保护焊、混合气体保护焊的特点

优　　点	缺　　点
生产效率高	怕风、露天作业受到一定限制
焊接质量好、抗锈能力强	弧光及热辐射强
成本低	不能采用交流电源
操作性能好	
适应性强、应用范围广	
易于实现机械化和自动化生产	

【学习重难点】

1. 学习重点

CO_2 气体保护焊的工作原理。

2. 学习难点

CO_2 气体保护焊焊接设备的结构，CO_2 气体保护焊焊接质量的影响因素。

【任务学习资料】

一、CO_2 气体保护焊的工作原理

CO_2 气体保护焊是一种熔化极气体保护的电弧焊接，它利用焊丝与工件间产生的电弧热熔化填充料及工件接口处的金属，采用 CO_2 气体作为保护气体，金属焊丝作为填充料。焊丝盘上的焊丝被送丝辊轮送入导电嘴，到达焊接区后在焊丝与被焊工件引燃电弧，气瓶中的 CO_2 气体经预热、干燥和减压后以一定的流量从喷嘴流出，将电弧和熔池与大气隔离开，以防止熔池中的金属与空气中的氧气发生反应生成有害的金属氧化物而影响焊缝的强度。焊丝在高温电弧的作用下不断地熔化并过渡到熔池，从而形成连续的良好的金属焊缝。CO_2 气体保护焊的工作原理图如图 2-26 所示。

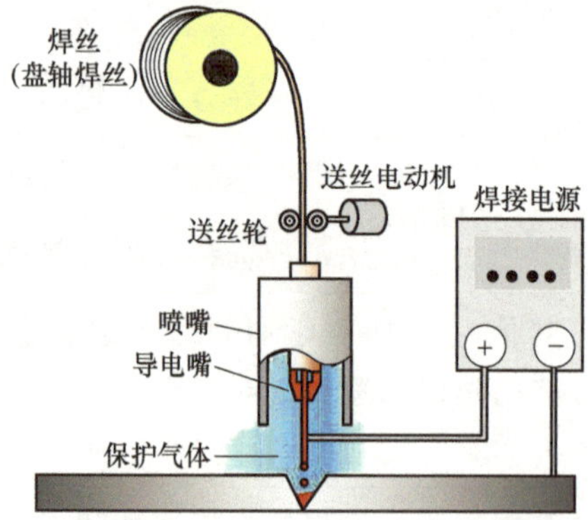

图 2-26　CO_2 气体保护焊的工作原理图

二、CO_2 气体保护焊的特点

1）焊接成本低。CO_2 气体来源广、价格低，其综合成本约是焊条电弧焊的 1/2。

2）生产效率高。CO_2 气体保护焊可使用较大的电流密度（200A/mm^{2}左右），比焊条电弧焊（10~20A/mm^2）的电流密度高得多，因此熔深比焊条电弧焊的高 2.2~3.8 倍，效率比焊条电弧焊可提高 2.5~4 倍。

3）焊后变形小。CO_2 气体保护焊的电弧热量集中，加热面积小，CO_2 气流有冷却作用，因此焊件焊后变形小，特别是薄板的焊接更为突出。

4）抗锈能力强。CO_2 气体保护焊和埋弧焊相比，具有较高的抗锈能力，所以焊前对焊件表面的清洁工作要求不高，可以节省生产中大量的辅助时间。

5）缺点。由于 CO_2 气体本身具有较强的氧化性，因此在焊接过程中会引起合金元素烧损，产生气孔和引起较强的飞溅，特别是飞溅问题。同时也会存在成形不够美观、抗风能力差、设备较复杂等问题。

三、CO_2 气体保护焊焊接设备

（1）设备构成　CO_2 气体保护焊焊机是焊装车间使用较多的设备之一，其生产示意图如图 2-27 所示。焊机按结构主要分为电源部分、送丝机部分和工作部分三大部分，如图 2-28 所示。

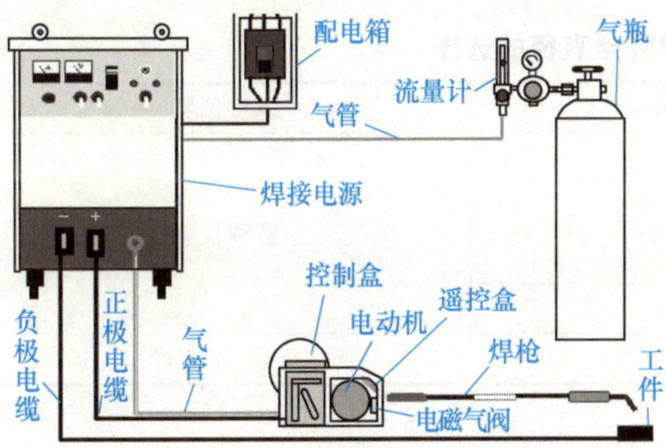

图 2-27　CO_2 气体保护焊焊机结构示意图

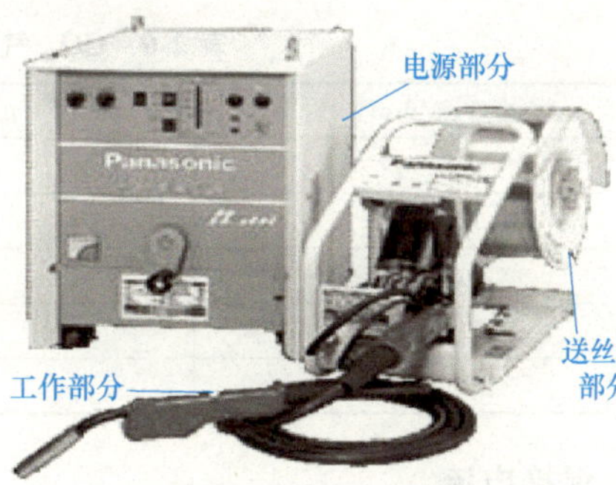

图 2-28　CO_2 气体保护焊焊机

1）电源部分。CO_2 气体保护焊焊机的电源部分主要是一台变压器，它具有将 380V 的高压电转变为 36V 安全电压的功能。

2）送丝机部分。送丝机主要由一台送丝电动机组成，两个送丝轮相互压紧，焊丝被压在两个送丝轮之间，当送丝电动机带动送丝轮转动时，焊丝就被送丝轮强行带动，完成自动送丝过程。送丝机部分还有两个调节手柄，用于调节所需的电流和电压。

3）工作部分。CO_2 气体保护焊焊机的工作部分主要是电缆（通气、通焊丝）和焊枪。通气电缆不仅通电，而且通气。焊枪是直接用于生产操作的工具，通过焊枪将最终需要被焊接的焊件焊接起来。焊枪的结构如图 2-29 所示。

（2）工作路线　焊接工作时的线路有电路和气路两条。

1）电路。首先是 380V 的电压通过一次电缆进入电源部分后，然后再经过二次电缆到达焊枪，在焊接时就与地线形成了一条焊接回路。

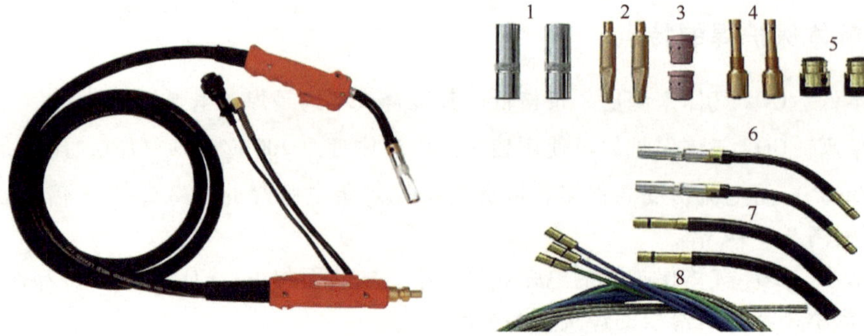

图 2-29 焊枪的结构

2）气路。CO_2 气瓶内气体送入管道，然后管路里的高压 CO_2 气体到达每个工位的用气点，每个工位的用气点都有一个气体调压阀，根据需要调节气体流量的大小，再通过软管进入电缆随焊枪焊接时喷射出来，在焊接区形成气体保护层，保证焊接熔池不产生氧化层。

四、CO_2 气体保护焊焊接质量的影响因素

1. 焊丝直径

焊丝直径应根据焊件厚度、焊接位置及生产率的要求来选择。焊接薄板或中厚板的立焊、横焊、仰焊时，多采用 ϕ1.6mm 以下的焊丝；在平焊位置焊接中厚板时，可以采用直径 ϕ1.2mm 以上的焊丝。CO_2 气体保护焊焊丝直径的选择见表 2-6。

表 2-6 CO_2 气体保护焊焊丝直径的选择

焊丝直径/mm	焊件厚度/mm	焊接位置
0.8	1~3	各种位置
1.0	1.5~6	
1.2	2~12	
1.6	6~25	
≥1.6	中厚	平焊、平角焊

2. 焊接电流

焊接电流是重要的焊接参数之一，应根据焊件厚度、材质、焊丝直径、施焊位置及熔滴过渡形式来确定焊接电流的大小，通常用直径为 0.8~1.6mm 的焊丝。当短路过渡时，焊接电流在 50~ 230A 范围内选择；在颗粒状过渡时，焊接电流可在 250~500A 范围内选择。焊丝直径与焊接电流的关系见表 2-7。

表 2-7 焊丝直径与焊接电流的关系

焊丝直径/mm	焊接电流使用范围/A	适应的板厚/mm
0.6	40~100	0.6~1.6
0.8	50~150	0.8~2.3
0.9	70~200	1.0~3.2
1.0	90~250	1.2~6.0
1.2	120~350	2.0~6.0
1.6	300 以上	6.0 以上

在保证焊透、成形良好的条件下，尽可能地采用大电流，以提高生产率。焊接电流一旦确定，CO_2气体保护焊焊机的送丝速度也随之确定。焊机送丝速度随焊接电流的变化规律如图 2-30 所示。只有保证送丝速度与焊接电压对焊丝的熔化能力一致，才能保证电弧长度的稳定，这就是CO_2气体保护焊焊机的焊接电流必须与焊接电压相匹配的原因。

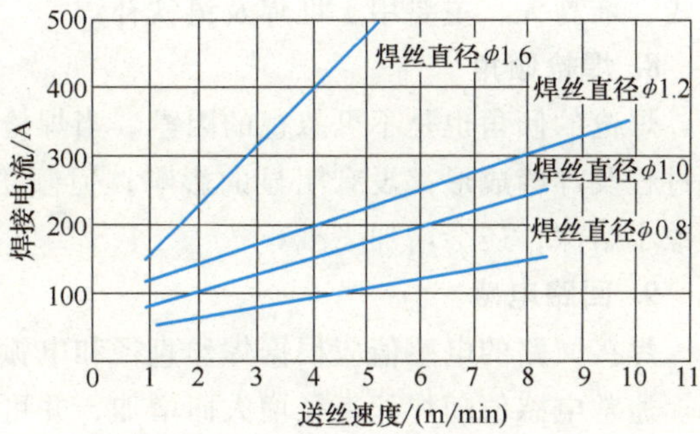

图 2-30　送丝速度随焊接电流的变化规律

3. 电弧电压

焊接电弧电压的变化影响焊接电弧的长短，从而决定熔宽的大小。一般随电弧电压的增大，熔宽增大，而熔深略有减小。为了保证焊缝成形良好，电源电压必须与焊接电流配合选取。通常在焊接电流小时，电弧电压较低；焊接电流大时，电弧电压较高。通常在短路过渡时，电弧电压为 16~24V；在细颗粒过渡时，电弧电压为 25~45V。

4. 焊接速度

在一定的焊丝直径、焊接电流和电弧电压的条件下，焊接速度增加，熔宽与熔深都减小。如果焊接速度过快，容易产生咬边、未焊透及未熔合等缺陷，且气体保护效果变差，可能出现气孔；若速度过慢，则使焊接生产率降低，焊接变形增大，焊缝成形差。一般CO_2半自动焊的焊接速度为 15~40m/h。

5. 焊丝伸出长度

焊丝伸出长度是指导电嘴端部到焊件的距离，而保持焊丝伸出长度不变是保证焊接过程稳定的基本条件之一，它主要取决于焊丝直径，一般为焊丝直径的 10~12 倍。当焊丝伸出长度过大时，容易发生过热而成段熔断，使气体保护效果变差，飞溅严重，焊接过程不稳定；当焊丝伸出长度过小时，则会缩短喷嘴与焊件的距离，飞溅金属容易堵塞喷嘴，影响气体保护效果，且阻挡焊工视线。焊接时可参考表 2-8 选择。

表 2-8　焊丝伸出长度的允许值

焊丝直径/mm	H08Mn2SiA	H08Cr19Ni9Ti
0.8	6~12	5~9
1.0	7~13	6~11
1.2	8~15	7~12

6. 气体流量

CO_2气体流量应根据对焊接区的保护效果来选取。焊接电流、电弧电压、焊接速度、接头形式及作业条件对流量都有影响，其流量过大过小都会影响气体保护效果，容易产生焊接缺陷。通常焊接电流在 200A 以下时，气体流量为 10~15L/min；焊接电流大于 200A 时，气体流量为 15~25L/min。

7. 电源极性

CO_2气体保护焊一般采用直流反接。直流反接具有电弧稳定性好、飞溅小及熔深大等特点。在粗丝大电流焊接时，也可采用直流正接。此时，焊接过程稳定，焊丝熔化速度快、熔深浅、堆高大，主要用于堆焊及铸铁补焊。

8. 焊枪倾角

焊枪的倾角也是不可忽视的因素。当焊枪倾角小于10°时，不论是前倾还是后倾，对焊接过程及焊缝成形都没有明显的影响；但倾角过大（如前倾角大于25%）时，将增加熔宽并减小熔深，还会增加飞溅。

9. 回路电感

焊接回路的电感值应根据焊丝直径和电弧电压来选择，不同直径焊丝的合适电感值也不同。通常电感值随焊丝直径增大而增加，并可通过试焊的方法来判断。若焊接过程稳定，飞溅很少，则说明电感值是合适的。

10. 喷嘴与焊件间的距离

喷嘴与焊件间的距离是根据焊接电流来选择的。焊接电流越大，它们之间的距离就越大。一般当焊接电流小于200A时，喷嘴与焊件间的距离为10~15mm。

学习效果评价（任务工单）

一、填空题

1. CO_2 气体保护焊是一种______________的电弧焊接，它利用焊丝与工件间产生的电弧热熔化填充料及工件接口处的金属，采用__________作为保护气体，__________作为填充料。

2. CO_2 气体保护焊焊机按结构主要分为__________、__________和__________三大部分。

3. CO_2 气体保护焊在进行焊接工作时的线路有__________和__________两条。

4. 焊接薄板或中厚板的立焊、横焊、仰焊时，多采用__________ mm以下的焊丝；在平焊位置焊接中厚板时，可以采用直径__________ mm以上的焊丝。

5. __________是指导电嘴端部到焊件的距离，而保持焊丝伸出长度不变是保证焊接过程稳定的基本条件之一，它主要取决于__________，一般约为焊丝直径的__________倍。

6. CO_2 气体保护焊一般采用__________。

7. 喷嘴与焊件间的距离是根据__________来选择的。焊接电流越大，它们之间的距离就越大。一般当焊接电流小于200A时，喷嘴与焊件间的距离为__________ mm。

二、简答题

1. 简述 CO_2 气体保护焊的工作原理。

____

____

____

2. 简述 CO_2 气体保护焊焊接质量的影响因素。

____

____

____

____

<table>
<tr><th colspan="5">考核与评价</th></tr>
<tr><td>成员合作</td><td colspan="4">好◎　一般◎　较差（理由）：</td></tr>
<tr><td rowspan="2">任务完成情况</td><td colspan="2">基础知识　熟练◎　不太熟◎</td><td colspan="2">案例分析　熟练◎　不太熟◎</td></tr>
<tr><td colspan="2">资料查阅　熟练◎　不太熟◎</td><td colspan="2">能力训练　熟练◎　不太熟◎</td></tr>
<tr><td colspan="2">其他（包括对学习过程、老师教学方法的建议和意见，对同组学生评价等各方面）</td><td colspan="3"></td></tr>
<tr><td colspan="2">掌握 CO_2 气体保护焊的工作原理，了解其特点，熟悉 CO_2 气体保护焊焊接设备的结构和工艺参数选择，并对以上学习任务做出评价</td><td colspan="3"></td></tr>
</table>

学习任务四　MIG 焊、MAG 焊、TIG 焊、埋弧焊认知

【任务描述】

铝合金材料具有密度小、强度高、耐蚀性强、易于成形，还可回收再利用等优点，所以大量使用于制造汽车车身结构件和覆盖件中。但铝合金材料熔点低、可修复性差，一般焊接方法容易出现焊接变形大、未熔合及未焊透等焊接缺陷，因此经常选用熔化极惰性气体保护焊，简称 MIG 焊，如图 2-31 所示。

图 2-31　MIG 焊

【学习重难点】

1. 学习重点

MIG 焊焊接原理和焊接设备的结构。

2. 学习难点

TIG 焊的基本原理和主要焊接参数选择。

【任务学习资料】

一、MIG 焊

1. MIG 焊的定义

熔化极惰性气体保护焊（Metal Inert Gas Welding，MIG）的保护气体主要有氩气（Ar）或氦气（He）。其特点是：保护气体不与液态金属发生冶金反应，只起隔绝空气的作用，所以电弧燃烧稳定，熔滴过渡平稳、安定，无激烈飞溅，最适于铝、铜、钛等有色金属的焊接，也可用于钢材，如不锈钢、耐热钢等的焊接。在汽车车身焊装工艺中，主要用于车身顶盖后部两侧接缝处的焊接，其焊接方法与混合气体保护焊相同，如图 2-32 所示。

2. MIG 焊的基本原理

MIG 焊是利用外加的惰性气体（Ar、He）作为电弧介质、利用焊丝作为熔化电极的电弧焊，如图 2-33 所示。

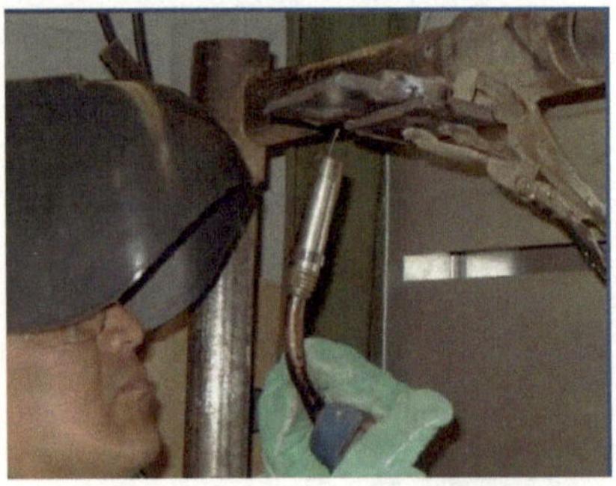

图 2-32　MIG 焊示意图

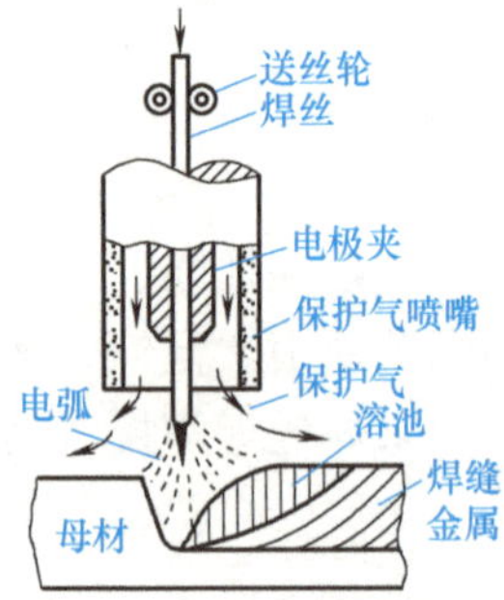

图 2-33　MIG 焊的基本原理图

3. MIG 焊特点

优点：

1）焊接质量好，生产效率高。

2）焊丝中不需含有特殊的脱氧剂，可以使用与母材同等成分的焊丝即可进行焊接。

3）适用范围广，既可以焊接碳钢、低合金钢、高合金钢，也可以焊接有色金属合金（如铝及铝合金、铜及铜合金、钛合金）等容易被氧化的非铁金属。

缺点：

1）生产成本较高。

2）焊缝质量对水汽、油污、锈渍等杂质敏感，焊前要对母材的接头区进行严格清理。

4. MIG 焊的应用

1）材料：常用于黑色和有色金属，但由于成本原因，多用于有色金属的焊接。

2）厚度：厚、薄均可，薄板焊除采用短路熔滴过渡外，还可用脉冲电流焊。

3）位置：可全位置施焊。

4）结构：中、厚板的有色金属结构，尤其是铝合金结构件，如铝压力容器等。

5. MIG 焊设备

MIG 焊的设备组成包括电源及控制系统、焊枪及送丝机构、行走机构（自动焊）、供气（水冷）装置等；曾经有专用的 MIG 焊焊机，但现今多为 MIG/MAG/CO_2 焊通用焊机，统称为 MIG 焊设备，如图 2-34 所示。

（1）焊接电源　MIG 焊电源通常分为细丝用和粗丝用。细丝用为平外特性配等速送丝机构，粗丝用为陡降外特性配变速送丝机构。逆变式电源是当今的主流。

（2）焊枪　MIG 焊的焊枪为通用结构，其中有导电嘴和气体通道等，如图 2-35 所示。

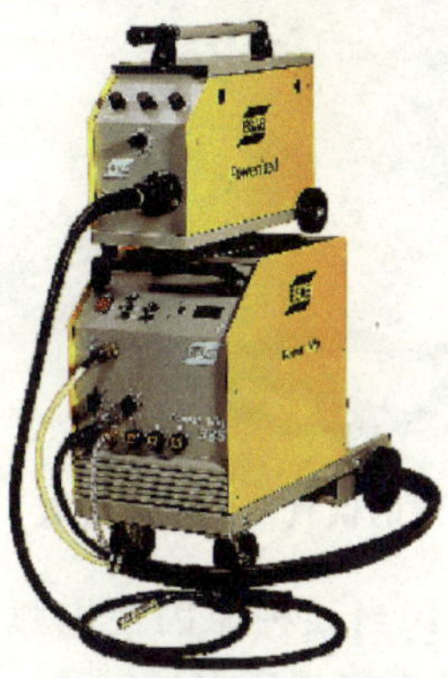

图 2-34　MIG 焊设备

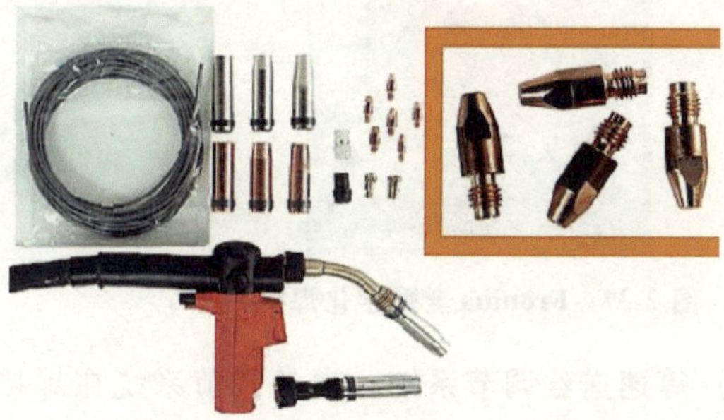

图 2-35　MIG 焊焊枪

（3）送丝机构　送丝机构有推丝式、拉丝式和推拉式，如图 2-36 所示。但由于 MIG 焊较多用于有色金属，尤其是材质较软的铝合金，所以多采用拉丝式或推拉式送丝。送丝稳定性是保证 MIG 焊过程稳定的关键因素。影响送丝稳定性的因素：焊丝刚性及表面粗糙度，送丝导管的材质、直径、长度及弯曲度，送丝滚轮结构，导电嘴阻力。

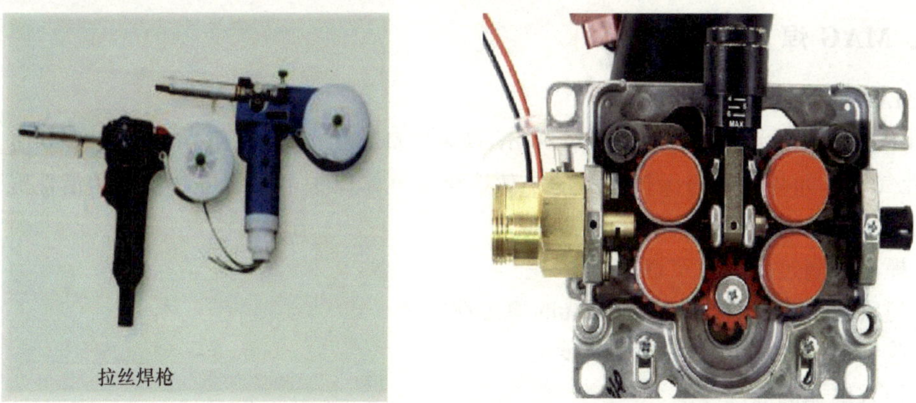

图 2-36　MIG 焊送丝机构

（4）控制系统　MIG 焊的控制系统可实现动作程序控制及各种功能控制。

现在已逐步在逆变焊机上采用以数字处理器（DSP）为核心元件的数字化控制，使焊机的功能大大扩展、控制精度大大提高，甚至在焊机上嵌入了焊接专家系统，而电路却得到简化，即发展到“靠软件控制焊接”的水平。专家系统今后将成为熔化极气体保护焊设备的标准配置，典型的如奥地利 Fronius 公司的全数字化焊机，如图 2-37 所示。

(5) 供气（供水）装置 MIG 焊的供气（供水）装置如图 2-38 所示。

供气装置包括高压气瓶、减压流量计、电磁气阀等。MIG 焊所用的氩气气瓶为灰色，配氩气专用的减压流量计。水冷机构仅用于大电流自动焊机及焊枪，普通焊机上不设置。

图 2-37 Fronius 全数字化焊机

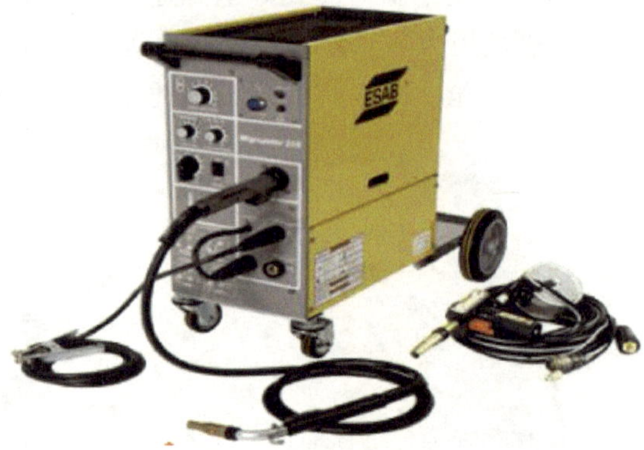

图 2-38 MIG 焊的供气（供水）装置

(6) 等速送丝调节系统 送丝调节系统在焊接过程中的作用：当某种原因使电弧长度发生变化时，通过对焊丝送进速度或焊丝熔化速度的调整，使电弧恢复到原有长度或一个新的平衡长度，从而保证焊接过程的稳定。

等速送丝调节系统使焊接过程中焊丝等速送进，利用焊接电源外特性的自身控制作用来调节焊丝熔化速度，保持电弧长度不变，也称作电弧的自身调节。

当今 MIG 焊在实际应用中多采用细丝和等速送丝机构，因此电弧的自调节功能发挥着重要作用。

二、MAG 焊

1. MAG 焊的特点及应用

熔化极活性气体保护电弧（Metal Active Gas，MAG）焊是采用在惰性气体中加入一定量的活性气体，如氧气作为保护气体的一种熔化极气体保护电弧焊方法。采用活性混合气体作为保护气体，具有下列特点：

1）提高熔滴过渡的稳定性。

2）稳定阴极斑点，提高电弧燃烧的稳定性。

3）改善焊缝熔深形状及外观成形。

4）增大电弧的热功率。

5）控制焊缝的冶金质量，减少焊接缺陷。

6）降低焊接成本。

2. MAG 焊的结构

MAG 焊的结构如图 2-39 所示。

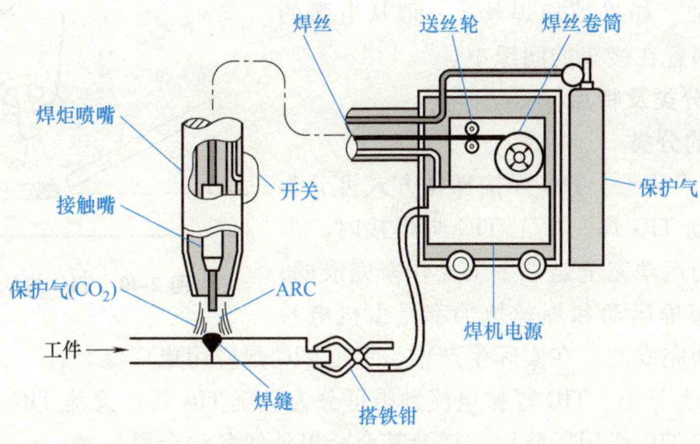

图 2-39　MAG 焊的结构

3. MAG 焊常用活性混合气体及其适用范围

1）氩气+氧气。氩气中加入氧气的活性混合气体可用于碳钢、不锈钢等高合金钢和高强钢的焊接。焊接不锈钢等高合金钢及强度级别较高的高强钢时，氧气的体积分数应控制在1%~5%。焊接碳钢和低合金结构钢时，氩气中加入氧气的体积分数可达 20%。

2）氩气+二氧化碳。这种活性混合气体被用来焊接低碳钢和低合金钢，常用的混合比为 Ar80%+$CO_2$20%。它既具有氩气弧电弧稳定、飞溅小，容易获得轴向喷射过渡的优点，又具有氧化性。混合气体中随二氧化碳含量的增大，氧化性也增大，为了获得较高韧性的焊缝金属，应配用含脱氧元素成分较高的焊丝。

3）氩气+二氧化碳+氧气。Ar80%+$CO_2$15%+$O_2$5%混合气体在焊接低碳钢、低合金钢时，无论焊缝成形、接头质量以及金属熔滴过渡和电弧稳定性方面都比上面两种混合气体要好。

三、TIG 焊

钨极惰性气体保护（Tungsten Inert Gas Wedding，TIG）焊是以高熔点的纯钨或钨合金作为电极，用惰性气体（氩气、氦气）或其混合气体作为保护气的一种非熔化极电弧焊方法。目前，TIG 焊广泛应用于航空航天、原子能、化工、纺织、锅炉、压力容器、医疗器械及炊具等工业部门的生产中。TIG 焊几乎可以焊接所有的金属及合金。但从经济性及生产率方面考虑，TIG 焊主要用于焊接不锈钢、高温合金和铝、镁、铜、钛等金属及其合金，以及难熔金属（如锆、钼、铌）与异种金属。对于低熔点和易蒸发金属（如铅、锡、锌等），焊接较困难。由于受承载能力的限制，TIG 焊一般适宜于焊接薄件，焊接厚度小于 6mm 的构件，钨极氩弧焊的焊接板厚可适当大些。因此它非常适合汽车板材的焊接，特别是一些有色金属的焊接。

1. TIG 焊的基本原理

TIG 焊是在惰性气体的保护下，利用钨极和工件之间产生的焊接电弧熔化母材及焊丝。焊接时，惰性气体从焊枪的喷嘴中喷出，把电弧周围一定范围的空气排出焊接区，从而为形成优质焊接接头提供了保障，如图 2-40 所示。焊接时，保护气体可采用氩气、氦气或氩气+氦气混合气体，特殊场合也采用氩气+氢气或氦气+氢气混合气体。焊丝根据焊件设计要求，可以填加或不填加。如果填加焊丝，一般从电弧的前端加入或直接预置在接头的间隙中。

2. TIG 焊的分类及特点

(1) TIG 焊的分类

1）按操作方式分类。TIG 焊按操作方式可分为手工 TIG 焊和自动 TIG 焊。手工 TIG 焊焊接时，焊丝的填加和焊枪的运动完全是靠手工操作来完成的；而自动 TIG 焊的焊枪运动和焊丝填加都是由机电系统按设计程序自动完成的。在实际生产中，手工 TIG 焊应用更广泛。

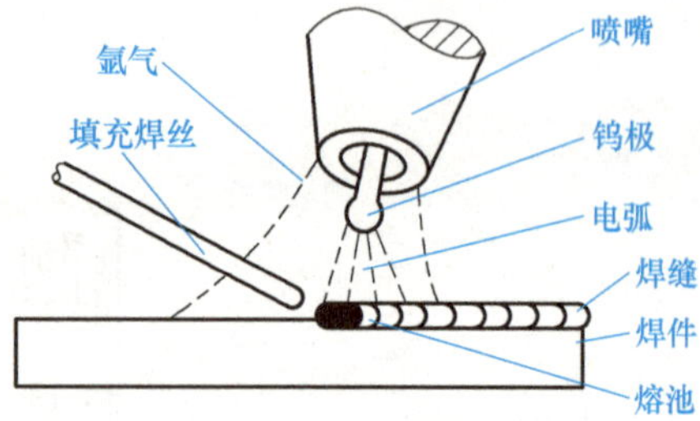

图 2-40　TIG 焊的基本原理图

2）按电流种类分类。TIG 焊按电流种类可分为直流 TIG 焊、交流 TIG 焊和脉冲 TIG 焊。一般情况下，直流 TIG 焊用于除铝、镁及其合金以外的各种金属材料；交流 TIG 焊又分为正弦波交流、矩形波交流等，用于焊接铝、镁及其合金；脉冲 TIG 焊用于焊接热敏感的金属材料和薄板、超薄板构件，以及用于薄壁管子的全位置焊接等。

(2) TIG 焊的特点

1）保护效果好。

2）焊接过程稳定。

3）适宜于各种位置施焊。

4）易于实现自动化。

5）应用范围广。

6）需要特殊的引弧措施。

7）对工件清理要求高。

8）生产率低。

9）生产成本高。

3. TIG 焊焊接设备基本组成

TIG 焊焊接设备如图 2-41 所示。

焊接电源（俗称焊机）：交流、直流、交直流，陡降外特性或恒流外特性，一般有手控盒。

气路：气瓶（银灰）、气管、气体流量（减压）、气压开关。

水路：循环水（自来水）、水管、水压开关。

焊枪：分为自动、手动。

电路：焊枪电缆（水冷）、地线、起弧稳弧获置。

送丝机：外部送丝，并非必需。

工作台：固定式、运动（工件）式。

操作机：机头（焊枪）动。

机器人：操作设备。

辅助设备：焊接操作机及回转工作台，工装夹具［控制薄板变形及背面成形、保护（钢加铜）］，焊缝跟踪，弧长控制。

4. TIG 焊的应用

TIG 焊可用于几乎所有金属和合金的焊接，但由于其成本较高，通常多用于焊接铝、

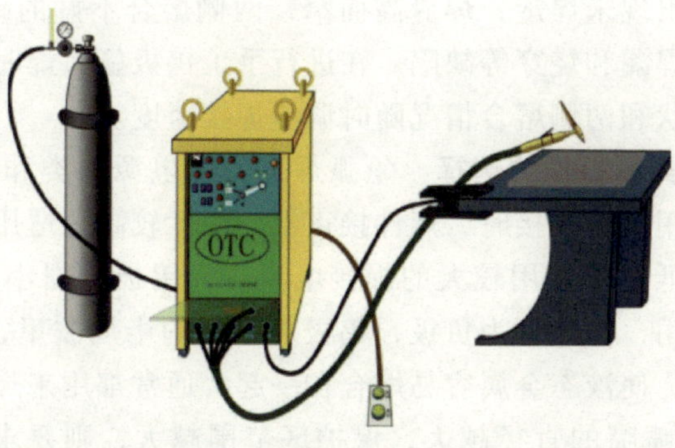

a)

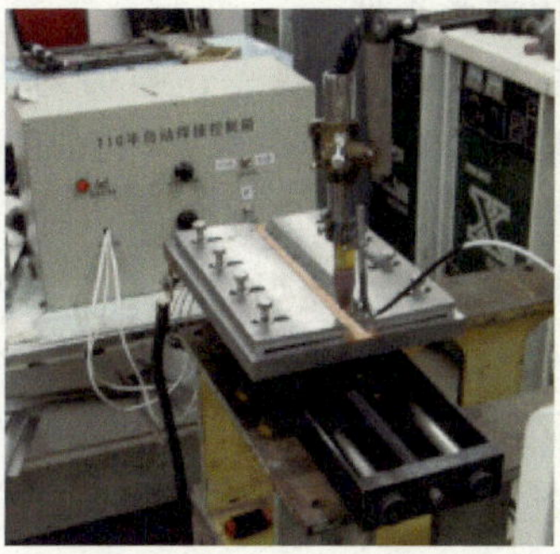

b)

图 2-41　TIG 焊焊接设备

a）TIG 焊焊接设备基本组成　b）辅助设备

镁、钛、铜等有色金属，以及不锈钢和耐热钢等。对于低熔点和易蒸发的金属（如铅、锡、锌），焊接较困难。从生产率考虑，钨极氩弧焊所焊接的板材厚度范围应为 3mm 以下为宜。对于某些黑色和有色金属的厚壁重要构件（如压力容器及压力管道），为了保证高的焊接质量，在根部熔透焊道焊接、全位置焊接和窄间隙焊接时，有时也采用钨极氩弧焊。

5. 焊接参数的选择及其影响

（1）焊接电流　通常根据焊件的材质、厚度和接头的空间位置来选择焊接电流。焊接电流过大或过小都会使焊缝成形不良或产生焊接缺陷。当焊接电流增大时，熔深增大，而焊缝宽度与余高稍有增加；当焊接电流很小时，由于定直径的钨极上电流密度低，钨极端部的温度不够，电弧会在钨极端部不规则地漂移，电弧很不稳定，破坏了保护区，熔池被氧化。

（2）钨极直径　钨极直径应根据焊件厚度、焊接电流大小和电源极性而定，如果钨极直径选择不当，将造成电弧不稳定、钨棒烧损严重和焊缝夹钨。当钨极直径太细时，将出现如焊接电流太大的现象；当钨极直径太粗时，将出现如焊接电流太小的现象。相同直径的钨极，直流正接时许用电流最大；直流反接时许用电流最小；交流时许用电流介于两者之间。

（3）电弧电压　电弧电压主要是由弧长决定的，弧长增加，焊缝宽度增加，而熔深稍有减小。但当电弧太长时，容易引起未焊透，并使氩气保护效果变差。但电弧也不能太短，当电弧太短时，很难看清熔池，而且送丝时也容易碰到钨极而引起短路，使钨极受到污染，加大钨极烧损，还容易造成焊缝夹钨，通常使弧长近似等于钨极直径。

（4）焊接速度　焊接速度显著影响焊缝成形。焊接速度增加时，熔深和熔宽均减小，焊接速度太快时，容易出现未焊透，焊缝高而窄，两侧熔合不好的缺陷；焊接速度太慢时，焊缝很宽，还可能产生焊漏和烧穿等缺陷。在进行手工钨极氩弧焊时，通常都是操作者根据熔池的大小、熔池的形状和两侧熔合情况随时调整焊接速度。

（5）焊接电源的种类和极性的选择 氩弧焊采用的电源种类和极性选择与所焊金属及其合金种类有关。当采用直流正接时，焊件接正极，温度较高，适用于焊厚件及散热快的金属，钨棒接负极，温度低，可使用较大的焊接电流，且钨极烧损小；当采用直流反接焊接时，具有阴极破碎的作用，即焊件为负极，钨极为正极的半周波里，因受到正离子的轰击，焊件表面的氧化膜破裂，使液态金属容易熔合在一起，通常都用来焊接铝、镁及其合金。

（6）喷嘴的直径 喷嘴的直径越大，保护区范围越大，则要求保护气的流量也越大。且喷嘴直径过大时，还会使焊缝位置受到限制，给操作带来不便。

（7）喷嘴到焊件的距离 喷嘴到焊件的距离越远，保护效果越差；喷嘴到焊件的距离越近，保护效果越好，但影响操作者的视线。通常喷嘴到焊件的距离以 5~12mm 为宜。

（8）钨极伸出长度 为了防止电弧烧坏喷嘴，钨极端部应突出在喷嘴以外，钨极端头至喷嘴端面的距离叫作钨极伸出长度。钨极伸出长度越小，喷嘴与焊件间距离越近，保护效果越好，但过近会妨碍观察熔池。通常在对接焊缝焊接时，钨极伸出长度为 3~4mm 较好；在角接焊缝焊接时，钨极伸出长度为 7~ 8mm 较好。

（9）焊丝直径的选择 根据焊接电流的大小选择焊丝直径，表 2-9 给出了它们之间的关系。

表 2-9 焊丝直径的选择

焊接电流/A	焊丝直径/mm	焊接电流/A	焊丝直径/mm
10~20	<1.0	200~300	2.4~4.5
20~50	1.0~1.6	300~400	3.0~6.0
50~100	1.0~2.4	400~500	4.5~8.0
100~200	1.6~3.0		

四、埋弧焊

1. 埋弧焊的定义

埋弧焊是利用焊丝与工件之间在焊剂层下燃烧的电弧产生热量，熔化焊丝、焊剂和母材金属而形成焊缝的熔化极电弧焊方法。焊接时，焊机的启动、引弧、焊丝的送进及热源的移动全由机械控制，是一种以电弧为热源的高效的机械化的焊接方法，现已广泛用于锅炉、压力容器、石油化工、船舶、桥梁、冶金及机械制造工业中。

2. 埋弧焊的工作原理

焊接电源的两极分别接至导电嘴和焊件。焊接时，颗粒状焊剂由焊剂漏斗经软管均匀地堆敷到焊件的待焊处，焊丝由焊丝盘经送丝机构和导电嘴送入焊接区，电弧在焊剂下面的焊丝与母材之间燃烧，如图 2-42 所示。

3. 埋弧焊的特点

优点：生产率高，焊接质量好，劳动条件好，节约焊接材料及电能，焊接范围广。

缺点：只适用于平焊或斜度不大的位置及角焊缝，不能直接观察电弧与坡口的相对位置，不适于焊接厚度小于 1mm 的薄板，设备复杂。

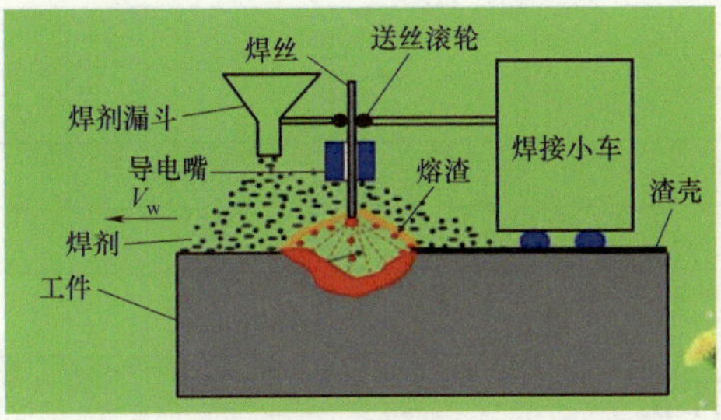

图 2-42　埋弧焊的工作原理

4. 埋弧焊的焊接材料

埋弧焊用的焊接材料是焊剂和焊丝。

焊剂的作用：隔离空气、保护焊接金属不受空气侵害，对熔化金属进行冶金处理。

焊丝的作用：焊接时熔化进入熔池，起到填充和合金化的作用；尚未熔化的焊丝还起着导电的作用。

当被焊材料确定以后，焊缝的化学成分在很大程度上取决于焊剂和焊丝的选配，因此，正确选配焊剂和焊丝是埋弧焊工艺的一项重要内容。

学习效果评价（任务工单）

一、填空题

1. MIG 的中文意思是________气体保护焊，保护气体主要有________或________。

2. MIG 焊的设备组成包括__________、__________、__________、__________等。

3. MIG 焊的电源通常分为__________用和__________用。

4. 送丝机构有__________、__________和__________。

5. MAG 焊即________________气体保护电弧焊，是采用在惰性气体中加入一定量的__________的一种电弧焊方法。

6. 氩气中加入氧气的活性混合气体可用于碳钢、不锈钢等__________和__________的焊接，氧气的体积分数应控制在__________。

7. 氩气 + 二氧化碳活性混合气体被用来焊接________和________，常用的混合比 Ar ________%+CO_2 ________%。

8. TIG 焊即________________气体保护焊，是以高熔点的__________或__________作为电极，用__________或其混合气体作为保护气的一种非熔化极电弧焊方法。

9. TIG 焊一般适宜于__________，钨极氩弧焊适宜于焊接厚度小于__________ mm 的构件，钨极氩弧焊的焊接板厚可适当大些，因此非常适合汽车板材的焊接。

10. 埋弧焊是电弧在__________下燃烧的一种焊接方法。焊接电源的两极分别接至__________和__________。

二、简答题

1. 简述 MIG 焊的基本原理。

____

____

____

2. 简述 TIG 焊的基本原理。

____

____

____

<table>
<tr><th colspan="5">考核与评价</th></tr>
<tr><td>成员合作</td><td colspan="4">好◎　一般◎　较差（理由）:</td></tr>
<tr><td rowspan="2">任务完成情况</td><td colspan="2">基础知识　熟练◎　不太熟◎</td><td colspan="2">案例分析　熟练◎　不太熟◎</td></tr>
<tr><td colspan="2">资料查阅　熟练◎　不太熟◎</td><td colspan="2">能力训练　熟练◎　不太熟◎</td></tr>
<tr><td>其他（包括对学习过程、老师教学方法的建议和意见，对同组学生评价等各方面）</td><td colspan="4"></td></tr>
<tr><td>掌握 MIG 焊、MAG 焊、TIG 焊和埋弧焊的概念和焊接原理，了解 MIG 焊、MAG 焊和 TIG 焊焊接参数选择，并对以上学习任务做出评价</td><td colspan="4"></td></tr>
</table>

学习任务五　螺柱焊、钎焊认知

【任务描述】

目前，我国汽车制造业主要应用的螺柱焊接技术是短周期拉弧式螺柱焊，辅以相关的自动控制设备，大幅提高了汽车的焊接质量，提升了汽车品质。螺柱焊接技术由于具有快速、可靠、操作简单和成本低等优点，可替代铆接、钻孔、焊条电弧焊和钎焊等连接工艺，可焊接碳钢、不锈钢、铝以及铜及其合金等金属，现在已广泛应用在汽车和船舶制造等领域。

【学习重难点】

1. 学习重点

螺柱焊的定义和焊机的结构。

2. 学习难点

钎焊的定义和焊接原理，钎焊材料的选择。

【任务学习资料】

一、螺柱焊

1. 螺柱焊的定义

螺柱焊是将金属螺柱或类似其他紧固件焊接于工件上的一种焊接方法，不仅效率高，而且可以通过专用设备对接头质量进行有效控制，得到全断面熔合的焊接接头，保证接头的导热性、导电性和接头强度，如图 2-43 所示。一些非承重的车身构件和一些装饰件就是利用焊接螺柱被装配在车身上的，如 ABS 模块、隔热板、部分仪表盘和部分塑料件等，此外还包括汽车电气连接线的绑扎。车身上螺柱，主要分布在前后底板、前围板和前后纵梁上。

2. 螺柱焊的工作原理

螺柱焊是焊接紧固件的一种快速、高效的焊接方法，是电弧熔化焊接方法的一种特殊应用。

其工作原理是：焊枪里的螺柱首先接触工件，在焊接按钮闭合时，螺柱被焊枪提起，在螺柱与工件之间引燃电弧，使螺柱端面与相应的工件表面加热到熔化状态，达到适宜温度时，将螺柱挤压到熔池中，使两者熔合形成焊缝。螺柱焊需要经历预压、引弧、熔化焊接、螺柱下沉、焊接冷却五个阶段，如图 2-44 所示。

（1）预压阶段　预压阶段是指施加预压力使焊枪内弹簧压缩，螺柱端面紧贴工件表面。

（2）引弧阶段　引弧阶段是指螺柱提升，引燃电弧，清洁焊接区镀层及油污，该电流称为引弧电。

（3）熔化焊接阶段　熔化焊接阶段是指在引弧阶段末期，通以更强的焊接电流，熔化螺柱端头和焊接。

（4）螺柱下沉阶段　螺柱下沉阶段是指在焊接电弧按预定时间熄灭之前，电磁线圈去磁，弹簧推动螺柱端头栽入熔合区。

（5）冷却阶段　冷却阶段是指熔池冷却，焊接完成。

图 2-43　螺柱焊的应用

3. 螺柱焊焊机的结构

螺柱焊焊机由螺柱焊焊枪（图 2-45）、控制部分（图 2-46）、送料器部分、工作部分、电路和气路组成。螺柱焊焊枪主要由夹头、弹簧、磁力提升机构、阻尼机构、控制电缆、焊接电缆以及开关组成。

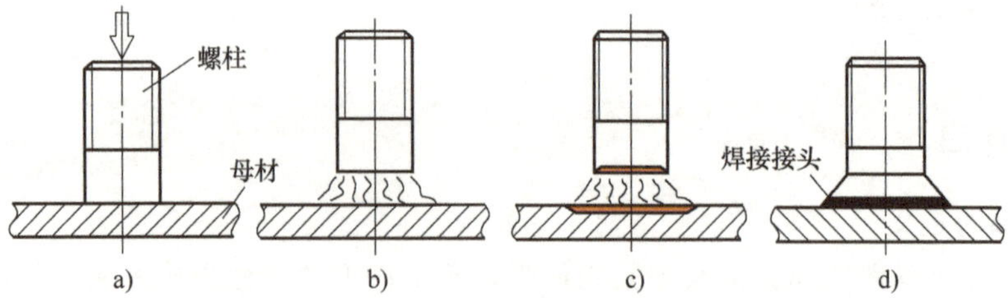

图 2-44 螺柱焊焊接过程

a）预压 b）引弧 c）熔化 d）下沉、焊接冷却

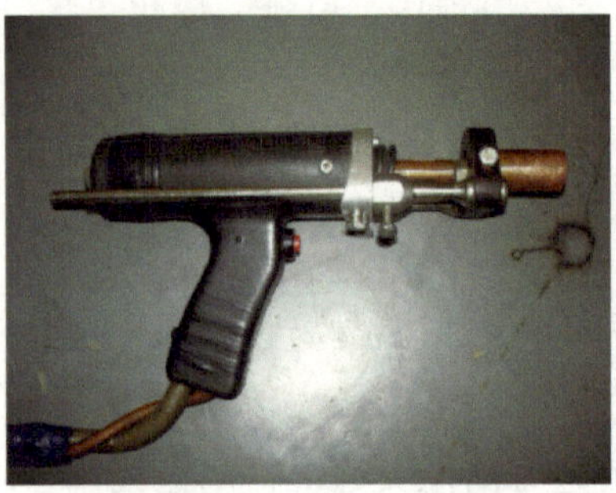

图 2-45 螺柱焊焊枪

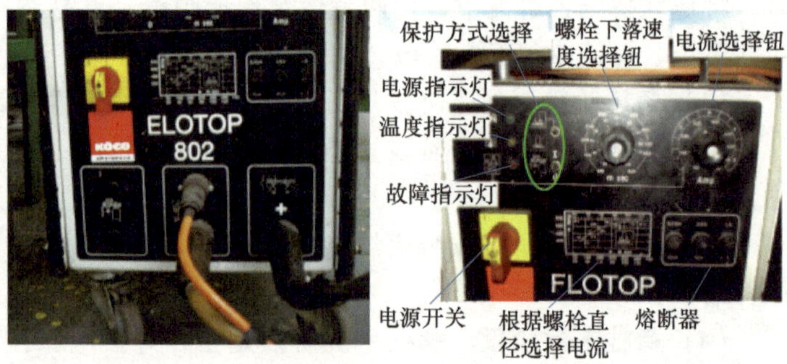

图 2-46 控制部分

4. 螺柱焊的常见缺陷

螺柱焊的常见缺陷如图 2-47 所示。

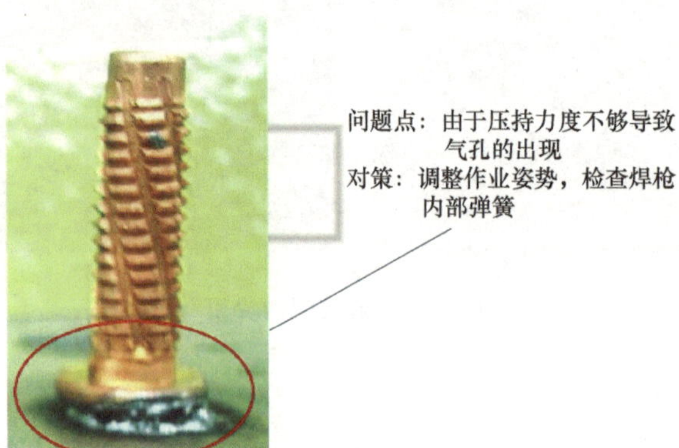

图 2-47 螺柱焊的常见缺陷

二、钎焊

1. 钎焊的定义

钎焊是指通过加热将钎料加热到合适的温度（450℃以上，高于钎料液相线温度，但低于母材固相线温度），利于液态钎料在母材表面润湿和毛细作用填入钎缝接头，形成同种或异种材料之间的连接。

2. 钎焊的原理

钎焊是采用比焊件熔点低的金属材料作为钎料，将焊件和钎料加热到高于钎料熔点，低于焊件熔点的温度，利用液态钎料润湿母材，填充接头间隙并与母材相互扩散实现连接的方法，其过程如图 2-48 所示，其工作原理图如图 2-49 所示。

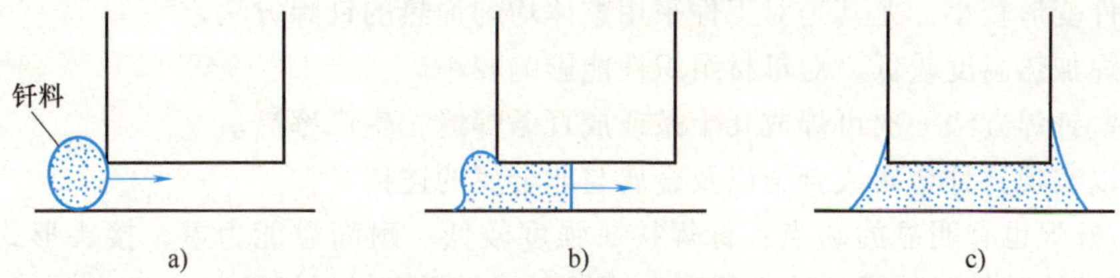

图 2-48　钎焊过程示意图

a）在接头处安置钎料，并对焊件和钎料进行加热　b）钎料熔化并开始流入钎缝间隙　c）钎料填满整个钎缝间隙，凝固后形成钎焊接头

（1）液态钎料的填隙原理　要使熔化的钎料能很好地流入并填满间隙，就必须具备润湿作用和毛细作用两个条件。

1）润湿作用。钎焊时，液态钎料对焊件浸润和附着的作用称为润湿作用，如图 2-50 所示。

2）毛细作用。通常钎焊间隙很小，如同毛细管。钎焊时，钎料依靠毛细作用在钎焊间隙内流动。

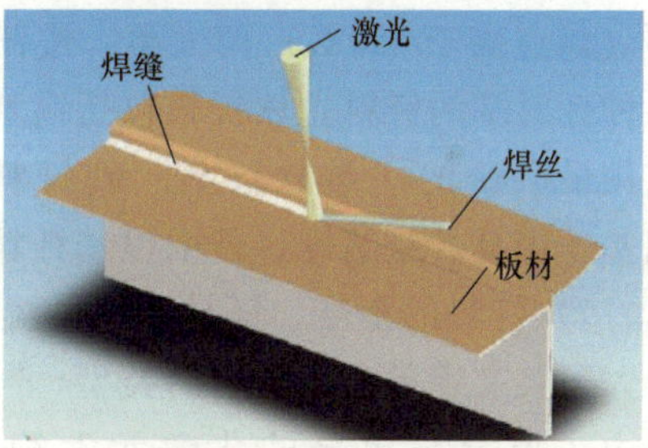

图 2-49　钎焊的工作原理图

（2）钎料与焊件金属的相互作用　液态钎料在填缝过程中，还会与焊件金属发生相互物理化学作用。一是固态焊件溶解于液态钎料，二是液态钎料向焊件扩散，这两个作用对钎焊接头的性能影响很大。当溶解与扩散的结果使它们形成固溶体时，则接头的强度与塑性都高。如果溶解与扩散的结果使它们形成化合物时则接头的塑性就会降低。

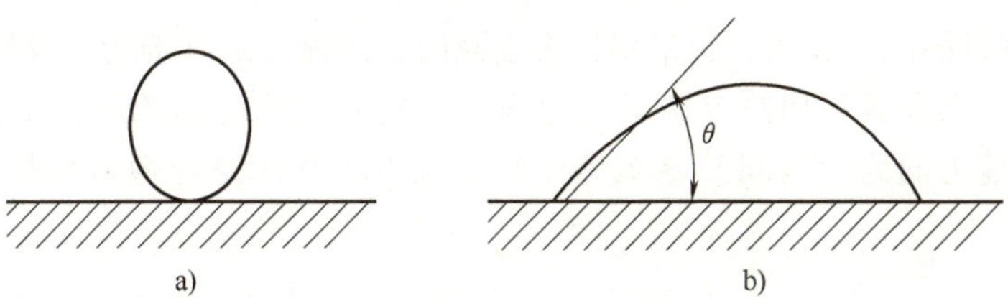

图 2-50　液态钎料对焊件的润湿作用

a）不润湿　b）润湿作用强

3. 钎焊的分类

1）按钎焊温度的高低，钎焊通常分为低温钎焊（450℃以下）、中温钎焊（450~950℃）及高温钎焊（950℃以上）。也可将450℃以下的钎焊称为软钎焊，450℃以上的钎焊称为硬钎焊。

2）按加热方法的不同，钎焊还可以分为烙铁钎焊、火焰钎焊、炉中钎焊、电阻钎焊、感应钎焊以及浸渍钎焊等。近年来，在钎焊蜂窝型零件时，已采用了新的加热技术，如石英加热钎焊、红外线加热钎焊以及保证钎焊零件外形精度的陶瓷膜钎焊等。

4. 钎焊的特点

同熔焊方法相比，钎焊具有以下优点：

1）钎焊接头平整光滑，外观美观。

2）工件变形较小，尤其是对工件采用整体均匀加热的钎焊方法。

3）钎焊加热温度较低，对母材组织性能影响较小。

4）某些钎焊方法一次可焊成几十条或成百条焊缝，生产率高。

5）可以实现异种金属或合金以及金属与非金属的连接。

然而，钎焊也有明显的缺点：钎焊接头强度较低，耐高温能力差；接头形式以搭接为主，增大了结构质量；钎焊的装配要求比熔焊高，要严格保证间隙。

5. 钎焊材料

钎焊材料包括钎料和钎剂。

（1）钎料

1）钎料的分类。按钎料的熔点不同，钎料可以分为软钎料（熔点低于450℃）和硬钎料（熔点高于450℃）两大类。按钎料的化学成分，根据组成钎料的主要元素，把钎料分成各种金属基的钎料。软钎料包括锡基、铅基、铋基、铟基、锌基和镉基等，其中锡铅钎料是应用最广泛的一类软钎料。硬钎料包括铝基、银基、铜基、镁基、锰基、镍基、金基、钯基、钼基、钛基等，其中银基钎料是应用最广的一类硬钎料。

2）钎料的型号。钎料型号由两部分组成，两部分用隔线分开；钎料型号第一部分用一个大写英文字母表示钎料的类型，“S”表示软钎料，“B”表示硬钎料；钎料型号的第二部分由主要合金组分的化学元素符号组成。例如，S-Sn60Pb40Sb表示锡60%、铅39%、锑0.4%（均为质量分数）的软钎料；BAg72Cu表示为银72%、铜28%（均为质量分数）的硬钎料。

3）钎料的选择。从使用要求出发，还必须考虑钎料与母材的相互作用。

（2）钎剂　钎剂的主要作用是去除母材和液态钎料表面上的氧化物。

1）钎剂的分类，如图2-51所示。

2）钎剂和钎料的匹配。当钎焊采用钎剂去膜时，不能仅从钎剂的去膜能力来进行选择，还必须与钎料的特点和具体加热方法结合起来。首先要保证钎剂的活性温度范围（钎剂稳定有效发挥去膜能力的温度区间）覆盖整个钎焊温度。其次是钎剂与钎料的流动、铺展进程要协调。

6. 钎焊方法

钎焊方法主要有烙铁钎焊、火焰钎焊、浸渍钎焊、电阻钎焊、感应钎焊、炉中钎焊。表2-10所示为各种钎焊方法的优缺点和应用。

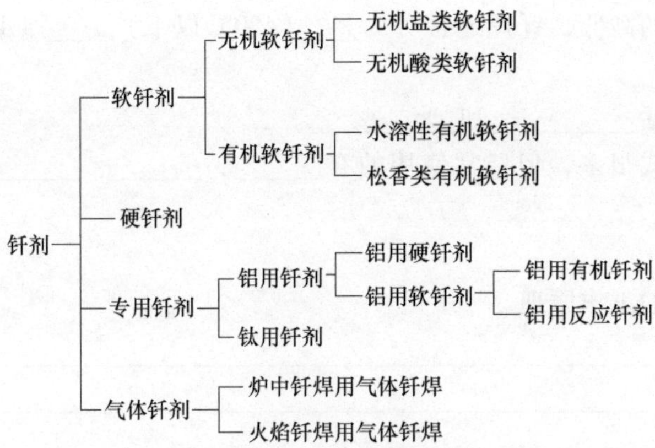

图 2-51　钎剂的分类

表 2-10　各种钎焊方法的优缺点和应用

钎焊方法	优点	缺点	用途
烙铁钎焊	设备简单、灵活性好，适用于微细钎焊	需使用钎剂	只能用于软钎焊，钎焊小件
火焰钎焊	设备简单、灵活性好	控制温度困难，操作技术要求高	钎焊小件
浸渍钎焊	加热快，能精确控制温度	设备费用高，焊后需仔细清洗	用于批量生产
电阻钎焊	加热快，生产率高，成本低	控制温度困难，工件形状、尺寸受限制	钎焊小件
感应钎焊	加热快，钎焊质量高	温度不能精确控制，工件形状受限制	批量钎焊小件
保护气体炉中钎焊	能精确控制温度，加热均匀、变形小，一般不用钎剂，钎焊质量高	设备费用较高，加热慢，钎焊的工件不宜含大量挥发元素	大小件的批量生产，多钎缝工件的钎焊
真空炉中钎焊	能精确控制温度，加热均匀，变形小，能钎焊难焊的高温合金，不用钎剂。钎焊质量高	设备费用高，钎料和工件不宜含较多的易挥发元素	重要工件

学习效果评价（任务工单）

一、填空题

1. 螺柱焊是将__________或类似其他紧固件焊接于工件上的一种焊接方法。

2. 螺柱焊需要经历__________、__________、__________、__________、__________五个阶段。

3. 螺柱焊焊机由__________、__________、__________、__________、__________和__________组成。

4. 钎焊是指通过加热将__________加热到合适的温度（________℃以上，高于钎料液相线温度，但低于母材固相线温度），利于液态钎料在母材表面__________和__________作用填入钎缝接头，形成同种或异种材料之间的连接。

5. 按钎焊温度的高低，钎焊通常分为____（450℃以下）、____（450～950℃）及____（950℃以上）。

6. 钎焊材料包括__________和__________。

7. 钎焊接头形式很多，但经常使用的有______、______、______及______四种基本形式。

二、简答题

1. 概述螺柱焊的工作原理。

____

____

____

2. 解释 S-Sn60Pb40Sb 的含义。

____

____

____

<table>
<tr><th colspan="3">考核与评价</th></tr>
<tr><td>成员合作</td><td colspan="2">好◎　一般◎　较差（理由）：</td></tr>
<tr><td rowspan="2">任务完成情况</td><td>基础知识　熟练◎　不太熟◎</td><td>案例分析　熟练◎　不太熟◎</td></tr>
<tr><td>资料查阅　熟练◎　不太熟◎</td><td>能力训练　熟练◎　不太熟◎</td></tr>
<tr><td>其他（包括对学习过程、老师教学方法的建议和意见，对同组学生评价等各方面）</td><td colspan="2"></td></tr>
<tr><td>掌握螺柱焊、钎焊的定义，熟悉它们的工作原理，了解螺柱焊和钎焊焊接参数选择，并对以上学习任务做出评价</td><td colspan="2"></td></tr>
</table>

学习任务六　特种焊接认知

【任务描述】

特种焊接一般是指采用特殊的焊接方式或者特殊的焊接材料解决一些疑难焊接，如铸铁的焊接、钛焊接、薄铝焊接，异种金属的焊接、水下焊接等高难度焊接。

【学习重难点】

1. 学习重点

电子束焊和等离子弧焊的概念和焊接原理。

2. 学习难点

激光焊的概念和焊接原理。

【任务学习资料】

一、电子束焊

1. 电子束焊的定义

电子束焊是一种利用电子束作为热源的焊接工艺方法。电子束发生器中的阴极加热到一定的温度时逸出电子，电子在高压电场中被加速，通过电磁透镜聚焦后，形成能量密集度极高的电子束，当电子束轰击焊接表面时，电子的动能大部分转变为热能，使焊接件接合处的金属熔融，当焊件移动时，在焊件接合处形成一条连续的焊缝，如图 2-52 所示。对于真空电子束焊机，要焊接的工件置于真空室中，一般装夹在可直线移动或旋转的工作台上。焊接过程可通过观察系统观察。

2. 电子束焊的特点

1）电子束能量密度高，一般可达 106～109W/cm^2，是普通电弧焊和氩弧焊的 100～100000 倍。因此可实现焊缝深而窄的焊接，深宽比最大可达 70∶1。

2）电子束焊接的焊缝化学成分纯净，焊接接头强度高、质量好。

3）电子束焊接所需热输入小，而焊接速度高，因此焊件的热影响区小、焊件变形小，除一般焊接外，还可以对精加工后的零部件进行焊接。

4）可焊接普通钢材、不锈钢、合金钢及铜/铝等金属、难熔金属（如钽、铌、钼）和一些化学性质活泼的金属（如钛、锆、铀等）。可焊接异种金属，如铜和不锈钢、钢和硬质合金、铬和钼、铜铬和铜钨等。

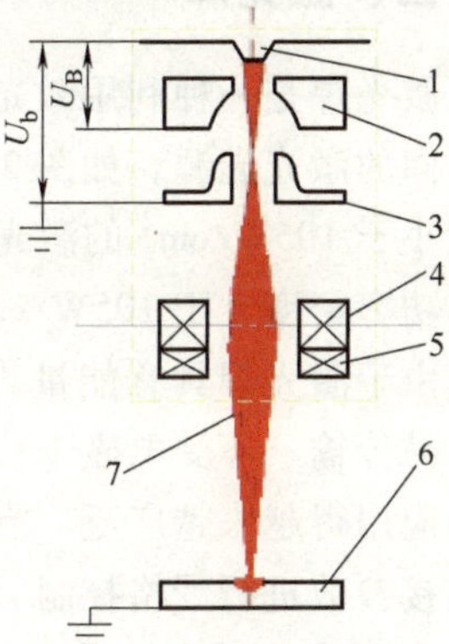

图 2-52　电子束焊接原理图

1—阴极　2—偏压电极　3—阳极　4—聚焦绕组　5—偏转绕组　6—工件　7—电子束焊　U_b—加速电压　U_B—偏转电压

5）电子束焊接的参数可以精确调整，因此易于实现焊接过程自动化和程序控制，焊接重复性好。

6）与普通焊接相比，电子束焊接的速率更高（尤其对于大厚件）。

二、等离子弧焊

等离子弧焊是利用等离子弧作为热源的焊接方法。气体由电弧加热产生离解，在高速通过水冷喷嘴时受到压缩，增大能量密度和离解度，形成等离子弧。它的稳定性、发热量和温度都高于一般电弧，因而具有较大的熔透力和焊接速度。形成等离子弧的气体和它周围的保护气体一般用氩气。根据工件材料性质的不同，可选用不同的保护气体，如氦气或氩氦、氩氢等。

等离子弧有两种工作方式：一种是非转移弧，电弧在钨极与喷嘴之间燃烧，主要用于等离子喷镀或加热非导电材料；另一种是转移弧，电弧由辅助电极高频引弧后，电弧在钨极与工件之间燃烧，用于焊接。形成焊缝的方式有熔透式和穿孔式两种，如图 2-53 和图 2-54 所示。等离子弧焊接属于高质量焊接方法，焊缝的深宽比大，热影响区窄，工件变形小，可焊材料种类多。按电源连接方式的不同，等离子弧有非转移型、转移型和联合型三种形式。

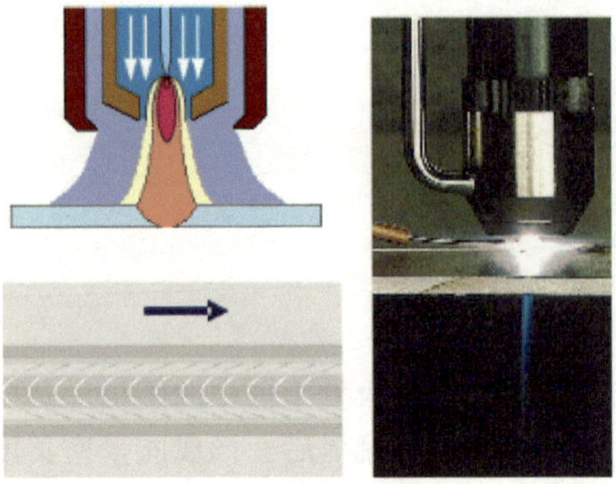

图 2-53 熔透式焊缝

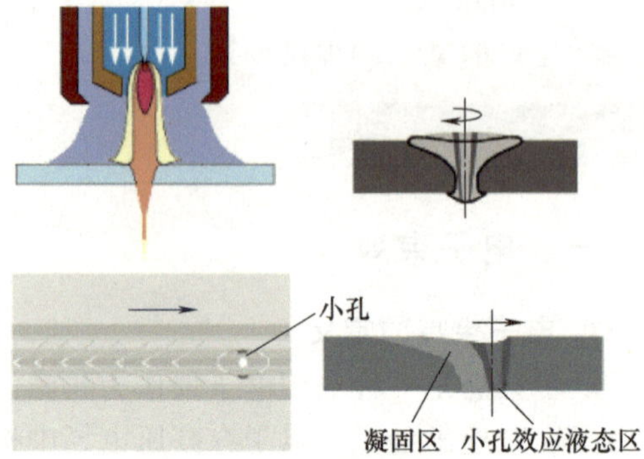

图 2-54 穿孔式焊缝

三、激光焊

激光焊是一种利用激光作为热源的焊接工艺方法。激光焊可以采用连续或脉冲激光束几种不同的激光光源，如图 2-55 所示。激光焊有热传导型激光焊和深熔型激光焊两类。功率密度小于 105W/cm^2 的激光焊称为热传导型激光焊，由于功率小，因此熔深浅、焊接速度慢；功率密度大于 105W/cm^2 的激光焊称为深熔型激光焊，具有焊接速度快、深宽比大的特点。由于激光焊具有能量集中、热影响区小、应力变形小、深宽比大、适应性强、可达性好、易传输、不受电磁干扰、不辐射对人体有害的射线等许多优点，因此在汽车车身焊接工艺中应用得越来越广泛。当然，要想充分发挥激光焊的众多优点，获得最佳的焊接质量，应对焊接参数进行严格控制。

（1）激光功率 激光功率是激光焊中一个十分重要的焊接参数，对一定激光功率和一定厚度的特定材料有一个合适的焊接速度范围。

（2）保护气体 气体保护是保证焊接质量的重要工艺手段。使用保护气体的作用：激光焊接过程常使用惰性气体来保护熔池，常用的保护气体有氦气、氩气、氮气等；保护聚焦透镜免受金属蒸气污染和液体熔滴的溅射；对驱散高功率激光焊接产生的等离子屏蔽很有效。

（3）透镜焦距 为了获得最佳的焊接质量，减小焊接时的能量消耗，采用透镜聚焦激光束显得特别重要。聚焦激光束一般选用 63~254mm 焦距的透镜，如图 2-56 所示。

四、激光复合焊

尽管激光焊具有前面所述许多优点，但由于激光焊也存在许多缺点，如激光对母材的作用时间短，熔融金属凝固得很快，金属气体和吸入的其他气体来不及全部逸出而形成疏松与气孔；激光光斑直径很小，热作用区域很小，焊接时要求接口间隙小于激光光束直径，且接口两侧的母材应平整，否则容易发生焊接错位；热作用区域很小，焊接区域产生很高的峰值温度和温度梯度而引起应力不平衡。为了能充分发挥激光焊的优点克服其不足，激光复合焊技术得到了快速发展。常用的激光复合焊技术主要有激光—TIG 复合焊、激光—MIG 复合焊、激光—等离子弧复合焊、激光—双电弧复合焊等多种，如图 2-57 ~ 图 2-59 所示。其中激光—TIG 复合焊又有旁轴激光—TIG 复合焊、双轴激光—TIG 同轴复合焊和激光—多电极 TIG 同轴复合焊等多种焊接方式。

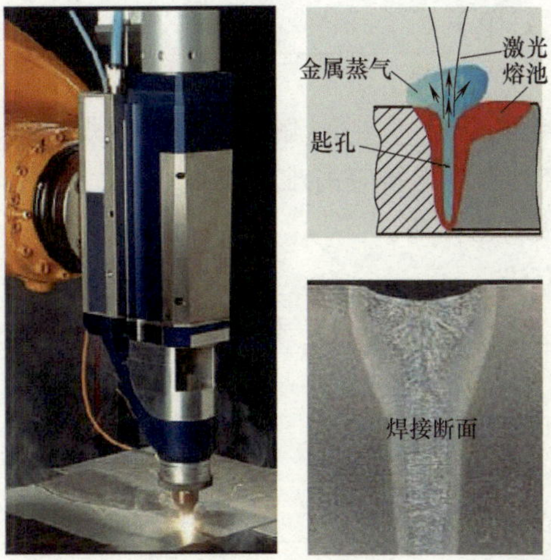

图 2-55　激光焊

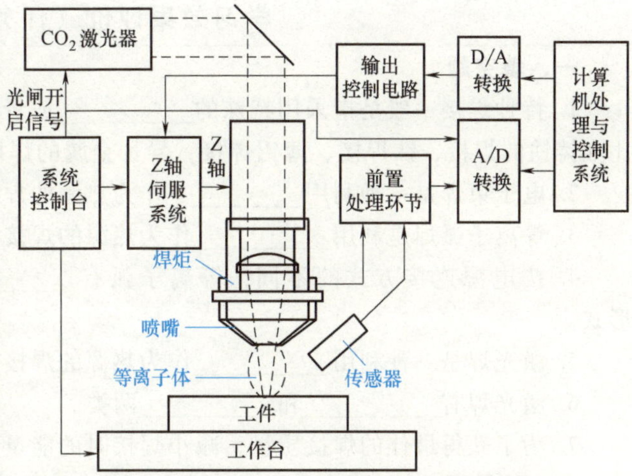

图 2-56　自动激光焊焊机的工作原理图

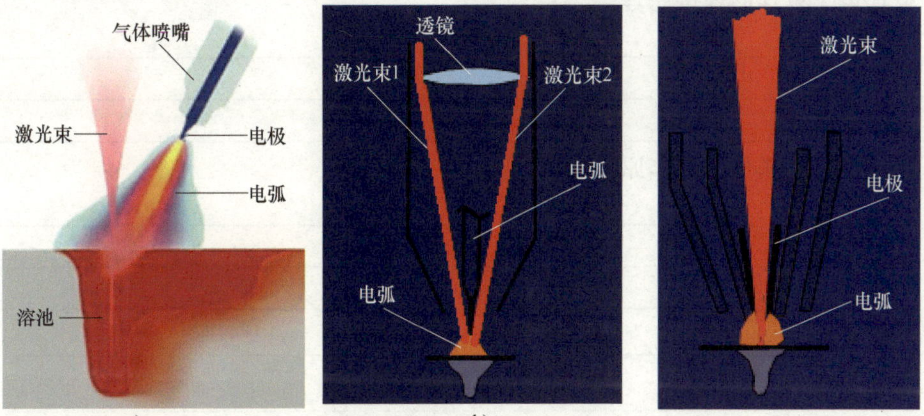

a)　b)　c)

图 2-57　激光—TIG 复合焊

a）旁轴激光—TIG 复合焊　b）双轴激光—TIG 同轴复合焊　c）激光—多电极 TIG 同轴复合焊

图 2-58　激光—MIG 复合焊

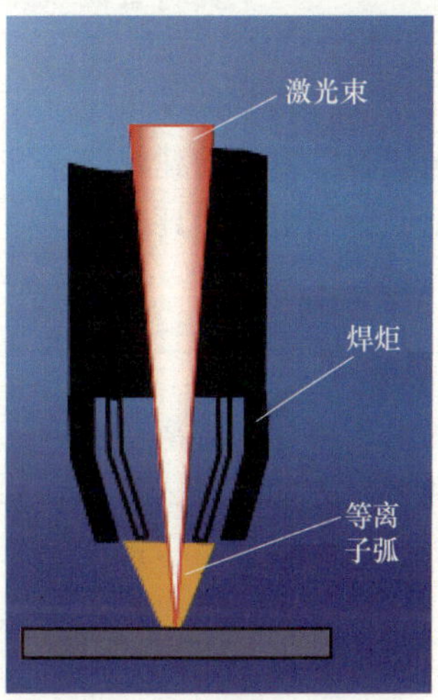

图 2-59　激光—等离子弧复合焊

学习效果评价（任务工单）

一、填空题

1. 特种焊接一般是指采用特殊的__________或者特殊的__________解决一些疑难焊接，比如铸铁的焊接、钛焊接、薄铝焊接，异种金属的焊接、水下焊接等高难度焊接。

2. 电子束焊是一种利用__________作为热源的焊接工艺方法。

3. 等离子弧焊是利用__________作为热源的焊接方法。

4. 按电源连接方式的不同，等离子弧有__________、__________和__________三种形式。

5. 激光焊是一种利用__________作为热源的焊接工艺方法。

6. 激光焊有__________和__________两类。

7. 为了获得最佳的焊接质量，减小焊接时的能量消耗，采用__________显得特别重要。

二、简答题

1. 概述电子束焊的焊接原理。

____

____

____

2. 概述等离子弧焊的工作原理。

____

____

____

考核与评价

成员合作	好◎　一般◎　较差（理由）:	
任务完成情况	基础知识　熟练◎　不太熟◎	案例分析　熟练◎　不太熟◎
	资料查阅　熟练◎　不太熟◎	能力训练　熟练◎　不太熟◎
其他（包括对学习过程、老师教学方法的建议和意见，对同组学生评价等各方面）		
掌握电子束焊、等离子弧焊和激光焊的概念，熟悉它们的焊接原理，了解它们的焊接特点，并对以上学习任务做出评价		

学习任务七　汽车焊装生产线认知

【任务描述】

焊装生产线是指必须经过焊接工艺才能完成完整产品的综合生产线，它包括专用焊接设备、辅助工艺设备以及各种传输设备等。在汽车白车身生产过程中，焊接作为最主要的连接方式被广泛应用，现以汽车焊装生产线为例进行讲解。车身焊装生产线是汽车白车身全部成形工位的总称，它由车身总成线和许多分总成线组成，每一条总成线或分总成线又由许多焊装工位组成。每一个工位都由定位系统、焊接系统、搬运系统、检测系统，以及供水、供电、供气等装置组成。各生产线间、各工位间通过人工或自动搬运设备实现焊件的输送。

【学习重难点】

1. 学习重点

车身焊装生产线的组成内容。

2. 学习难点

典型汽车焊装生产线的结构特点。

【任务学习资料】

一、车身焊装生产线

车身焊装生产线一般依据车身的结构分为分拼线、侧围线、底板总成线、车身线、门盖线、调整线以及输送线等。

1. 分拼线

分拼线是完成车身分拼焊接的生产线，焊接部件主要包括前后纵梁、前底板、中后底板、前围板和侧围内板等，如图 2-60～图 2-64 所示。

2. 侧围线

侧围线是完成车身上部四周部件焊接的生产线，焊接部件主要包括侧围外板、前隔壁侧板、车门锁内板、前侧内板加强板组件、中立柱内板肋板组件、车门门槛内板组件、后侧围后轮罩组件、前侧内板、中立柱内板、后侧围板支撑组件等，如图 2-65 所示。

图 2-60　前纵梁线

图 2-61　后纵梁线

图 2-62　前底板线

图 2-63　中后底板线

图 2-64　侧围内板线

图 2-65　侧围线

3. 底板总成线

底板总成线是完成车身底板各部件焊接的生产线，焊接部件主要包括底板、加强梁、驻车制动操纵机构加强板、横梁和纵梁等，如图 2-66 所示。

4. 车身线（主焊线）

车身线（主焊线）是将底板总成、侧围总成、翼子板、顶篷等部件连接起来的焊装生产线，如图 2-67～图 2-69 所示。

图 2-66　底板总成线

图 2-67　车身线一

5. 门盖线

门盖线是完成车门部件焊接的生产线，如图 2-70～图 2-72 所示，焊接部件主要包括内板、外板、防撞梁、铰链及螺栓等。

图 2-68　车身线二

图 2-69　车身线三

图 2-70　左后门线

图 2-71　行李舱盖线

图 2-72　翼子板线

6. 调整线

调整线主要从事汽车车门和两盖的装配调整工作，检查焊接和装配质量，如图 2-73 和图 2-74 所示。

图 2-73　调整线一

图 2-74　调整线二

7. 输送线

输送线是焊接时各部件进行传输的线体，如图 2-75 所示。

图 2-75　空中输送线

各焊装生产线之间的关系如图 2-76 所示。

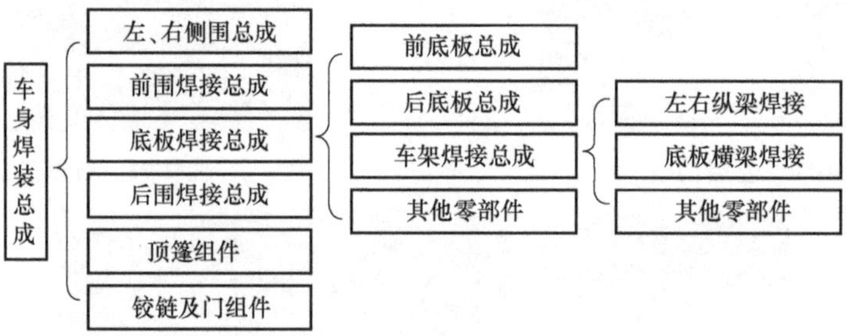

图 2-76　各焊装生产线之间的关系

二、汽车典型焊装生产线

1. 贯通式焊装生产线

贯通是指焊装生产线的焊装夹具与工件的传输装置呈分离状态，焊装夹具处于静态。由于工件是在静态下装夹和施焊的，定位精度易于保证，最适用于多品种生产及机器人的配套使用。

（1）长春一汽原 CA-10B 驾驶室总成装配生产线　长春一汽原 CA-10B 驾驶室总成装配生产线是一条比较典型的贯通式焊装生产线，由固定装配台、悬挂式点焊机及间隙式双轮链式传动机构组成，如图 2-77 所示。

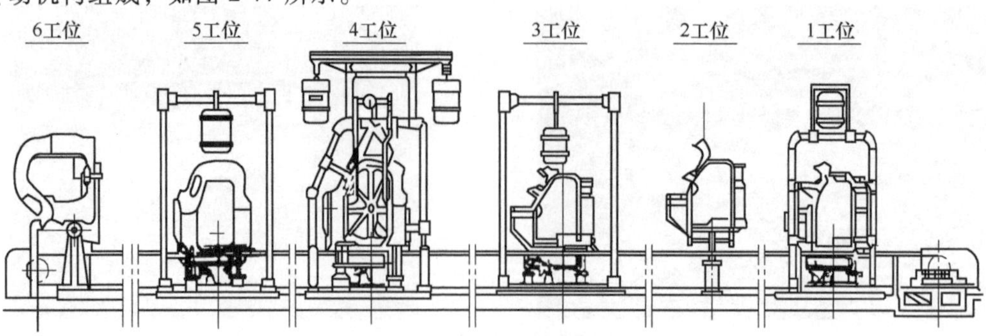

图 2-77　CA-10B 驾驶室装配生产线

全线共有 6 个工位，其中有 4 个焊装台、1 个电弧焊转台及 1 个翻转电弧焊台。生产线上配有 16 台悬挂式点焊机和两台直流弧焊机。生产节奏为 4min/辆，全线共 18~20 人。图 2-78 所示为一种适用于汽车车身地板、车门、行李舱盖、发动机舱盖等形状不太复杂、结构较完整、组成零件较小的分总成贯通式焊装生产线。贯通式焊装生产线在工作时，两侧围焊装夹具必须有侧移动作，以保证不干涉工件的传输（传输线必须有上升及前后运动的动作）。

(2) EQ1141 驾驶室焊装生产线　图 2-79 所示为东风汽车公司 EQ1141 驾驶室焊装生产线。该线采用抬起步伐式往复输送方式，这种焊装线输送平稳，定位精度高，占地面积小，分总成上线方便，可适用于悬点、多点、机器人以及气体保护焊的焊接，是国内外汽车厂家普遍采用的新型焊装生产线。

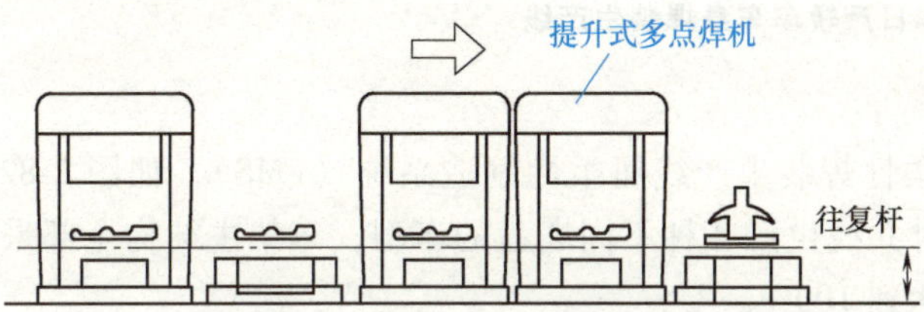

图 2-78　分总成贯通式焊装生产线

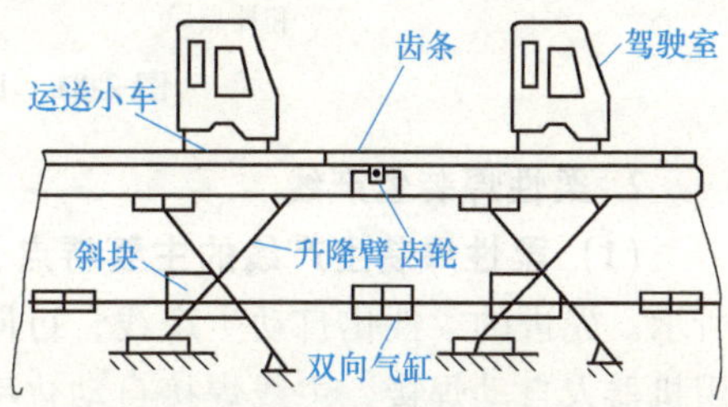

图 2-79　抬起步伐式往复输送焊装生产线示意图

(3) R16 轿车侧围焊装生产线　图 2-80 所示为法国雷诺汽车公司 R16 轿车右侧围焊装生产线，其左右侧围总成各一条焊装生产线，这两条生产线的布置及结构完全一样，焊装生产线全长 20m、5 个工位、操作工人 7 人、生产节奏 1min/辆。全生产线布置有四立柱式多点焊机 1 台，悬挂式点焊机 9 台，焊点 250 点。工件用往复杆传送。

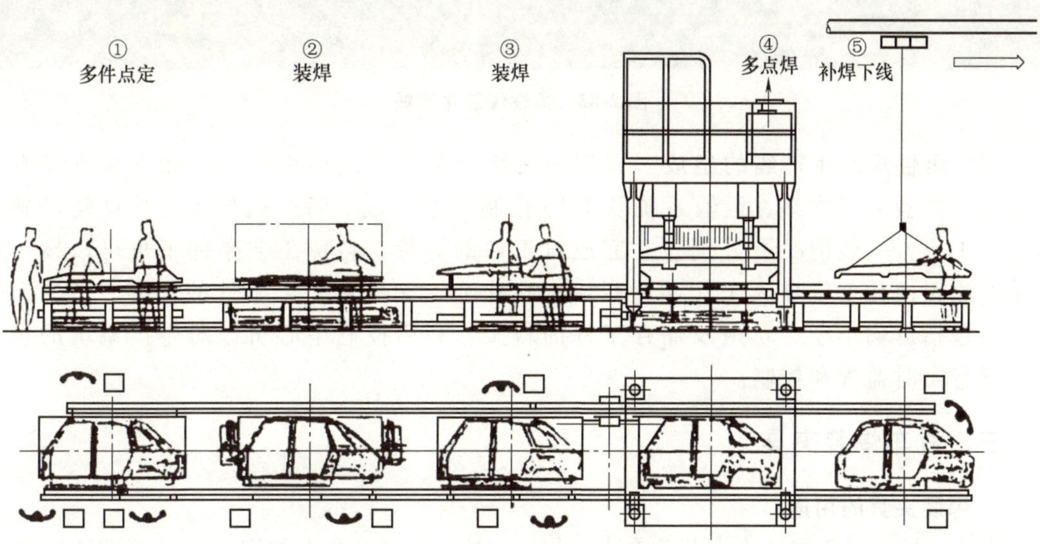

图 2-80　雷诺 R16 轿车右侧围焊装生产线

(4) 日本日产轿车车身焊装生产线 图 2-81 所示为日本日产轿车车身焊装生产线。全生产线有 7 个工位，7 个操作工人，生产节奏为 1.2min/辆，月生产能力为 16000 辆。每辆车焊点 280 点。该车身总成由底板带前端总成、左右侧围总成、顶盖及一些上下窗框、外板等组成。

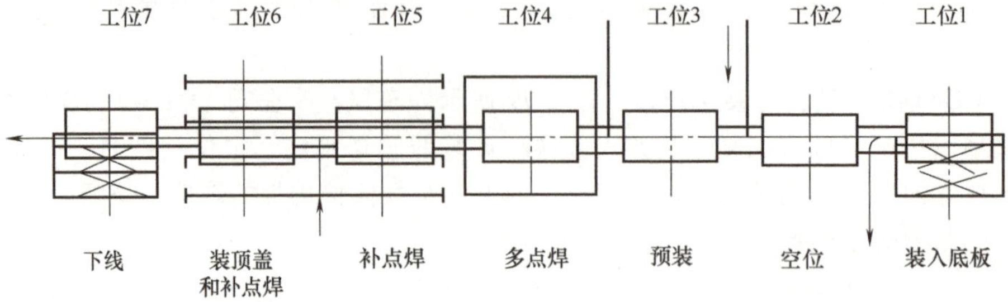

图 2-81 日本日产轿车车身焊装生产线

2. 柔性焊装生产线

(1) 柔性焊装生产线的主要特点 柔性焊装生产线属柔性制造系统（FMS），如图 2-82 所示。先进的柔性化自动生产线，可同时共线生产 8 种不同底盘的车型，车架主结构全部采用机器人自动焊接，主线焊接自动化率达到 100%。

图 2-82 柔性焊装生产线

(2) 柔性焊装生产线的组成 典型的柔性焊装生产线应由若干既相互独立又有一定联系的机器人工作站、运输系统及 FMS 控制中心组成。每个机器人工作站均可独立编程和工作，一般情况下分别独立完成对工件的焊接，特殊工艺条件下也可以按一定的工艺流程由几个机器人工作站进行流水化作业，完成对整个工件的焊接。工件运输系统应包括运输小车、轨道及储存工件的料架。利用控制中心可以对生产系统的每个环节进行实时监视和控制。

三、汽车焊装夹具

1. 焊装夹具的用途

焊装夹具（图 2-83）在车身生产中的作用包括：通过夹具上的定位销（基准销）、S 面型块（基准面）、夹紧臂等组件的协调作用，将工件（冲压件或总成件）安装到工艺设定的位置上并夹紧，不让工件活动位移，保证车身焊接精度的一致性和稳定性。

2. 焊装夹具的基本构造

焊装夹具的基本构造如图 2-84 所示，其主要由台板、支座、L 板、基准销、基准面、夹紧机构（气缸、夹紧臂、U 形限位块等）等组成。

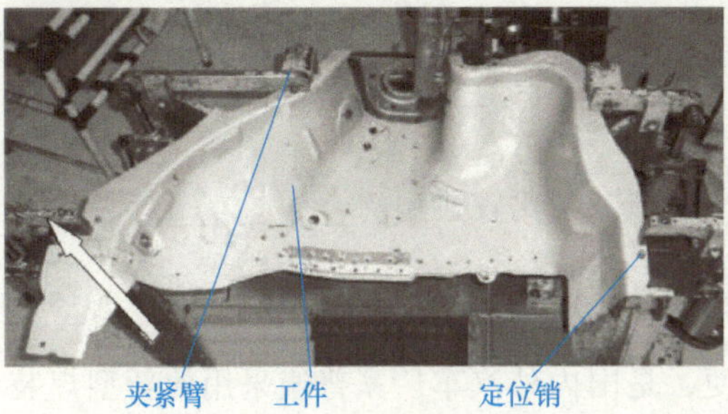

图 2-83　焊装夹具

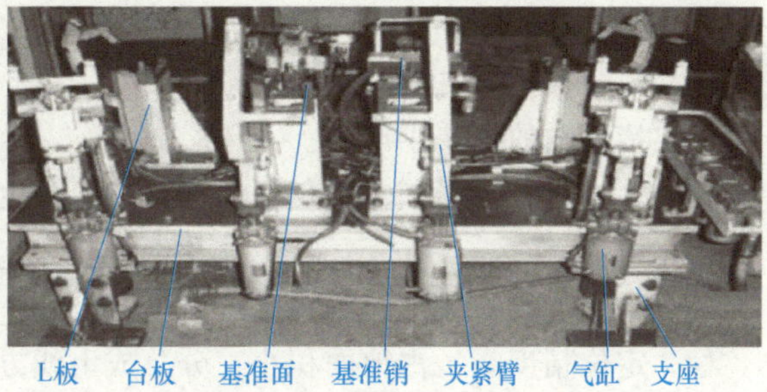

图 2-84　焊装夹具的基本构造

3. 常用焊装夹具的组件

（1）台板　台板用于安装夹具组件，上表面加工有坐标刻度线，用于夹具基准状况的检测，如三坐标检测仪检测用。

（2）支座　支座用于支撑夹具台板、夹具高度调节和安放水平调整，使夹具按工艺布置要求定置安放。

（3）L 板　L 板用于安装夹具型块（S 面型块）、基准销组件、夹紧机构、导向装置等夹具组件。

（4）基准面（S 面型块，图 2-85）　基准面将零件支撑在正确的位置上，并承受夹具夹紧机构的夹紧力。

（5）基准销　基准销将工件安装到正确的位置上，以保持后续工序定位基准的一致性，保证产品焊接精度的一致性和稳定性。

（6）夹紧机构（图 2-86）　夹紧机构由 U 形限位块、夹紧臂、气缸或手动夹等组成，用于矫正变形的工件，缩小工件间的搭接间隙，将工件夹紧固定在正确的位置上（基准面），避免焊接作业时工件错位或变形，确保工件焊接精度的稳定性。

图 2-85　基准面

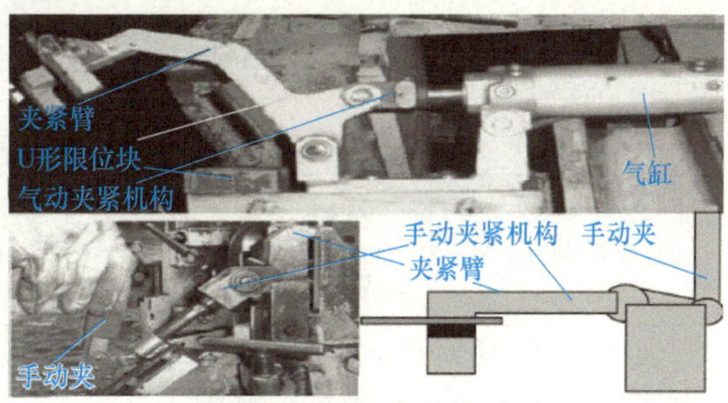

图 2-86　夹紧机构

学习效果评价（任务工单）

一、填空题

1. 车身焊装生产线是汽车白车身全部成形工位的总称，它由__________和__________组成，每一条总成线或分总成线又由__________组成。

2. 车身焊装生产线一般依据车身的结构分为__________、__________、__________、__________、__________、__________以及__________等。

3. 分拼线是完成车身分拼焊接的生产线，焊接部件主要包括__________、__________、__________、__________和__________等。

4. 车身线（主焊线）是将__________、__________、__________、__________等部件连接起来的焊装生产线。

5. 长春一汽原 CA-10B 驾驶室总成装配生产线是一条比较典型的__________焊装生产线，由__________、__________及__________组成。

6. EQ1141 驾驶室焊装生产线采用________________输送方式，这种焊装线输送平稳，定位精度高，占地面积小，分总成上线方便，是国内外汽车厂家普遍采用的新型焊装生产线。

7. 焊装夹具在车身生产中的作用包括：通过夹具上的__________、__________、__________等组件的协调作用，将工件（冲压件或总成件）安装到工艺设定的位置上并夹紧，不让工件活动位移，保证车身焊接精度的一致性和稳定性。

8. 夹具的基本构造主要由__________、__________、__________、__________、__________、__________等组成。

二、简答题

1. 简述汽车焊装生产线的组成。

____

____

____

2. 概述柔性焊装生产线的特点。

____

____

____

考核与评价		
成员合作	好◎　一般◎　较差（理由）：	
任务完成情况	基础知识　熟练◎　不太熟◎	案例分析　熟练◎　不太熟◎
	资料查阅　熟练◎　不太熟◎	能力训练　熟练◎　不太熟◎
其他（包括对学习过程、老师教学方法的建议和意见，对同组学生评价等各方面）		
掌握车身焊装生产线的组成，各组成部分的工位内容，了解典型焊装生产线的特点，并对以上学习任务做出评价		

情境模块三 汽车涂装工艺

【情境描述】

汽车是一种陆路交通工具，其使用的环境、气候和道路条件复杂多变，为此，它需要有良好的耐候、耐蚀、耐擦伤及抗石击的特性，即应在日晒、雨淋、风沙冲击、干湿交替、冷热变换、盐雾与酸雨侵蚀的环境下，具有良好的保光、保色、不粉化、不脱落、不起泡、不锈蚀能力。此外，覆盖在车身表面的油漆涂装层还是汽车一层美丽的外装，对于绝大多数用户而言，外观往往是决定是否购买某车的主要因素。由此可见，汽车涂装应具有防护和装饰两大功效。汽车涂装工艺（图 3-1）的重点就在于：在低污染、低成本的前提下实现对汽车车身及其他各总成部件最有效的防护并达到最佳的美化效果。

图 3-1 汽车涂装工艺示意图

【情境目标】

知识目标

1. 掌握涂料的定义和基本组成，了解涂料的调制过程；
2. 掌握喷枪的类型、结构和工作原理；
3. 掌握打磨机、无尘干磨设备、压缩空气供给系统和烤漆房的组成、类型等；
4. 掌握底漆的作用、漆前处理工艺流程和内容；
5. 掌握电泳底漆的概念、形成原理和工艺流程；
6. 掌握中涂底漆的作用、喷涂流程、干燥打磨操作；

7. 掌握面漆的功用、色漆清漆喷涂工艺的内容。

技能目标

1. 具备查阅有关现代汽车车身涂装技术资料的能力；
2. 具有涂料调制的能力；
3. 具备喷枪、打磨机、无尘干磨设备、压缩空气供给系统和喷烤漆房操作使用的能力；
4. 具有底漆喷涂、中涂漆喷涂和面漆喷涂的能力；
5. 具有车身漆面喷涂质量检测的能力。

素养目标

1. 培养爱岗敬业、团结协作、吃苦耐劳的劳动精神；
2. 培养认真负责、仔细全面、一丝不苟、精益求精的工匠精神。

【任务准备】

1. 教学场所

理实一体化教室、超星学习通教学平台、汽车厂涂装车间现场。

2. 教学资源

课程标准、授课计划、教学课件 PPT、电子教案、动画仿真、短视频、微课、在线题库、任务工单、企业实践案例及电子教学设备等。

学习任务一　汽车涂装的基本认知

【任务描述】

汽车涂料的作用不仅是装饰汽车，使汽车看起来更美观靓丽，高性能的涂料还对车身具有防腐蚀的保护作用。因此，如果汽车表面油漆层刮花了或者出现其他损坏，则切不可用劣质的油漆随便修补，否则不仅破坏美观，还会使车身的质量大打折扣。高性能涂料不仅是车身防腐蚀的保护层、增强车身的美感、满足人们的视觉享受，还可以延长车身的使用年限，因此学习与掌握汽车涂料的相关知识就显得十分重要。

【学习重难点】

1. 学习重点

1）涂料的基本组成，涂料的调制过程。

2）涂料的人体伤害和个人安全防护。

2. 学习难点

1）涂料的成膜机理。

2）涂料的安全放置、防火灭火和安全用电。

【任务学习资料】

一、涂料的含义

所谓涂料，是指含有颜料或不含有颜料的有机高分子胶体混合物的溶液。它是一种利用植物（化学）油和漆制成的产品，被涂于物体的表面，能够形成具有保护、装饰或其他特殊性能的保护膜。

二、涂料的基本组成

涂料由成膜物质、颜料、溶剂和添加剂组成，如图 3-2 所示。

1. 成膜物质

涂料中的成膜物质主要是树脂，树脂是涂料中不可缺少的部分，涂膜的性质也主要由它所决定，故又称为基料。树脂在常温下可以以固态和液态的形式存在，图 3-3 所示为以固态形式存在的树脂。汽车涂料所用树脂一般为有黏性的透明液体，在被施涂到一个物体上干燥以后便形成一层薄膜。成膜物质能结合并湿润颜料，赋予涂膜具有附着力、硬度和耐久性等特性，同时也在纹理和光泽度等方面影响着饰面的质量。

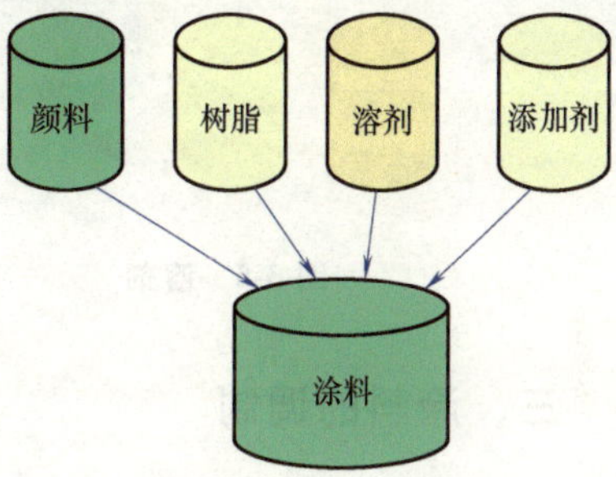

图 3-2　涂料的组成

2. 颜料

颜料是涂料中的不挥发物质之一，呈微细粉末状，有颜色，如图 3-4 所示。它赋予面漆色彩和耐久性，起到美观装饰的作用，同时使涂料具有较强的遮盖力、强度和附着力，改善流动性和涂装性能和光泽度等。

图 3-3　固态树脂

图 3-4　呈细粉末状的颜料

3. 溶剂

溶剂（图 3-5）是涂料中的“挥发”成分，它的主要功能是能够充分溶解涂料中的树脂，使涂料呈液态，便于在车身表面正常涂布。大多数溶剂是从原油中提炼出来的“挥发性”配料，它具有良好的溶解能力。优质的溶剂能改善面漆的漆膜特性，并能增强其光泽，同时也有助于更精确地配色。

4. 添加剂

添加剂对涂料的储存过程、涂料施工的成膜过程、漆膜性能、颜色调整等方面都起着重要的作用，在涂料中的比例不超过5%，如图3-6所示。常用的涂料添加剂有柔软剂、固化剂、分散剂、防沉降剂、防分离剂、流平剂和增塑剂等。

图3-5 溶剂

图3-6 涂料添加剂

三、涂料的调制

1. 涂料调制用具

（1）调漆桶 调漆桶要求干净、无异物，需要使用调漆棒进行涂料调制时，桶必须是圆柱形。

（2）黏度计 涂料的稀稠用涂料黏度的高低（大小）表示，计量单位为秒（s）。常用黏度计有涂-1、涂-4和落球黏度计，汽车修补涂料一般适宜用涂-4（涂-4黏度计）来测量。涂-4黏度计用于测定黏度在10~15s范围内的各种涂料产品，涂-4黏度计的黏度测定值近似于美国福特4号杯的黏度测定值。涂-4黏度计有金属和塑料两种，上部为圆筒形，下部为圆锥形，其底部有不锈钢制的可以更换的漏嘴，圆筒上沿有杯形凹槽，可做多余试样溢出用，如图3-7所示。黏度计容量为100mL。涂-4黏度计的操作步骤如下：

1）将黏度计装置于带有两个调节水平螺钉的支架上。

2）每次测定前过滤涂料样品。将涂料试样搅拌均匀，温度调为（25±1）℃，然后静置2 min以上，使试样中的空气逸出。实验前必须将黏度计用溶剂仔细擦拭干净，然后置于空气中干燥。

3）将黏度计调至水平位置。在黏度计漏嘴下面放置容量为150mL的容器。用手指堵住漏嘴孔，将涂料试样倒满黏度计。松开手指，使试样漏出，并同时开动秒表，当试样漏出中断时，停止秒表。试样从黏度计流出的全部时间（s）即试样的黏度，如图3-8所示。

4）用同样的方法再测试一次。两次测定值之差不应大于平均值的3%，即测试结果。

（3）纸漏斗 素色漆和清漆应使用180目以上的纸漏斗过滤，金属漆可用120目的纸漏斗过滤，也可先粗后细两次过滤，以提高过滤速度。过滤时，不能使用硬质工具在纸漏斗内搅拌，以免损坏纸漏斗。

（4）调漆比例尺 调漆比例尺的作用是非常容易地将涂料、稀释剂和添加剂按要求的比例混合，如图3-9所示。

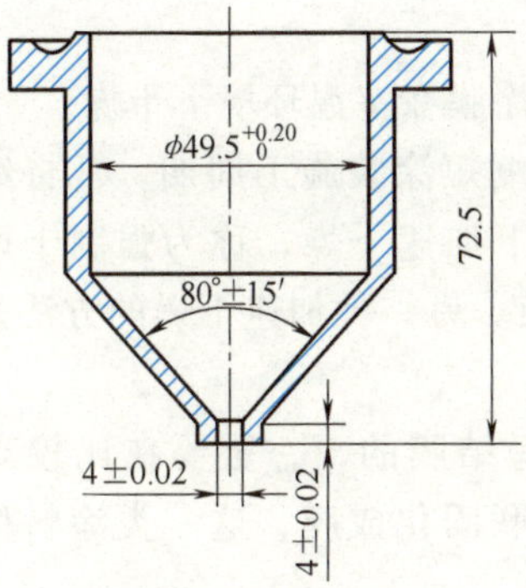

图 3-7　涂-4 黏度计

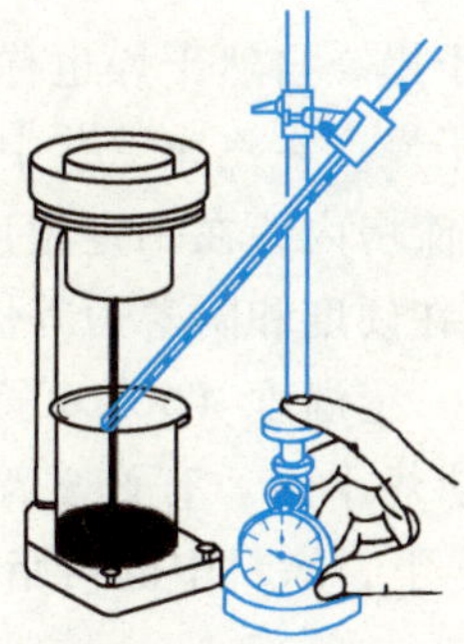

图 3-8　涂-4 黏度计操作

2. 混合比例

在涂料调制中，涂料、稀释剂和添加剂成分的表示方法有百分数、质量分数和比例三种。

1）百分数。例如：某涂料中稀释剂为 50%，即涂料：稀释剂 = 2：1。

2）质量分数。涂料：稀释剂 = 4：1，即稀释率为 25%。

3）比例。4：1：1 表示 4 份涂料、1 份固化剂、1 份稀释剂。

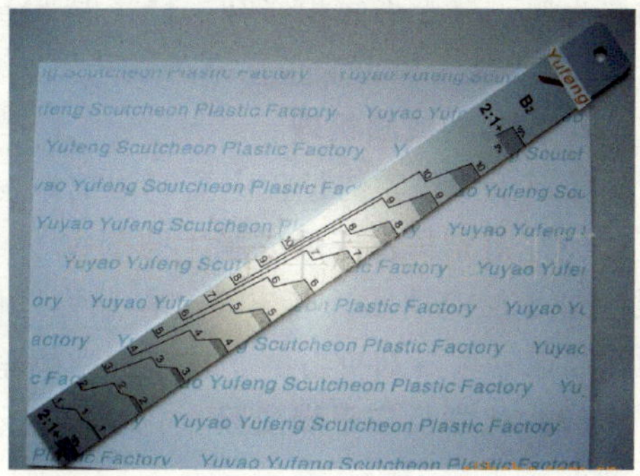

图 3-9　调漆比例尺

3. 涂料的调制方法

1）核对涂料的类型、名称、型号及品种，应与所选的涂料完全相符。开盖前摇晃或搅拌，使涂料均匀。

2）开盖后检查涂料是否变质，否则处理或更换。

3）按比例调好涂料，检查并调整黏度。

4）对于双组分和多组分涂料的混合调制，采用调漆棒调制涂料→固化剂→稀释剂。

5）辅助材料的添加。

6）过滤。

7）辨别涂料调制质量，要通过施工过程来检验。

4. 调制涂料可能出现的病态

1）树脂析出。树脂析出的原因是硝基涂料误用苯类溶剂。

2）漆液分离。漆液分离是由于使用稀释能力差的溶剂导致漆液分离。

3）混色或色污染。混色或色污染是由于调制器材不洁净，残留其中其他颜色涂料引起的。

4）固化时间过短。固化剂加入过多充当稀释剂，调节黏度只能加入稀释剂。

四、涂料的干燥和成膜机理

1. 涂料的干燥

涂料的干燥成膜是指涂料施工后，由液态或黏稠状涂膜转变成固态的化学和物理变化过程。干燥过程是喷涂质量体系中必不可少的程序，其掌握的好坏将直接影响整个涂层的质量。

1）自然干燥。自然干燥也称为空气干燥或风干，即涂膜在室温环境下干燥。

2）强制干燥。在汽车涂装中，为了加快生产速度，缩短涂装施工周期，常将经过涂装的车辆放入烤漆房内，在一定温度（一般为 50~80℃）下加速干燥，称为强制干燥。加速干燥后的涂膜在硬度和附着力等性能上表现优于自然干燥。另一种加速干燥的方法是将自然干燥型涂料在一定温度（50~80℃）下低温烘烤。

3）高温烘烤干燥。有许多涂料在常温下是不能干燥结膜的，一定要在比较高的温度（120~180℃）下，涂料中的树脂才会发生化学反应而交联固化成膜，这一类涂料称为热聚合型涂料。

4）辐射干燥。辐射干燥的方法也称为红外线干燥法，汽车修补涂装常用红外灯来进行辐射干燥，对于小面积修补，低气温下干燥原子灰及清漆等效果显著。

5）其他干燥方法包括紫外线干燥、脉冲辐射固化、电子束固化和感应式干燥。

2. 涂料的成膜机理

涂料干燥成膜的过程主要有溶剂挥发干燥成膜和化学反应干燥成膜两类。

（1）溶剂挥发干燥成膜 溶剂挥发干燥成膜是指依靠涂料中的溶剂自然挥发而干燥成膜，如图 3-10 所示。其成膜过程是物理作用，无化学变化，加热可加速蒸发过程。干燥后的涂膜能够被溶剂再溶解、抗溶剂性能差。

（2）化学反应干燥成膜 化学反应干燥成膜主要有氧化聚合型、双组分聚合型和热聚合型三种。

1）氧化聚合型。氧化聚合型成膜过程依靠涂料中溶剂挥发的同时，涂料中的树脂能够与空气中的氧发生反应来加快干燥过程，如图 3-11 所示。

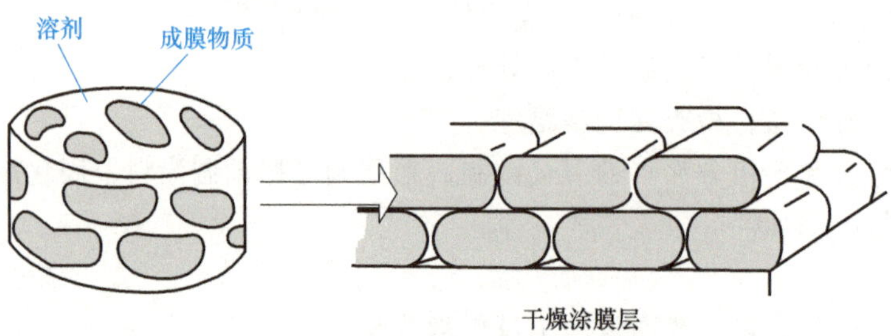

图 3-10 溶剂挥发干燥成膜示意图

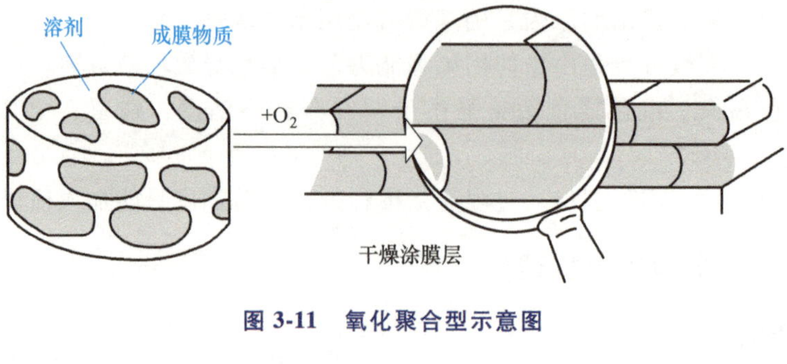

图 3-11 氧化聚合型示意图

2）双组分聚合型。双组分聚合型干燥涂膜的形成是依靠涂料中树脂与固化剂的化学反应形成的化学键接合（聚合）的结果，如图 3-12 所示。

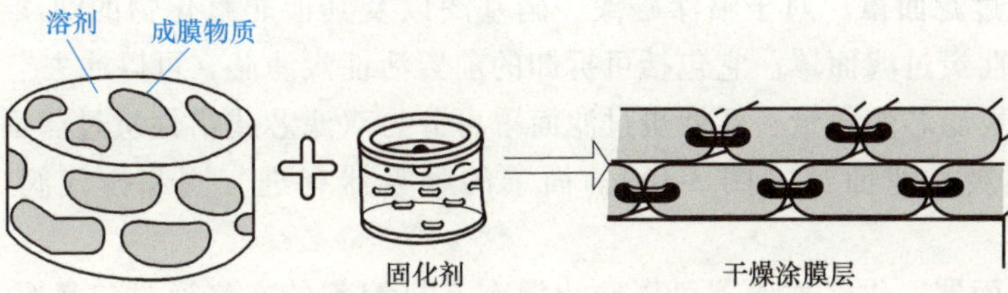

图 3-12　双组分聚合型示意图

3）热聚合型。如果涂料只有在达到较高的温度（120~180℃）后才发生反应，则可以使用预混合料组分，这些涂料被称为热聚合型涂料。

五、涂料对人体的伤害

汽车涂装作业时能够危害人体的物质有很多。这些物质对人的身体造成的伤害在短期内可能不易被察觉，但十几年以后，病症可能就会发作，通常这种伤害是无法挽回的。颜料可能含有铅、铬、镉、铁等重金属，铅会影响神经系统、血液系统、肾脏系统、生殖系统；铬会损伤呼吸道、消化道，引起皮肤溃伤、鼻中隔穿孔等；镉会引起呼吸道病变，危害肾脏系统。有机溶剂可能含有甲苯、二甲苯，会刺激中枢神经、皮肤，损伤肝脏。树脂可能会引起呼吸道过敏、皮肤过敏。

2K 型（双组分）烤漆的固化剂可能含有异氰酸盐，会刺激皮肤和黏膜，引起呼吸器官障碍。从事汽车涂装作业所带来的职业病种类，如图 3-13 所示。从事汽车修补漆的作业时，必须注意安全，避免意外的发生。因此，必须谨记：预防胜于补救。

六、个人安全防护

1. 呼吸系统的安全与保护

呼吸保护罩有防尘口罩、活性炭过滤面罩和供气式面罩三种。

（1）防尘口罩　防尘口罩可以防止空中的游离微粒被吸入，如图 3-14 所示。

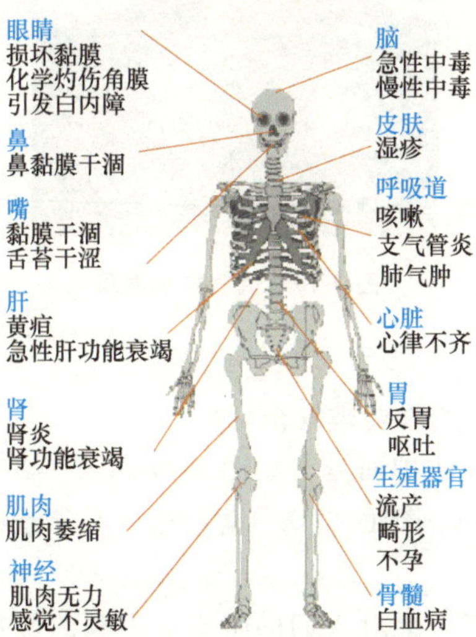

图 3-13　从事汽车涂装作业带来的职业病种类

图 3-14　防尘口罩

（2）活性炭过滤面罩 对于喷涂磁漆、硝基漆以及其他非氟化物的油漆和喷涂量较少时，可以佩戴活性炭过滤面罩。它包括可拆卸的前置活性炭滤芯，可以滤去空气中的溶剂或喷雾，按照活性炭滤芯的数量，活性炭过滤面罩可分为双滤芯式活性炭过滤面罩（图 3-15）和单滤芯式活性炭过滤面罩（图 3-16）。面罩的呼吸器有进气阀和排气阀，以保证呼吸顺畅。

（3）供气式面罩 供气式面罩可以防止混有有机溶剂的空气通过口鼻吸入人体，可分为供气式全面罩（图 3-17）和供气式半面罩（图 3-18）。供气式面罩是利用压缩空气供气系统，通过供气软管向面罩内供应新鲜的压缩空气。空气入口必须置于空气清洁、远离喷漆的地区。供气式面罩主要使用的情况和环境：大量和长时间喷漆；封闭或不通风环境，如烤漆房、密封舱和油罐等。

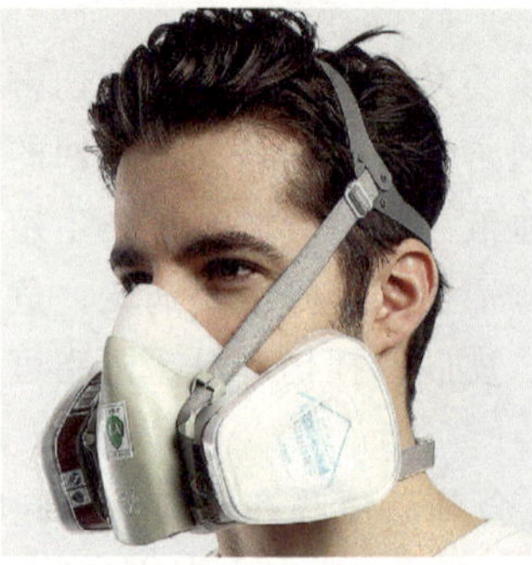

图 3-15 双滤芯式活性炭过滤面罩

图 3-16 单滤芯式活性炭过滤面罩

图 3-17 供气式全面罩

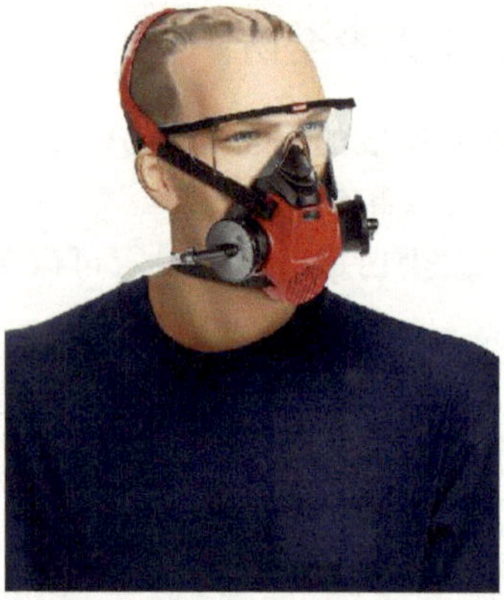

图 3-18 供气式半面罩

2. 人体其他部位的保护

1）头部的保护。涂装作业时将长发盘结在头后，始终要戴安全帽。

2）眼睛和脸部的保护。操作员工需佩戴护目镜和防护面具，如图 3-19 和图 3-20 所示，防止眼睛受到灰尘、溶剂蒸气、飞行物、油漆及溅出溶剂等的损伤。焊接时，必须戴遮光镜和头罩，使眼睛和脸部不致受伤害。

3）耳朵的保护。敲打钢板或打磨时所发出的噪声，会对人们的听觉有不利的影响，严重的会损伤耳膜。在涂装作业及打磨时应佩戴耳塞或耳罩，如图 3-21 所示。

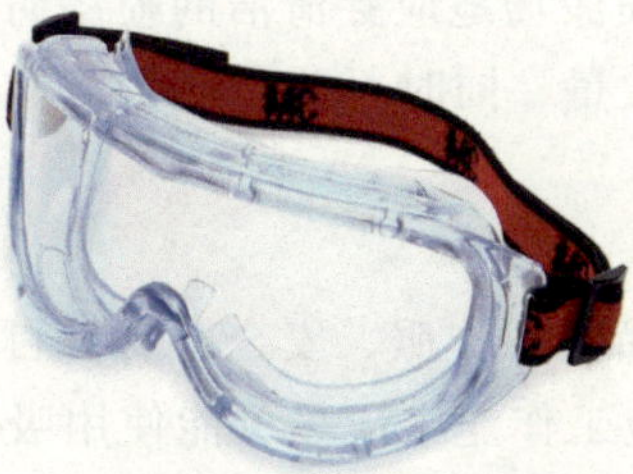

图 3-19　护目镜

图 3-20　防护面具

图 3-21　耳塞、耳罩

4）手的保护。在有可能接触到涂料的工作中，为防止涂料中的有害物质对手的伤害，应佩戴乳胶手套，如图 3-22 所示。在进行清洗喷枪作业中应佩戴防溶剂手套，如图 3-23 所示。在打磨等作业中要佩戴劳保手套，如图 3-24 所示。

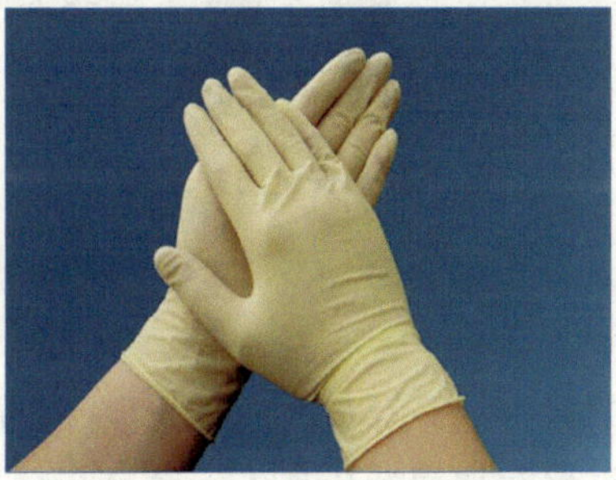

图 3-22　乳胶手套

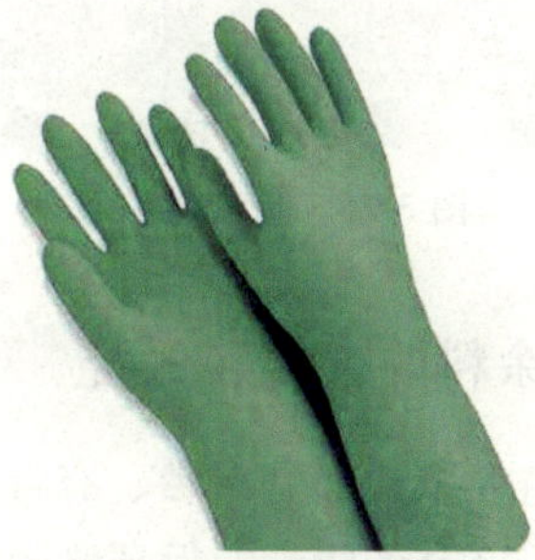

图 3-23　防溶剂手套

5）脚的保护。在钣喷作业时，应穿带有金属脚尖衬垫及防滑的安全工作鞋，如图 3-25 所示。金属脚尖衬垫可以保护脚趾不受落下的重物砸伤。喷漆时的安全工作鞋应选用非绝缘性鞋底，最好再佩戴方便鞋套或鞋罩。

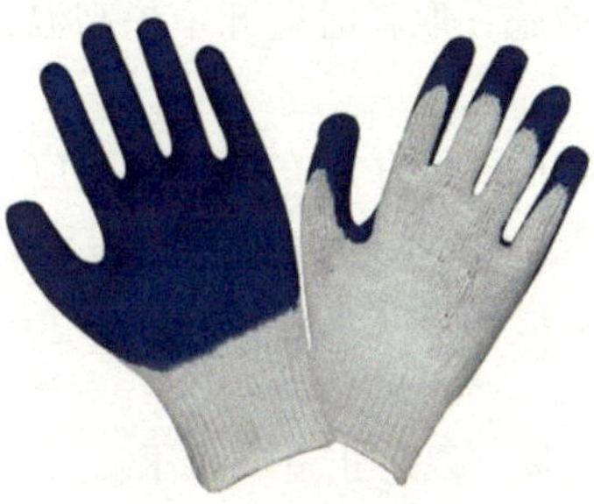

图 3-24　劳保手套

图 3-25　安全工作鞋

6）身体的保护。按规定穿着工作服进行作业，在喷漆场地应穿清洁的喷漆防护服，如图 3-26 所示，此类工作服面料不起毛，以免影响漆面质量，同时可防止产生静电。工作服的上衣应是长袖的，袖口必须是橡胶扎口。

3. 个人防护措施

1）打磨等可能会接触到灰尘的。工作中的防护用品有工作服、安全鞋、护目镜、防尘口罩、耳塞或耳罩和劳保手套等，如图 3-27 所示。在施工作业中应尽可能使用吸尘式打磨机，并在通风条件良好的场所施工。

2）喷涂等可能会接触到溶剂的。作业中的防护用品有工作服、安全鞋、护目镜、活性炭过滤面罩和乳胶手套。在施工作业中注意确保施工场所通风良好。

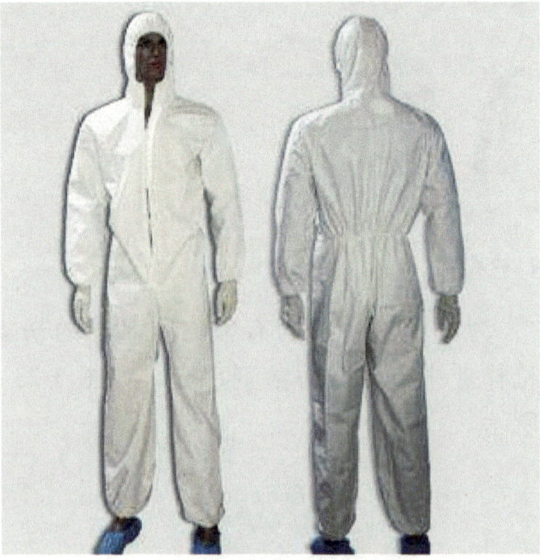

图 3-26　喷漆防护服

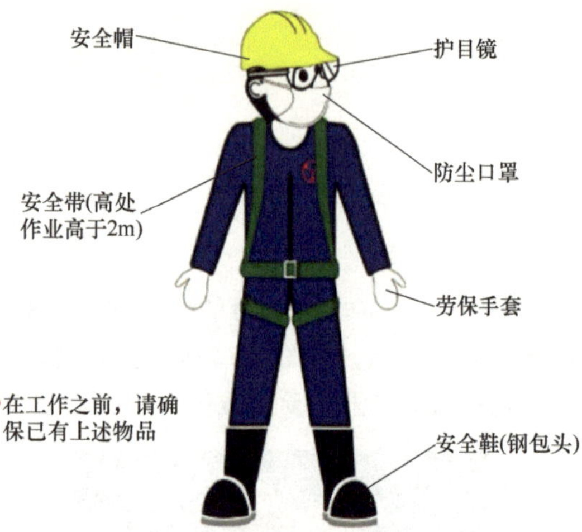

图 3-27　安全防护装备

七、涂料的存放和保管

涂料绝大多数都是易燃、有毒的物质，并有一定的保存期。存放时应该采取一定的安全措施，做到安全、防毒，保证涂料质量，防止存放超过保存期而造成损失。涂料在存放和保管中应该注意以下几点：

1）存放涂料的库房必须专用，不得与其他物品（特别是易燃材料）存放在一起。

2）库房必须远离火源，库房门口应该有“严禁烟火”的醒目标志。火柴、打火机不得带进库房。库房外应该放置灭火器、黄沙及其他灭火材料。

3）库房室温不得超过 28℃，夏季高温时应有降温措施，取料时避开中午高温，在早晚温度较低时取料。

4）库房内不准存放使用过的棉纱和纸屑。涂料空桶不可以存放在库房内，应该集中存放在通风好、无易燃物品的地方，并定期处理。

5）库房进料应该登记涂料出厂日期、进库日期和规定的保存期，做到先进先出，防止存放过期，造成涂料变质（如干化、结皮、沉淀等）。

6）对于用量小或容易变质凝结的涂料，不宜大量进货，以防止造成积压。

7）通风系统是喷涂作业保护最重要的环节。

8）有的国家以涂料的燃点分类：燃点低于20℃的，为高度可燃性液体（如汽油）；燃点在20~32℃的，为可燃性液体；燃点高于32℃的，为高度可燃性液体。

9）储存地（漆库）应备有完善的防火及灭火设备，并应考虑在此区域内装设自动喷水系统，以提高对火灾的自动防护。

八、防火、灭火

在涂装过程中能够形成漆雾、有机溶剂蒸气和粉尘，与空气混合积聚到一定的含量范围时，一旦接触明火，就很容易引起火灾或爆炸事故。操作人员长期接触或吸入体内会引起慢性中毒，有损操作人员的健康。因此，涂装车间一般是火灾危险场所和污染源，一定要引起重视。现在汽车涂装线已开始采用低污染或无污染型涂料，这些新型涂料的采用显著降低了涂装工厂的火灾危险性和涂装公害，使操作人员有可能远离对身体健康有害的作业区，从而达到安全防护的目的。

1. 防火安全

涂装作业的火灾危险性大小与使用涂料的种类、涂装方法、使用量和涂装场所的条件等有关。如果使用的不是易燃性的或不燃烧的，则火灾危险性很小或没有，如水性涂料的涂装就基本消除了火灾危险性。可是在使用易燃性的涂料和溶剂的场合，爆炸和火灾的危险性就非常大。爆炸和火灾事故的发生造成生命、财产的严重损失，严重影响生产的正常进行。从事涂装的单位和人员必须高度重视防火安全。

2. 灭火

（1）灭火的基本方法

1）移去或隔离已经燃烧的火源，熄灭火焰。

2）隔绝空气，切断氧气，使火焰熄灭，或者将不燃烧的气体（如二氧化碳）喷射到燃烧的物体上，使空气中的氧气质量分数下降到16%以下，熄灭火焰。

3）用冷却法把燃烧物的温度降低到燃点以下，即可以灭火。

（2）常用的灭火器　灭火器的种类很多，按其移动方式可分为手提式和推车式灭火器；按驱动灭火剂动力来源可分为储气瓶式、储压式、化学反应式灭火器；按所充装的灭火剂可分为泡沫式、二氧化碳式、干粉式、卤代烷式、酸碱式、清水式灭火器等。

常见的灭火器有MP型、MPT型、MF型、MFT型、MFB型、MY型、MYT型、MT型和MTT型。这些字母的含义：第1个字母“M”表示灭火器；第2个字母“F”表示干粉，“P”表示泡沫，“Y”表示卤代烷，“T”表示二氧化碳；有第3个字母的，“T”表示推车式，“B”表示背负式，没有第3个字母的表示手提式。

九、安全用电

安全用电是企业经营管理的基本原则之一，安全促进生产，生产必须安全。随着生产技术的发展和生活水平的提高，电能在生产和日常生活中得到了越来越广泛的应用，人们接触电的机会也随之增多。如果没有掌握安全用电的知识或违反电气操作规程，不仅会造成停电、停产、损坏设备和引起火灾，而且容易发生触电事故，以致影响生产、危及生命。因此，研究触电事故的原因和预防措施，提高安全用电的技术理论水平，对于确定安全用电避免各种用电事故的发生是非常重要的。

十、保护环境

1. 对环境的危害

涂装车间所使用的涂料及溶剂等绝大部分都是有毒物质，若将它们排放到室外，则将导致大气污染。有些具有光化学反应性的溶剂在受到阳光中的紫外线照射后能形成毒性更大的物质，造成公害。涂料对环境的影响主要包括涂料中有机物的挥发、废涂料的排放和稀释剂的处理等。

2. 保护环境的措施

（1）对有机物排放的环保措施

1）选择固体含量高的涂料。可以通过选择固体含量高的涂料来降低涂料中有机溶剂的使用。这是世界发达国家汽车维修行业的发展趋势，也必将对我国的汽车维修行业产生重大影响。

2）选择好的喷涂设备。通过对喷涂设备的选择来减少涂料的浪费，如 HVLP（高流低压）喷枪的使用可以提高涂料的使用率，从而达到降低挥发性有机物排放的目的。

3）使用水性涂料。水性涂料是降低挥发性有机物排放的最佳方法之一。水性底色漆的主要溶剂是水。因此，在双工序的面漆体系中，使用水性底色漆是降低喷涂体系 VOC 的最佳方法。

（2）废气的处理方法 废气的处理方法有活性炭吸附、催化燃烧、液体吸附和直接燃烧等。

（3）对工业废水的处理 废水排放标准分为三个等级，等级数越大，排放要求越低。废水处理标准也分为三个等级，等级数越大，处理力度越大。

（4）废弃物的处理 所有废弃物必须分类处理，危险废弃物需由具备当地环保局认可资质的废物处理中心，经由固体废物管理中心审批同意后进行处理，并需登记备案。

学习效果评价（任务工单）

一、填空题

1. 涂料是指含有颜料或不含有颜料的__________混合物的溶液。

2. 涂料由__________、__________、__________和__________组成。

3. 涂料中的成膜物质主要是__________，是涂料中不可缺少的部分。

4. __________是涂料中的不挥发物质之一，呈微细粉末状，有颜色。

5. 常用的黏度计有__________、__________和__________。

6. 在涂料调制中，涂料、稀释剂和添加剂成分的表示方法有__________、__________和__________三种。

7. 自然干燥即涂膜在__________环境下干燥。

8. 为了加快生产速度，缩短涂装施工周期，常将经过涂装的车辆放入烤漆房内，在一定温度（一般为__________℃）下加速干燥，称为强制干燥。

9. 涂料干燥成膜的过程主要有____________________和____________________两类。

10. 化学反应干燥成膜主要有____________、____________和____________三种。

11. 汽车涂装具有________、________、________和________作用。

12. 汽车涂装方法有______、______、________、________、________、________、________和________等。

13. 呼吸保护罩有________、________和________三种。

14. 按照活性炭滤芯的数量，活性炭过滤面罩可分为________和________。

15. 供气式面罩可以防止混有有机溶剂的空气通过口鼻吸入人体，可分为________和________。

16. 涂装作业中的常见火源有________、________、________、________、________等。

17. 按所充装的灭火剂，灭火器分为________、________、________、________、________、________等。

18. 触电是指________以人体为通路，使身体的一部分或全身受到电的刺激或伤害。

19. 触电的方式分为________和________。

20. 涂料对环境的影响主要包括________、________、________等。

21. 废气的处理方法有________、________、________和________等。

二、简答题

1. 概述涂料的组成。

____

____

____

2. 简述涂料的成膜机理。

____

____

____

3. 分析涂料对人体的伤害有哪些？

____

____

____

4. 简述灭火器的操作使用。

____

____

____

考核与评价

<table>
<tr><td>成员合作</td><td colspan="2">好◎　一般◎　较差（理由）：</td></tr>
<tr><td rowspan="2">任务完成情况</td><td>基础知识　熟练◎　不太熟◎</td><td>案例分析　熟练◎　不太熟◎</td></tr>
<tr><td>资料查阅　熟练◎　不太熟◎</td><td>能力训练　熟练◎　不太熟◎</td></tr>
</table>

其他（包括对学习过程、老师教学方法的建议和意见，对同组学生评价等各方面）	
掌握涂料的定义和基本组成；掌握涂料的干燥和成膜机理，对以上学习任务做出评价	

学习任务二　汽车涂装设备工具的使用

【任务描述】

要想进行汽车涂装作业，首先要了解和掌握汽车修补涂装作业常用设备和工具的正确使用，汽车修补涂装设备主要包括喷枪、打磨工具及材料、压缩空气供给系统、喷烤漆房、烘干设备等。

【学习重难点】

1. 学习重点

喷枪和打磨机的使用。

2. 学习难点

无尘干磨设备、压缩空气供给系统和喷烤漆房。

【任务学习资料】

一、喷枪

（一）喷枪的类型

喷枪的功能是利用压缩空气对进入喷枪的涂料进行雾化，形成雾状射流，雾状化的涂料在喷流中被分裂成微小且均匀的液滴喷覆在车身表面，形成厚度均匀且有光泽的薄膜。喷枪的类型和规格较多，适用于不同场合的喷涂，但其基本功能和原理是一致的。按涂料供给方式分，喷枪可分为重力式（上壶式）喷枪（图 3-28a）、虹吸式（下壶式、吸上式）喷枪（图 3-28b）和压力式喷枪（图 3-28c）。

1. 重力式喷枪

涂料罐位于喷枪的上方，涂料由于重力流向喷嘴，空气帽气孔的大小及数量影响涂料的雾化，涂料靠喷嘴的负压及重力喷出，喷出量较大，因而喷出的涂层更湿润。因此，对于相同的喷涂产品，重力式喷枪使用较小的喷嘴即可达到与吸上式喷枪相同的效果，此种喷枪适合喷涂固体含量大的涂料，如二道浆。优点：涂料黏度不变，喷漆量不变；涂料罐的位置可使喷涂操作自由度大，施工容易。缺点：涂料罐在喷嘴上方，影响喷枪的稳定性；涂料罐容量小（一般在 500mL 左右），不适合喷涂较大的面积。

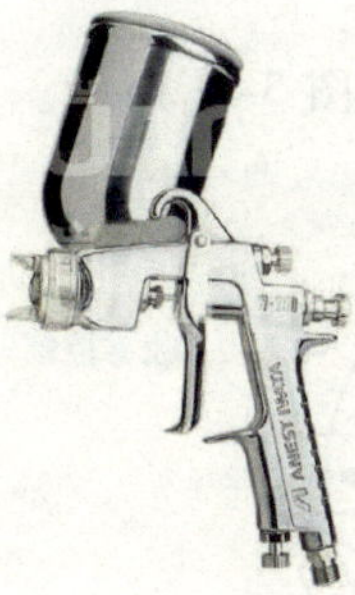

a)

b)

c)

图 3-28　喷枪的类型

a）重力式喷枪　b）虹吸式喷枪　c）压力式喷枪

2. 虹吸式喷枪

虹吸式喷枪的压缩气流气帽处产生真空，从而产生虹吸现象，称为文丘里效应。负压促使涂料从涂料罐流向喷嘴，空气帽气孔的大小及数量影响涂料的雾化，喷嘴较空气帽稍向前凸出。优点：喷涂稳定性好，便于向涂料罐中添加涂料或变换颜色。缺点：喷涂水平表面困难；涂料黏度变化对喷漆量影响较大，涂料罐容量比重力式喷枪大，因而操作人员易疲劳。

3. 压力式喷枪

喷枪上没有储液罐，涂料用软管与一个压力储料罐连接，压缩空气作用于储液罐上，其难点在于涂料压力与喷枪空气压力的协调。优点：涂料罐容积大，喷涂大型表面时不必停下来向涂料罐中添加涂料，也可使用高黏度涂料。缺点：不适合小面积喷涂，变换颜色及清洗喷枪需要较长时间。

（二）喷枪的结构和工作原理

1. 喷枪的结构

典型的喷枪由枪体和喷枪嘴组成。枪体由压缩空气阀、气压调整阀、喷幅调整旋钮、流量控制旋钮、涂料罐、涂料管、空气通道、扳机和压缩空气接头等组成。喷枪嘴由喷嘴、喷嘴针阀等组成。重力式喷枪的结构如图 3-29 所示，虹吸式喷枪的结构如图 3-30 所示。

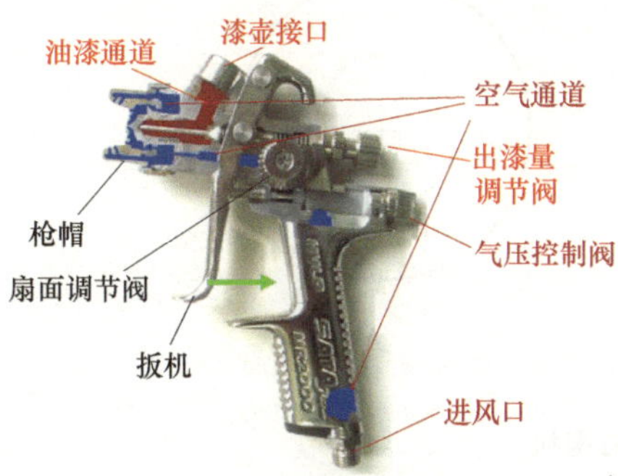

图 3-29　重力式喷枪的结构

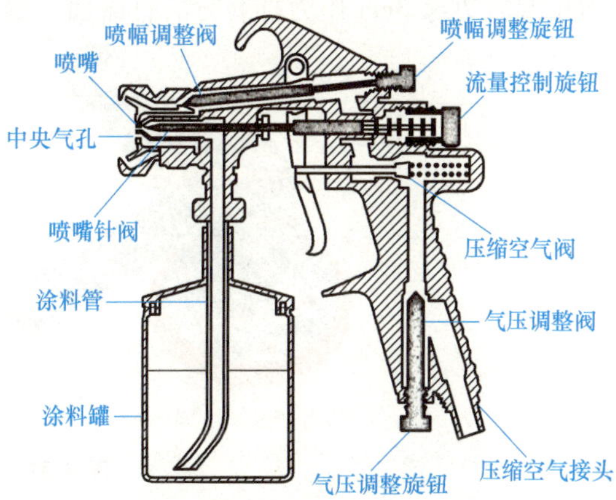

图 3-30　吸虹式喷枪的结构

2. 喷枪的使用

空气帽引导压缩空气撞击涂料，使其雾化成有一定直径的漆雾，如图 3-31 所示。中央气孔位于喷嘴末端，产生喷出涂料所需的负压。雾化气孔可促进涂料的雾化，一般有 4~10 个，它促进漆液雾化，对喷枪性能有明显的影响。喷枪喷出空气量的多少与涂料雾化好坏有很大关系。喷雾控制气孔喷出的气体可控制喷雾的形状，一般有 2~4 个，当扇形调节旋钮关上时，喷雾的形状是圆形；当扇形调节旋钮打开时，喷雾的形状变成长方形。气帽把压缩空气导入漆流，使漆流雾化，形成漆雾。从喷枪喷出的实际漆量由喷嘴针阀到内座的涂料喷嘴开口大小决定，流量控制旋钮可以改变扳动扳机时喷出针阀离内座的距离。涂料喷嘴有各种型号，可以适应不同黏度的涂料，涂料喷嘴的口径越大时，涂料喷出量越大，越适合黏度大的涂料。

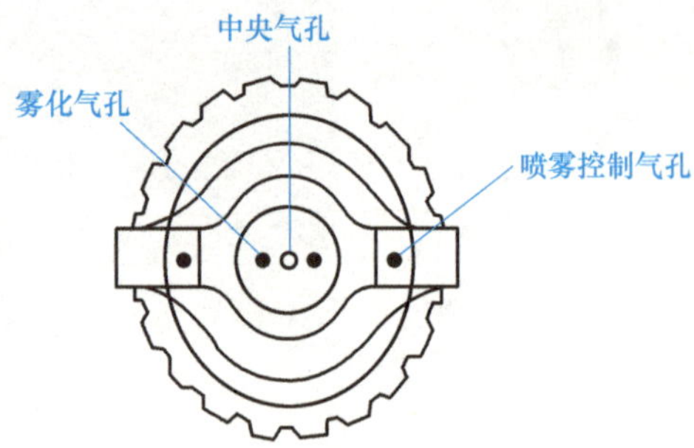

图 3-31　空气帽的结构

二、打磨机

1. 打磨机的分类

打磨机能够降低操作人员的劳动强度及提高涂装质量。打磨机的种类很多，根据形状来分有圆盘式和板式；机器打磨可以利用电力驱动，也可以利用压缩空气驱动，根据动力来分有电动和气动。由于喷漆车间内有易燃物品，要尽量减少电动工具的使用，所以主要采用压缩空气驱动的气动打磨机。气动打磨机是利用黏附砂纸对表面进行打磨的设备，根据砂纸和运动方向分有单作用打磨机、双作用打磨机、轨道式打磨机和往复直线式打磨机，适用于不同的工作需要。

（1）单作用打磨机　单作用打磨机如图 3-32 所示，打磨盘垫绕一个固定的点转动，砂纸只进行单一圆周运动，用于粗打磨工作，如清除铁锈、旧涂层、较厚的原子灰层的打磨操作。换上抛光盘也可用于涂膜抛光。打磨盘垫做单向圆周运动，盘面中心和边缘存在速度差，造成打磨不均匀及产生圆形磨痕，因此在操作时不能把打磨盘垫平放在打磨面上，而是利用旋转边缘 3cm 作为打磨时的打磨面，操作时要轻微倾斜，以保持最佳的打磨效果。

a)　　b)

图 3-32　单作用打磨机

a）实物　b）运动轨迹

(2) 双作用打磨机　如图3-33a所示，双作用打磨机的旋转轴是偏心轴，使打磨盘垫在运转中做双重圆周运动（图3-33b），旋转时产生振动，可避免单向旋转时产生的圆形磨痕。一般在粗磨时使用单圈圆周运动打磨机，工作效率高、质量好。

a)

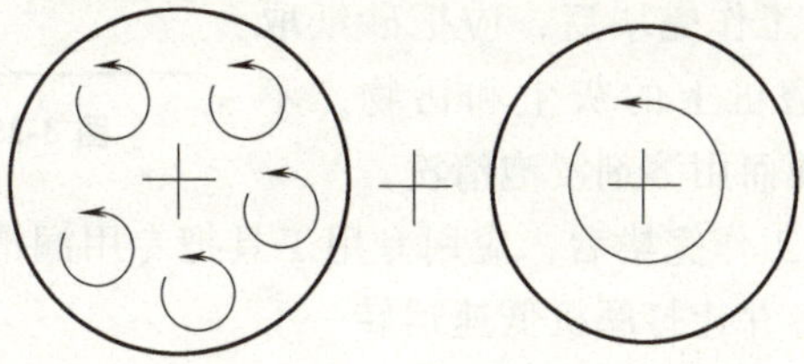

b)

图3-33　双作用打磨机

a）实物　b）运动轨迹

(3) 轨道式打磨机　如图3-34a所示，轨道式打磨机的打磨盘垫和砂纸都呈矩形。运转时，轨道式打磨机在直线轨迹上产生移动并进行圆周运动（图3-34b），由于打磨操作平压在打磨面上，各部的运动均匀，而不易产生划痕缺陷，主要适用于原子灰的打磨。

a)

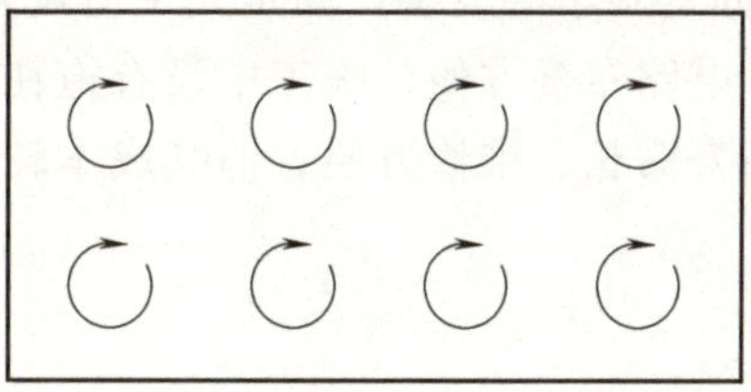

b)

图3-34　轨道式打磨机

a）实物　b）运动轨迹

(4) 往复直线式打磨机　往复直线式打磨机是一种长板式打磨机，只做简单的前后运动，砂纸安装在底板上靠来回直线运动研磨物面，一般适用于要求平整度的打磨工作。

2. 打磨机的使用和维护

(1) 打磨机的使用

1）操纵气动打磨机时，气压应调到450~490kPa的范围内。操作时，用一只手握住打磨机手柄，另一只手施加较小压力并控制打磨机均匀移动。

2）在镀铬饰物（或嵌条）外2cm范围内不进行打磨。打磨前应将这些部位用防护带粘贴好，以免造成不良影响。

3）在打磨过程中，发现漆渣开始在砂纸上结块或起球时，应及时更换砂纸或用棕刷将漆块刷掉。

4）用打磨机进行除漆、除锈作业时，如果使用硬性打磨头，则要保持与漆膜表面相平行，否则会在金属表面留下划痕；如果使用柔性打磨头，则应使打磨头与钣金件的漆膜部分接触，如图3-35所示。

（2）打磨机的日常维护

1）在打磨工作完毕，打磨机还未完全停下前，不要放下打磨机，以免接触其他物体造成无谓的损伤。

2）打磨工作完毕后，应把砂纸取下，清除打磨机上的灰尘和污物，不能因贪图方便而用溶剂浸泡清洗。

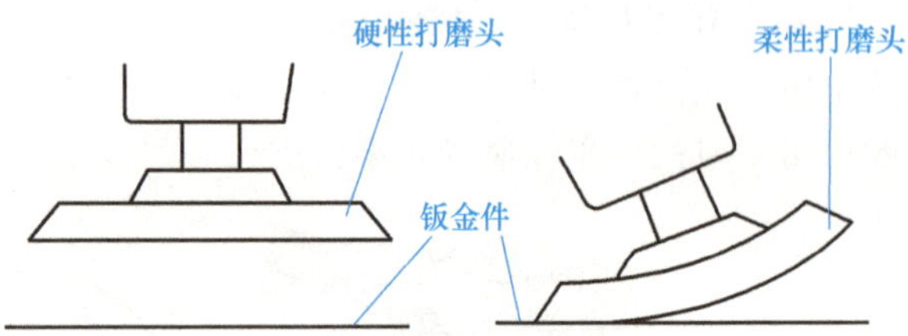

图 3-35　硬性打磨头与柔性打磨头的正确使用

3）每天工作完毕后，应用专用工具把专用润滑油或用标准自动变速器油代替，由进气口注入少许，并让打磨机低速运转一下。

三、无尘干磨设备

无尘干磨设备可将 80%～90%的打磨灰尘吸进回收装置里，有效解决灰尘污染。

1. 无尘干磨设备的类型

无尘干磨设备的类型有移动式、固定式和简易袋式三种。

1）移动式干磨设备。移动式干磨设备（图 3-36）使用方便，移动灵活，吸尘效果好，覆盖面积大，设备成本低，但在施工中，供气吸尘管道及电缆需要拖在地面上。

2）固定式干磨设备。固定式干磨设备又称为悬臂式干磨设备，如图 3-37 所示。该设备的气路、电路布置方便，施工中没有拖在地上的气管、电缆，施工工位整洁，吸尘效果好，设备使用寿命长，维修方便，但其成本较高，因其固定，施工时覆盖面积受影响。

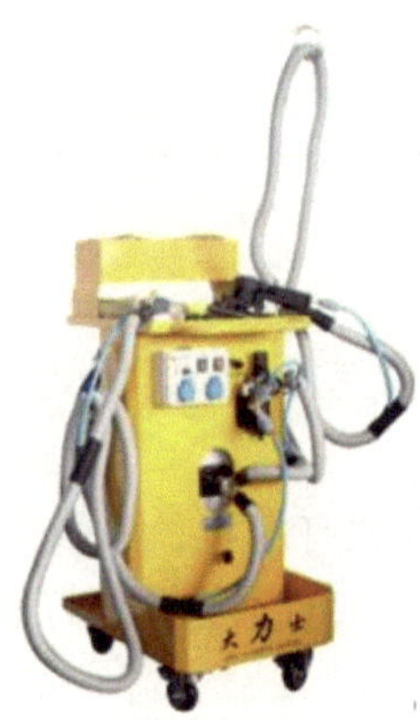

图 3-36　移动式干磨设备

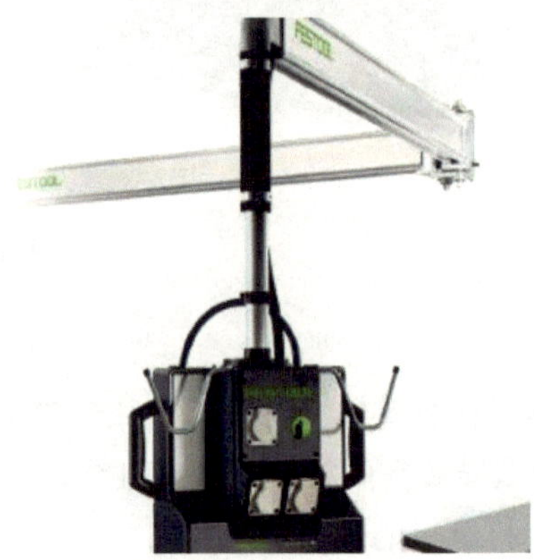

图 3-37　固定式干磨设备

3）简易袋式干磨设备。简易袋式干磨设备如图 3-38 所示。简易袋式干磨机的吸尘属于被动式吸尘，打磨机直接连接压缩空气管道，便于连接使用。吸尘所需的真空由转轴上附加的叶轮旋转产生，将打磨灰尘吸附到集尘袋中，其吸尘功率受打磨机转速的影响，吸尘效果相对差些，但此类设备成本较低。

2. 无尘干磨设备的组成

无尘干磨设备主要由打磨工具、供气与吸尘管道、吸尘设备、打磨垫、打磨材料和辅助设备等组成。

（1）气动打磨机　气动打磨机作为打磨工具，在打磨机的分类里已介绍。

（2）供气与吸尘管道　移动式无尘干磨设备和固定式无尘干磨设备气动工具的连接需

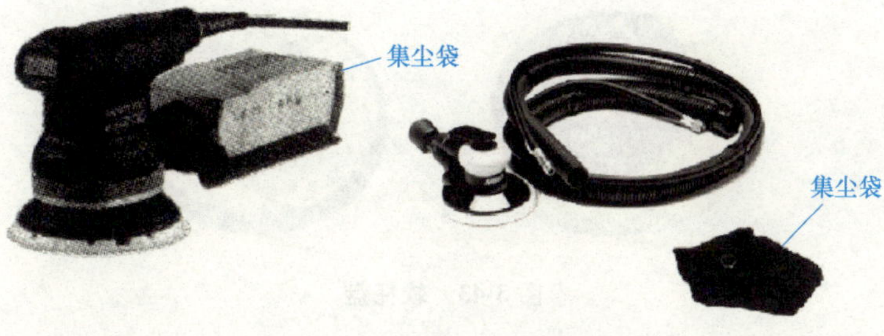

图 3-38　简易袋式干磨设备

要三个管道：压缩空气的输入、输出管以及吸尘管。这三个管道有分开布置的（图 3-39），也有综合布置的（图 3-40）。

图 3-39　供气与吸尘管道

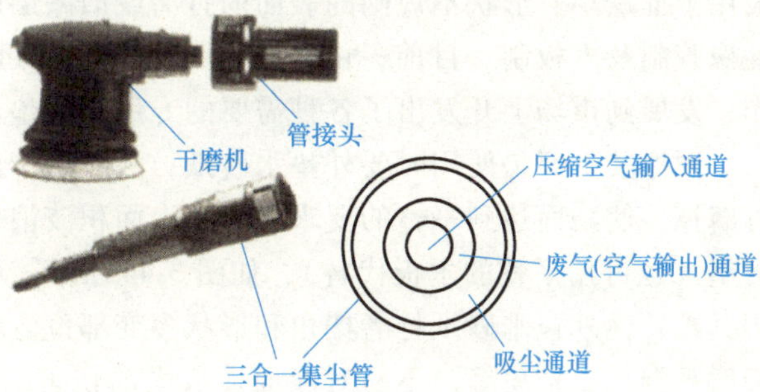

图 3-40　综合布置套管

（3）吸尘设备　吸尘设备依靠真空吸尘作用吸收打磨作业中产生的固体微粒，改善作业环境，如图 3-41 所示。

（4）打磨垫　打磨垫是使用无尘干磨设备操作中必不可少的工具，用于电动、气动研磨机的打磨垫称为托盘，有以下两种。

1）快速搭扣式干磨托盘。此托盘由母粘扣带制成，配合干磨砂纸，特殊蘑菇头设计能紧扣砂纸，装卸快速、方便、牢固，打磨时省时省力，如图 3-42 所示。

图 3-41　吸尘设备

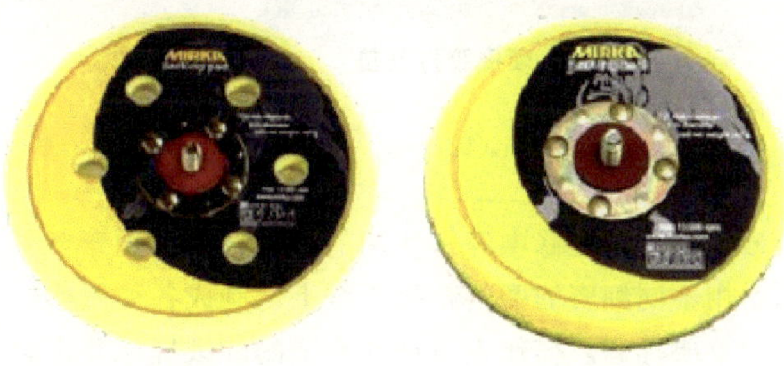

图 3-42　快速搭扣式干磨托盘

2）软托盘。软托盘同样与搭扣式漆面干研磨砂纸配合使用，主要用于中涂底漆打磨等后续较细研磨。软托盘安装于打磨机托盘上，以保护托盘。打磨垫上依靠尼龙搭扣安装干磨砂纸。打磨不同材料时，应使用不同的打磨垫。打磨原子灰时，应采用硬磨垫；打磨中间漆层时，应采用软磨垫：打磨具有较大弧度的表面时，应采用超软磨垫，如图 3-43 所示。

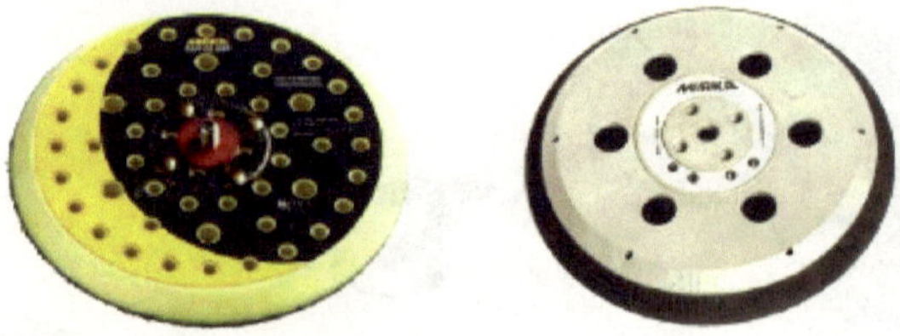

图 3-43 软托盘

四、手工打磨工具（手工打磨垫）

手工打磨工具的效率低、劳动强度大、设备简单，不受施工条件和工作形状的限制，一般用于批量小、形状不规则的表面的打磨或旧漆层的清除。手工打磨垫有硬橡胶制、中等弹性橡胶制及木板制。目前，由于汽车维修行业的迅速发展，打磨垫由过去操作人员自己制作，发展到市场上开发出了各种需要的专用打磨垫。

硬橡胶打磨垫使用时要外垫水砂纸，一般用于湿磨原子灰层，把物面高凸的原子灰部分打磨掉，使物面达到平整的要求。对于大面积波浪形物面的原子灰层，可适当使用加长的打磨垫（也可用平整的木板代替），如图 3-44 所示。中等弹性橡胶垫是一种辅助打磨工具，利用其柔软性外包水砂纸打磨棱角和形状多变部位。海绵垫适用于漆面处理，如抛光前漆面处理磨平颗粒、桔皮等，不易对漆面造成大的伤害。长条形快速打磨板（图 3-45）主要用于打磨原子灰表面，打磨方向应与板的长度方向一致，不可反向操作，砂纸不能松动。

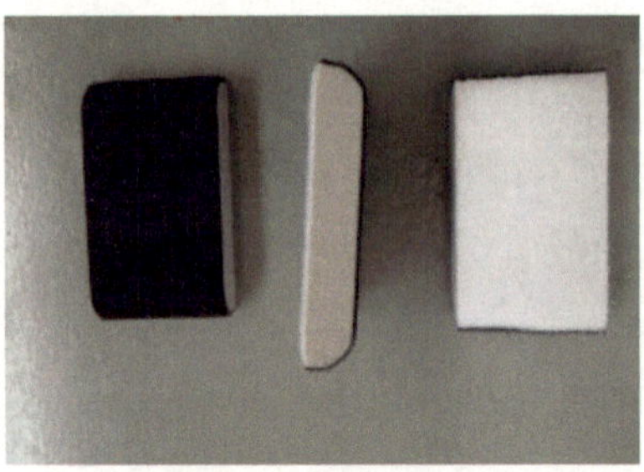

图 3-44 硬橡胶打磨垫

图 3-45 长条形快速打磨板

五、打磨材料

砂纸是汽车维修中经常使用的打磨材料，用于除锈、砂磨旧涂层、原子灰及漆面处理。砂纸是用不同细密的磨料粘接于纸上，制成各种规格的砂纸。磨料粘接牢固程度是砂纸质量的一个重要标志。操作人员选择合适的砂纸规格并正确使用才能产生最佳的效果。

1. 磨料的种类

制造砂纸的磨料根据原料可分为氧化铝、金刚砂（碳化硅）和锆铝三种。根据磨料在底板上的疏密分布情况可分为密砂纸和疏砂纸两种，密砂纸上的磨料几乎完全粘满磨料面，用于湿磨；疏砂纸的磨料只占磨料面面积的 50%～70%。

2. 打磨介质

（1）打磨介质的结构 打磨介质由粘合在平面的软性载体上的打磨矿物质组成。载体包括纸、织物、用高温和硫黄处理过的纤维、塑料薄膜。各种较粗和较硬的微粒状矿物质被粘合在载体上，如图 3-46 所示。

（2）打磨介质的表面粗糙度 生产打磨介质时，打磨合成物被压制，然后依照它们的粒子大小（表面粗糙度）进行分类。打磨介质的表面粗糙度是根据单一颗粒的平均大小进行分类的。粒子大小是按照 FEPA（欧洲打磨介质制造者协会）等级进行标准化的，粒子大小用字母 P 加数字表示，P12 的粒子最粗，P1200 的粒子最细，如图 3-47 所示。

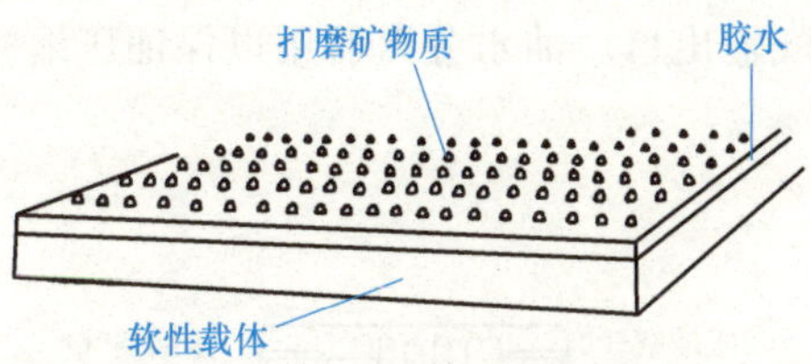

图 3-46　打磨介质的结构

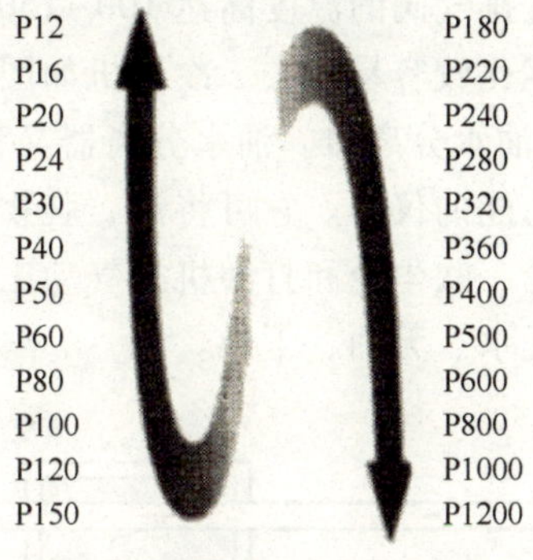

图 3-47　打磨介质的表面粗糙度

六、压缩空气供给系统

如图 3-48 所示，压缩空气供给系统一般由空气压缩机、储气罐、冷干机、油水分离器、气压调节器等组成。

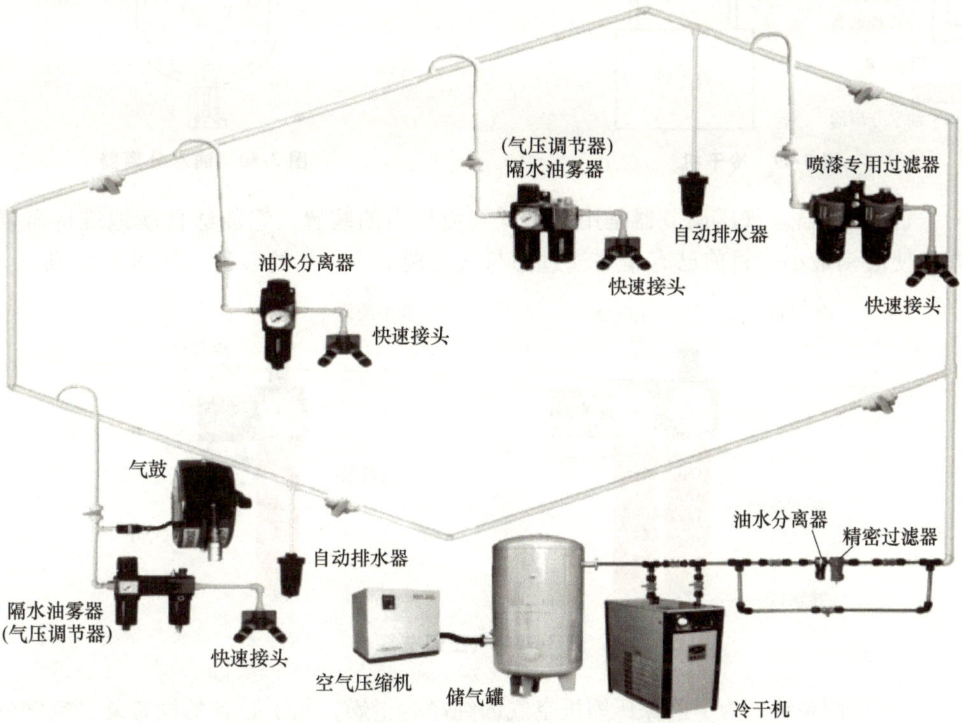

图 3-48　压缩空气供给系统

1）空气压缩机。空气压缩机是所有气动工具的核心，以发动机作为动力，将空气压力从普通大气压升到更高的压力，为汽车维修企业的气动设备提供动力。

2）储气罐。空气压缩机输出的压缩空气一般都要进入储气罐暂时储存。只有当储气罐气体的压力达到气动工具所需要的压力值时，气动工具才能正常工作。储气罐实质上是个蓄能器，其容积越大，所能储存的压缩空气量越多。

3）冷干机。冷干机也叫作降温空气干燥器，能更进一步压缩空气，由于经压缩的空气，通过排气阀的温度高达100~150℃，气体降温后，混合在压缩空气中的油和水变成水滴和油滴就比较容易滤去。冷干机如图3-49所示。

4）油水分离器。油水分离器又称为水分分离调节器或空气转换器，如图3-50所示，是一种多功能的仪器。它可将油、脏物和水从高压气体中分离出来，过滤和分离空气，以及为诸如喷枪、吹尘枪和打磨机等气动工具提供多头空气输出口。油水分离器用以保证压缩空气干净、无水、无油、干燥。

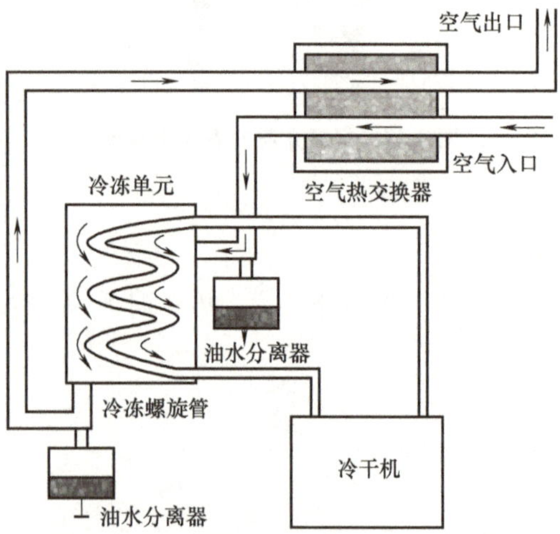

图 3-49　冷干机

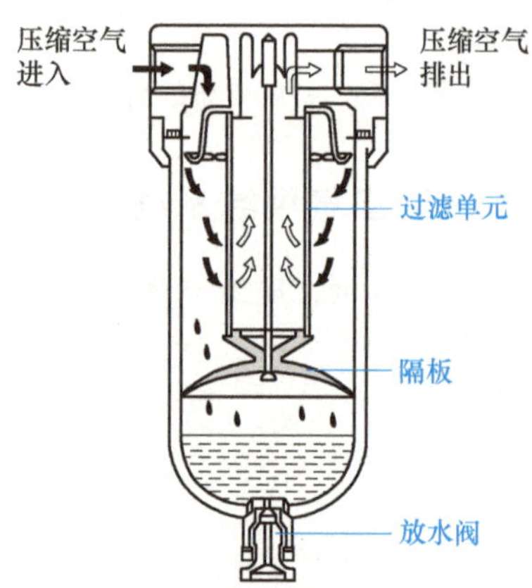

图 3-50　油水分离器

5）气压调节器。气压调节器是用于降低气流压力的装置，它能够自动地维持需要的气压，并且使波动最小。目前已有集空气过滤与气压调节为一体的装置，如图3-51所示。

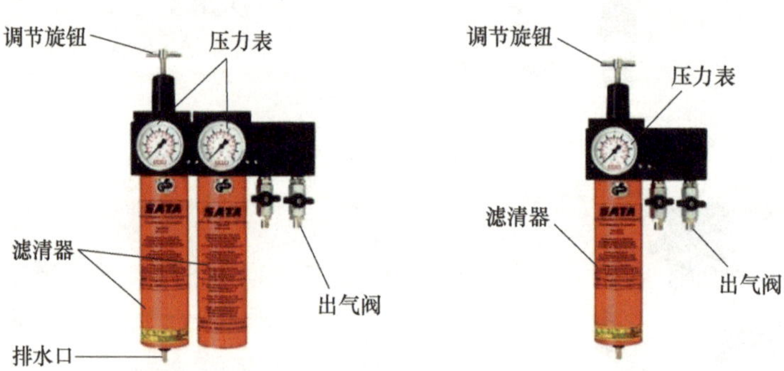

图 3-51　气压调节器

6）空气分配系统。为了确保压缩机空气的纯净、干燥，除了必备的设备外，空气分配系统的设置也非常重要，在设置时应考虑如何最大化地发挥设备的作用，以取得良好的效果。

七、喷漆房

喷漆房能够提供一个清洁、安全、明亮、有利于健康的工作场地。它可以使喷涂场地没有飞扬的粉尘，并能限制和安全排放掉进行车身喷涂工作时产生的挥发性气体。现代喷漆房的设计非常科学，能提供合适的空气环境和必要的照明，保证喷涂工作的安全。

喷漆房的结构

喷漆房主要由墙体、换气系统、空气过滤系统、照明装置及废气、废渣处理装置等组成。

（1）换气系统　换气系统应达到每小时换气两次或更多次的要求。冬季气温较低时，冷空气对冷物料喷成的冷面层会带来不利影响，应在空气供给系统增加恒温装置，以提供温度适宜的空气来满足喷漆需要。目前的换气系统有正向流动喷漆房、反向流动喷漆房和下向通风式喷漆房三种形式。

1）正向流动喷漆房。正向流动喷漆房即汽车从空气进口进入，沿着气流方向走进喷漆房，从另一端空气出口离开，气流是从汽车尾部向前吹的，如图 3-52 所示。

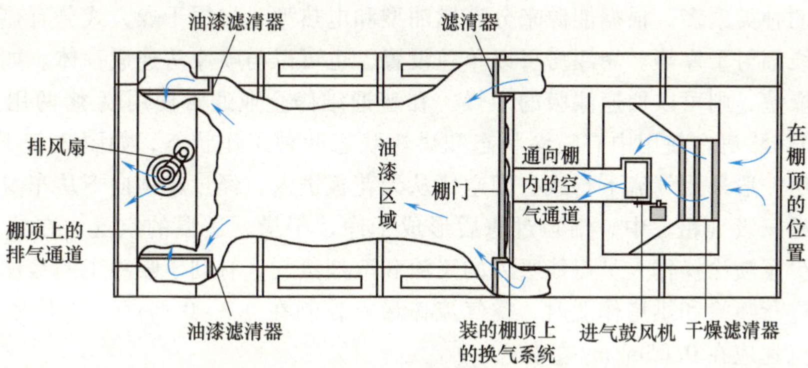

图 3-52　正向流动喷漆房

2）反向流动喷漆房。气流从车前吹向车后，即汽车倒向喷漆房，汽车迎着气流方向驶入。

3）下向通风式喷漆房。下向通风式喷漆房即气流是从喷漆房的天花板向下流动，从地板栅格处排出。气流在汽车表面形成一层包围层，使漆雾不会沉积而污染已喷过的表面，保证喷漆作业的质量，此类喷漆房目前应用最广泛，如图 3-53 所示。

（2）空气过滤系统　喷漆房最重要的系统是空气过滤系统，其作用一是把进入喷漆房内的空气进行过滤，以保证喷漆质量；二是把在喷漆房中产生的漆雾和其他污物过滤掉，使排入大气的气体无污染。它不仅关系到喷涂质量，还关系到保护喷涂工人的身体健康及环境保护。目前，喷漆房常用的空气过滤系统按去除飞漆和尘埃的方式主要分为干式过滤系统和湿式过滤系统。

1）干式过滤系统。干式过滤系统包括两大装置，即空气供给装置和排风、漆雾过滤装置。常用的下通风式喷漆房中，空气进入喷漆房的通道中设置进风口棉和顶棉进行两级过滤。进风口棉安装在进风口处。在排风道处安装有顶棉，用来收集喷漆房在喷漆作业中产生的过量喷漆游离粒子，使排放气体达到环保的要求。

2）湿式过滤系统。湿式过滤系统的空气供给系统与干式过滤系统相同，而排气过滤采用的是湿式结构，如图 3-54 所示。

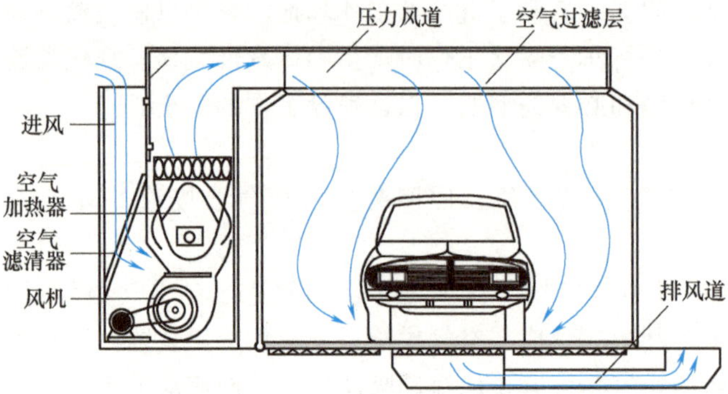

图 3-53　下向通风式喷漆房

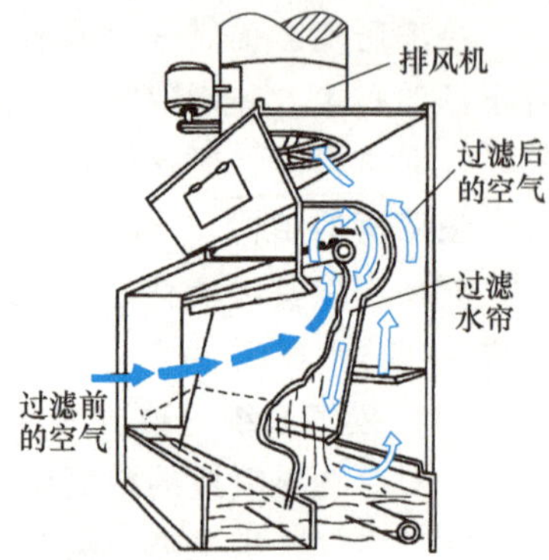

图 3-54　湿式过滤系统

八、烤漆房

烤漆房的种类繁多，根据能源来分有燃油型和电热型，根据干燥方式分有热空气对流干燥和远红外线辐射干燥等。烤漆房可以单独设置，也可以与喷漆房连成一体。如果喷漆房带有无尘的干燥室，则可以加速漆膜的干燥。在普通维修企业通常使用喷-烤两用房（俗称喷烤漆房），喷烤漆房在使用中有喷涂状态和烘烤状态两种工作状态，如图 3-55 所示。目前，使用的烤漆房一般采用气流下行式，即空气从天花板进入，经过车顶向下从车身两侧的排气地沟排出，经三级（粗、中、细）过滤后形成干净、干燥、适温的空气。在流过车身时气流下行式减少了喷涂操作人员可能吸入的飞漆和溶剂蒸气，有利于喷漆工的身体健康。喷涂烤漆房同时进行喷涂和烘烤作业时，空气流速最好控制在 0.3～0.6m/s；对涂膜进行加温烘烤时，空气流速应在 0.05m/ms 左右。

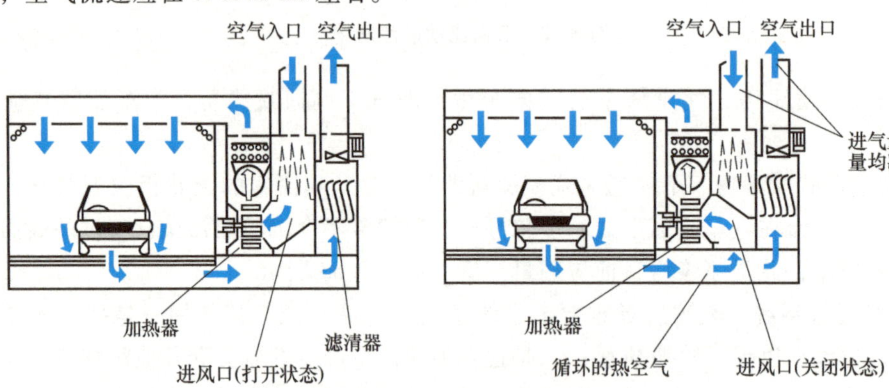

图 3-55　喷烤漆房的喷涂状态和烘烤状态

a）喷涂状态　b）烘烤状态

根据烤漆房对漆膜干燥方式的不同，有热空气对流式烤漆房和辐射式烤漆房。

1）热空气对流式烤漆房。采用热风对流加热方式，被烘干件的金属底材温度在烘烤过程中不超过 80℃。热空气对流式烤漆房适合于各种轿车和面包车在生产和维修时对涂层的喷涂和烘烤，如图 3-56 所示。

2）辐射式烤漆房。烘烤干燥方式除热空气对流式外，也可采用辐射式。可将辐射式干燥器根据烘烤室的结构合理布置，也可用于局部烘烤，如图 3-57 所示。

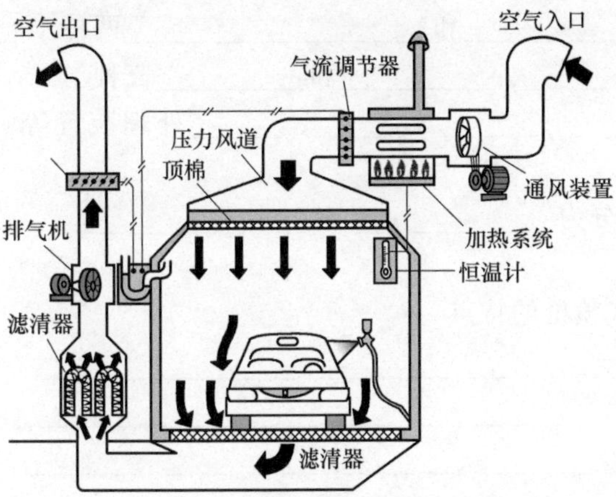

图 3-56　热空气对流式烤漆房

图 3-57　辐射式烤漆房

学习效果评价（任务工单）

一、填空题

1. 按涂料供给方式，喷枪可分为________、________、________。

2. 典型的喷枪由________和________组成。喷枪嘴由________、________、________组成。

3. 空气帽引导压缩空气撞击涂料，使其雾化成有一定直径的漆雾，空气帽上有三个小孔，分别为________、________和________。

4. 喷枪的调整方式有________、________、________三种。

5. 流量调整旋钮在________时漆流量增大，在________时漆流量减小。

6. 通过调节喷幅调整旋钮可以调节________的大小。

7. 在喷枪移动过程中，均要保持喷枪与工作表面成________。

8. 喷枪与被涂件表面保持适当的距离非常重要，一般情况下距离________ cm 左右。

9. 喷枪的喷涂方法有________、________和________。

10. 根据砂纸和运动方向分有________、________、________和________。

11. 无尘干磨设备的类型有________、________和________三种。

12. 无尘干磨设备由________、________、________、________、________和________等组成。

13. 制造砂纸的磨料根据原料可分为________、________和________三种。

14. 粒子大小用字母________加数字表示，P12 的粒子________，P1200 的粒子________。

15. 压缩空气供给系统一般由________、________、________、________、________和________等组成。

16. 空气压缩机根据机械运动的方式基本有__________、__________和__________三种。

17. 油水分离器的类型一般有____________________和____________________两种。

18. 一般而言，供气系统的维护分为__________、__________和__________三种。

19. 喷漆房主要由______、______、______、______及______、______处理装置等组成。

20. 根据烤漆房对漆膜干燥方式的不同，分为______________和______________。

二、简答题

1. 辨别重力式喷枪、虹吸式喷枪和压力式喷枪的特点。

2. 概述打磨机的类型。

考核与评价		
成员合作	好◎　一般◎　较差（理由）：	
任务完成情况	基础知识　熟练◎　不太熟◎	案例分析　熟练◎　不太熟◎
	资料查阅　熟练◎　不太熟◎	能力训练　熟练◎　不太熟◎
其他（包括对学习过程、老师教学方法的建议和意见，对同组学生评价等各方面）		
掌握喷枪的相关知识。熟悉打磨机、无尘干磨设备和喷烤漆房的知识，并对以上学习任务做出评价		

学习任务三　汽车车身底漆的涂装

【任务描述】

汽车涂饰属于多层涂饰，由于各种汽车的使用条件不同，涂饰工艺也各不相同。概括起来，国内外汽车车身涂饰工艺可分为以下 3 个基本体系：

1）涂 3 层烘 3 次体系。即底漆涂层、中间涂层和面漆涂层，3 层分别烘干。

2）涂 3 层烘 2 次体系。涂层同上，底漆层不烘干，涂中间层后一起烘干，采用“湿碰湿”工艺，因而烘干次数由 3 次减为 2 次。

3）涂 2 层烘 2 次体系。即底漆涂层和面漆涂层，无中间层，并且 2 层分别烘干。

对于外观装饰性要求高的轿车、旅行车和大客车的车身均采用涂 3 层烘 3 次；对于外观装饰性要求不太高的旅行车和大客车车身及轻型载货汽车的驾驶室等一般采用涂 3 层烘 2 次；对于中型、重型载货汽车的驾驶室一般采用涂 2 层烘 2 次。

车身的每道涂层都有不可替代的作用，要保证汽车的喷涂质量，就必须做好每道涂层的施工。另外，少数高级、豪华轿车车身采用 4 涂层甚至 5 涂层体系。

【学习重难点】

1. 学习重点

底漆前处理工艺流程和内容。

2. 学习难点

电泳底漆形成原理、工艺流程和工艺参数的选择。

【任务学习资料】

一、汽车涂装工艺流程

汽车涂装工艺经历了 100 多年的发展历程，其作业方式由最初作坊式的简单刷涂到简单喷涂再到适用于大量流水生产的现代化工业涂装；其作业内容也由最初的仅在需保护的工件表面刷上一层油漆到在工件表面先刷防锈漆再喷面漆，最后发展到现在的“漆前处理→电泳→中涂→面漆”等十分复杂的作业内容，其工艺布局与流程如图 3-58 和图 3-59 所示。车

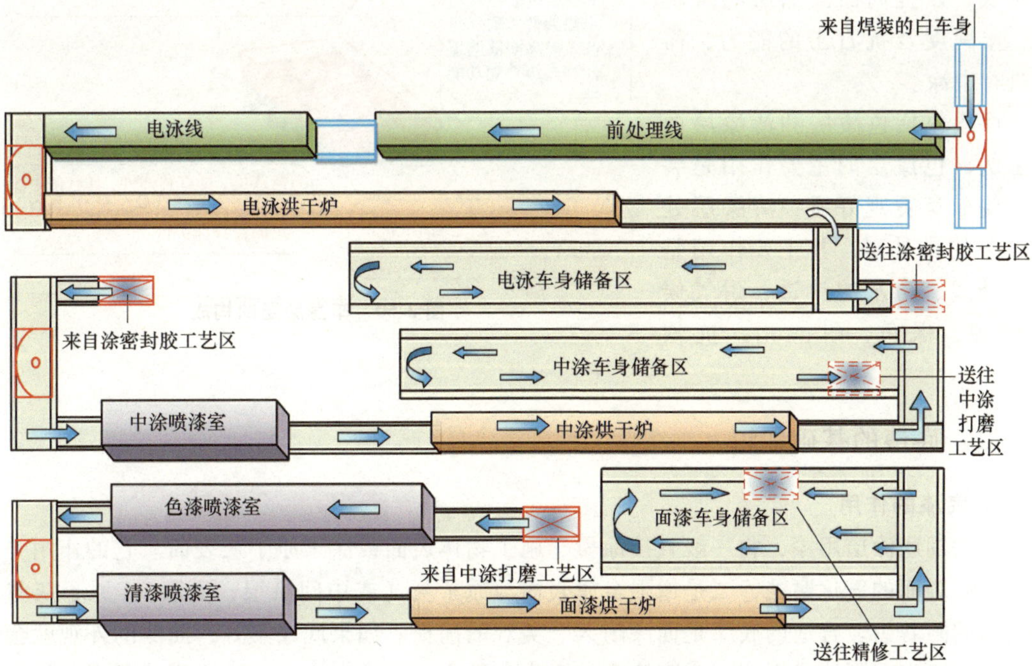

图 3-58　涂装工艺布局与流程图

身涂装涂层至少包括电泳底漆、中涂、色漆和清漆四层，如图 3-60 所示。对于有密封要求的焊缝部位，在电泳底漆与中涂之间还要加涂 PVC 或 SGC 密封胶。近 20 多年来，为了适应用户对汽车外观质量越来越高及多样化的要求，汽车车身涂装工艺过程中的漆前处理、底漆阴极电泳工艺已实现全自动化，中涂与面涂工艺实现了静电自动喷涂（机器人喷涂机实现喷涂无人化）、计算机智能化控制，汽车车身涂层质地（外观装饰性、耐蚀性、抗擦伤性等）得到了显著提高，车身保用期达到或超过了汽车的整体使用寿命。

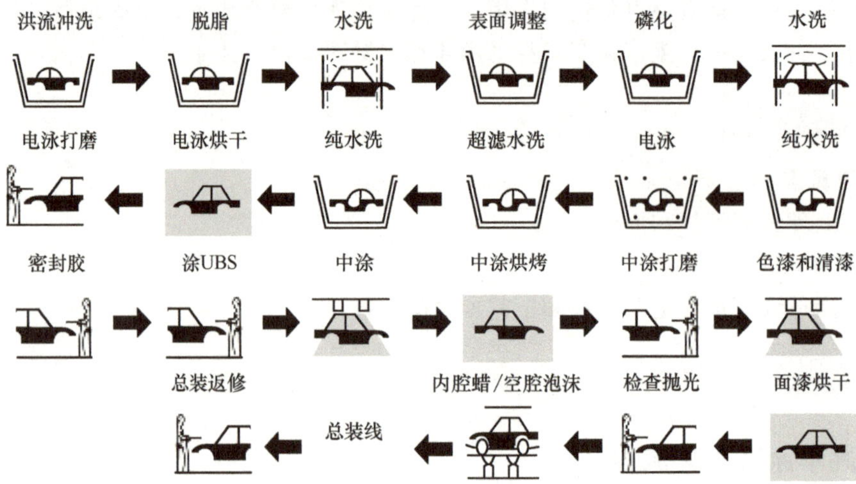

图 3-59　汽车整车涂装工艺流程

为了改善被涂工件表面和底漆的平整度，为面漆层创造良好的基底，以提高面漆涂层的鲜映性、丰满度及抗石击的能力，需要进行中涂。

面漆包括色漆层和清漆层两个层级，色漆层的主要作用是装饰，使车身美观好看；清漆层处于涂装的最外层，其主要作用是防紫外线、防水的渗透、耐气候的侵蚀、保色、耐酸雨、抗划伤等。

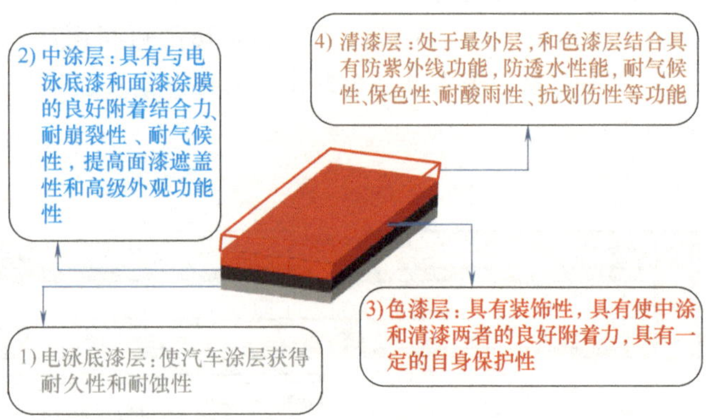

图 3-60　车身涂层的构成

二、底漆的基础知识

1. 底漆的作用

底漆即底涂层用漆，它一般直接涂覆于施工物体表面或涂于原子灰表面。它的作用一是防止金属表面的氧化腐蚀，二是增强金属表面与原子灰（或中间涂层、面漆）、原子灰与面漆之间的附着力。合适的底漆是面漆耐久、美观的前提。如果底漆不好，面漆的外观就会受影响，甚至出现裂纹或剥落。底漆涂膜的强度和结合能力的大小取决于涂膜的厚度、均匀度及其是否完全干燥，底漆涂膜一般不宜过厚，以 15~25μm 为宜（在汽车表面装饰性要求不高，底漆上直接喷涂面漆的情况下膜厚可以在 30μm 左右），过厚则涂膜干燥缓慢，还容易造成涂膜强度不够和附着力不强。

2. 底漆的种类

（1）根据使用目的不同分类　底漆根据其使用目的不同可分为头道底漆、头二道合用底漆、二道底漆、表面封闭底漆等。

（2）按构成的主要树脂分类

1）环氧树脂底漆。环氧树脂底漆简称环氧底漆，是物理隔绝防腐底漆的代表。环氧树脂是线型的高聚物，以环氧丙烷和二酚基丙烷缩聚而成。环氧底漆具有以下优点：

① 附着力极强。

② 涂膜韧性好，耐挠曲，且硬度比较高。

③ 耐化学品性优良，尤其是耐碱性更为突出。

④ 电绝缘性良好，耐久性、耐热性良好。环氧树脂类涂料也存在一定的缺点，如表面粉化较快，这也是它主要用于底层涂料的原因之一。环氧底漆使用胺类作为固化剂，胺类对人体有一定的刺激性，因此在使用时要加以注意。

2）侵蚀底漆。侵蚀底漆是以化学防腐手段来达到其防腐目的的，主要代表为磷化底漆。环氧底漆与磷化底漆对底材都具有良好的耐蚀性，对其上的涂层也都具有良好的黏结能力，一般在汽车修补中常使用环氧底漆作为打底用，而在汽车制造或大面积钣金操作后对裸金属进行磷化防腐处理时常采用磷化底漆。

三、底漆前处理

早期生产的汽车，新车出厂时涂层外观非常漂亮，但过不了多久就会出现漆面起泡、涂层表面冒出星罗棋布的锈蚀斑点，即涂层的使用寿命太短，通常每隔 2~3 年就需要重新涂一次油漆。究其原因就是漆膜的附着能力不够、耐蚀性差。为了有效延长涂层的使用寿命，经过不懈努力，人们找到了一种十分有效的方法，即磷化，利用磷酸的离解（平衡）反应在洁净的金属表面析出不溶性的磷酸金属盐膜（简称磷化膜）。实验表明，磷化膜能显著提高涂层的附着力和耐蚀性。磷化膜是否能够有效生成与金属表面的洁净程度和表面微观结构直接相关。然而汽车车身在上游的冲压与焊装工艺过程中不可避免会在金属车身表面留下脂（防锈油、润滑油等）、锈或其他残留物。为此，在磷化前需进行十分彻底的脱脂、除锈和表调处理（在金属车身表面形成一层有利于生成磷化膜的均匀结晶核）；磷化处理后，还需彻底清除残留在车身表面上的磷化液及磷化膜表面的疏松层，并对磷化不完全的部分空穴进行封闭，使磷化膜的结晶细化，提高其致密性（即钝化）。汽车车身的前处理通常需要经历预清洗、预脱脂、脱脂、水洗、表调、磷化、水洗、钝化、纯水洗、翻转沥水等十多道工序，如图 3-61 所示。

1. 脱脂

底漆前处理的前五道工序是脱脂工序。用热水和热碱液喷、浸结合的方法清洗车身，通过脱脂剂中的碱性物质对油污皂化及表面活性剂的浸润、分散、乳化及增溶作用达到脱脂的目的。脱脂质量的好坏主要取决于脱脂温度、脱脂时间、机械作用和脱脂剂四个因素。

（1）脱脂温度　一般说来，温度越高，脱脂效果越好。温度高可使油污的黏度降低，

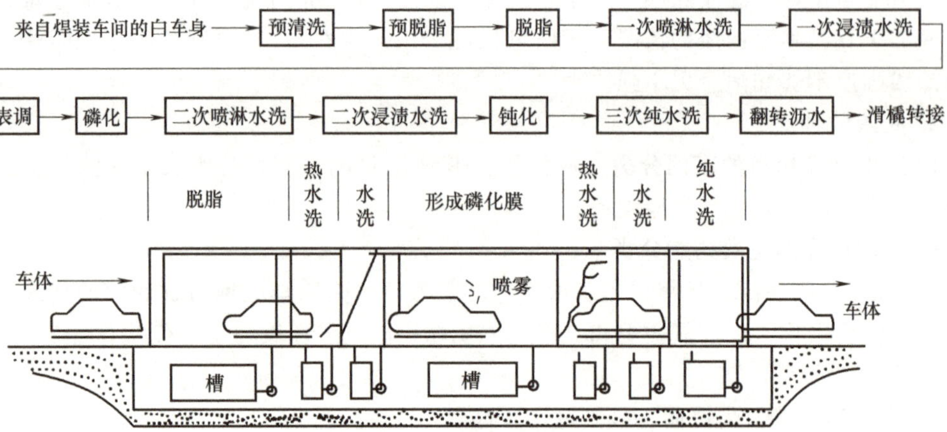

图 3-61　漆前处理工艺过程

加速皂化等化学反应和表面活性剂的浸润、乳化和分散等作用。但不是所有场合都是温度越高越好，不同的脱脂剂有其自身最合适的温度范围。

(2) 脱脂时间　必须保证有足够的脱脂时间，喷射方式的脱脂时间一般为 1~3min，浸渍方式的脱脂时间一般为 3~5min。

(3) 机械作用　借助压力喷射和搅拌等机械作用（图 3-62）可以达到良好的脱脂清洗效果，实验表明，在相同的温度条件下，压力喷射（喷射压力通常为 0.1~0.2MPa）脱脂比浸渍脱脂速度快一倍以上。为了提高浸渍脱脂的效率，常采用液压泵实现脱脂液的循环搅拌。

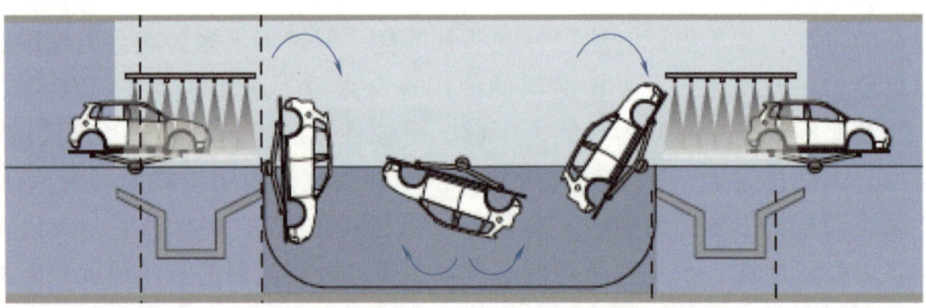

图 3-62　喷射和搅拌相结合的机械作用

(4) 脱脂剂　脱脂剂的组成和品种对脱脂效果有很大的影响。常用的含表面活性剂的碱性脱脂剂有氢氧化钠、碳酸钠、磷酸三钠及缩合磷酸盐、硅酸钠等。

2. 除锈

除锈较为有效的方法是酸洗。对于现代汽车制造业而言，由于普遍采用了拉动式生产方式，焊装好的白车身无须中间停留便进入涂装工艺，锈蚀通常来不及产生，因此在现代化的汽车制造公司，车身涂装工艺中已很少见到除锈工序。当然，若车身冲压件及换装好的车身有较长时间的储存、中转，车身表面锈蚀可能在所难免，在这种情况下，则应增设除锈工序。

3. 表调

表调是磷化前必须进行的一道重要工序，其作用是改变金属表面的微观状态，促使磷化过程中形成结晶细小、均匀、致密的磷化膜。尤其是经酸洗或高温强碱清洗过的金属表面。

表调液的主要成分是铁盐（钛胶体）和磷酸钠，是微碱性的胶体溶液。由于胶体微粒表面能很高，对金属表面有极强的吸附作用，可在被处理表面形成数量极多、细小且均匀的磷酸盐晶核，于是便限制了大晶体的生长，促使磷化膜细化、致密，能有效提高磷化的成膜性、缩短磷化时间、降低磷化膜厚度。

4. 磷化

磷化处理的主要物质是磷酸（H_3PO_4），磷酸在水溶液中三次离解所对应的是三种不同离解状态的盐。当金属是 Zn、Fe 等二价金属时，生成的三种盐分别是磷酸二氢盐 $Me(H_2PO_4)_2$、磷酸一氢盐 $MeHPO_4$、磷酸盐 $Me_3(PO_4)_2$。$Me(H_2PO_4)_2$ 是可溶性的，$Me_3(PO_4)_2$ 是难溶性的，$MeHPO_4$ 介于两者之间。磷化处理技术是可溶性磷酸二氢盐 $Me(H_2PO_4)_2$ 形态的水溶液通过化学反应析出难溶磷酸盐 $Me_3(PO_4)_2$ 膜。

5. 汽车车身磷化工艺

当今汽车行业比较流行低锌磷化（磷化液锌质量分数≤1.5g/L）。实验表明：低锌磷化与阴极电泳配合使用效果非常好，可使阴极电泳的优势得以充分发挥。低锌磷化液中需加入少量的 Mn^{2+}、Ni^{2+}，一是为了提高耐蚀性，二是为了能形成颗状磷化晶粒的磷化膜。低锌磷化所用的促进剂多为 NO^{3-}/NO^{2-}，处理温度为50~60℃，磷化膜重1.5~2.5g/m²；处理方式有淋涂、浸渍、喷浸结合、刷涂等多种，由于浸渍（图 3-63）处理方式具有高的生产效率和高的磷化处理质量，因此在汽车车身磷化处理工艺中应用最为广泛。

a)　　　　b)

图 3-63　磷化施工

a）进入磷化池　b）浸渍磷化

6. 水洗

磷化后的水洗，其目的是清除残留在车身表面上的磷化液。水洗效果与水洗次数、水洗方式、水的洁净度、水质（自来水、纯水、去离子水）和沥水时间等工艺参数有关。多次水清洗是提高清洗效果的关键因素，想达到工艺要求的洗净度，需水洗 2~4 次。在大量生产的流水生产线上喷射水洗一般为 20~30s，浸渍水洗为浸入即出。

7. 钝化

利用化学或电化学的方法，在金属表面形成一层化学转换膜使活性金属表面处于钝化状态，称为钝化。汽车车身磷化后的钝化处理常采用化学钝化方法，即利用钝化剂实现钝化。常用的钝化剂有稀铬酸（0.1~2g/L）和铬酸盐溶液（0.01%）。磷化后进行钝化处理能进一步改善电泳涂层与磷化膜黏附能力和提高磷化膜的耐蚀性。钝化处理可在常温下进行，钝化时间为 0.5～1min。

四、电泳底漆喷涂

1. 定义

电泳涂装是一种特殊的涂膜形成方法，仅适用于电泳涂装专用水溶性或水乳液涂料（或称为电泳涂料）。将具有导电性的被涂工件浸渍在装满用水稀释过的低浓度电泳涂料槽中，被涂工件作为一个电极（阳极或阴极），在槽中另设置一个与之相对应的电极（阴极或阳极），两极间通上一定时间的直流电后，在工件表面析出一层均匀的水不溶性涂膜，这种涂装方法称为电泳涂装法。根据被涂工件极性与电泳涂料种类的不同，电泳涂装法分为阳极电泳涂装法和阴极电泳涂装法。若被涂工件为阳极，电泳涂料是带负电荷的阴离子型涂料，则称为阳极电泳涂装；若被涂工件为阴极，电泳涂料是带正电荷的阳离子型涂料，则称为阴极电泳涂装。

2. 电泳涂装膜的形成原理

电泳涂装膜的形成需要经历电泳、电沉积、电解和电渗四个化学物理过程。

（1）电泳 胶体溶液中的阳极和阴极接电后，在电场的作用下带正（或负）电荷的胶体粒子向阴极（或阳极）一方泳动的现象称为电泳。胶体溶液中的物质不是分子和离子形态，而是分散在液体中的溶质，该物质体积较大（粒度为 10^{-9}～10^{-7}m），不会沉淀。

（2）电沉积 固体从液体中析出的现象称为沉积，一般是由于冷却或溶液浓缩时才会产生，而电泳涂装中是借助于电的作用，使带正电荷的粒子在阴极上聚集，带负电荷的粒子（离子）在阳极上聚集。当带正电荷的胶体粒子（树脂和颜料）到达阴极表面时得到电子，并与氢氧离子反应生成水不溶性膜，沉积在阴极（工件）上。

（3）电解 具有离子导电性的溶液中的阳极和阴极接通直流电后，产生电化学反应，在阳极端产生金属溶解，放出氧气、氯气；阴极端金属析出，并将 H^+电解还原为氢气。

（4）电渗 阴极和阳极通电后，低浓度的溶媒向高浓度侧移动的现象称为电渗。刚沉积到工件表面上的涂膜是半渗透膜，在电场的持续作用下，涂膜内部所含的水分从涂膜中析出，涂膜脱水，这就是电泳涂装过程中的电渗。电渗使亲水的涂膜变成憎水涂膜，脱水使涂膜致密。电渗性好的电泳涂料泳涂后的湿漆可用手摸也不黏手，且可用水冲洗附着在湿漆膜上的电泳液。

3. 电泳涂装膜的增厚

图 3-64 所示为电泳涂装过程电流值、涂膜厚度和涂膜电阻的变化曲线。

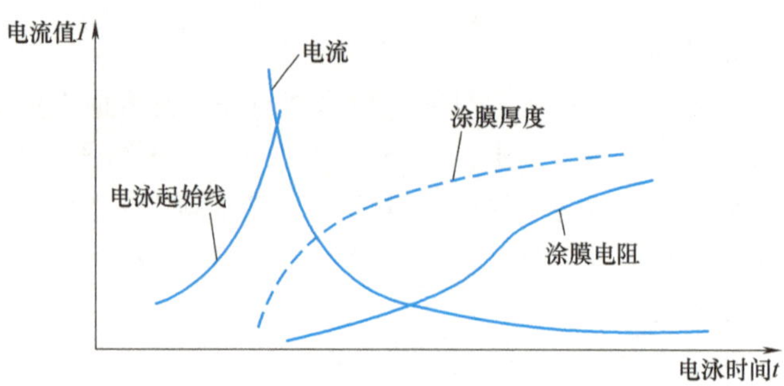

图 3-64 电泳涂装过程电流值、涂膜厚度和涂膜电阻的变化曲线

4. 电泳涂装的特点

电泳涂装具有良好的浸透性，泳透性好、涂膜均匀，电泳液的利用率高，电泳涂膜的附着能力、防锈能力强，安全性好，电泳涂装工艺的应用范围受限。

5. 电泳涂装的工艺流程

电泳涂装工艺包括电泳涂装工序、电泳后清洗工序及电泳涂膜的烘干。

(1) 电泳涂装工序　将被涂物浸入电泳槽中按规定的泳涂条件通电一定时间，使槽液中的成膜物质泳涂至被涂物表面上。

(2) 电泳后清洗工序　为防止涂膜表面的再溶解、二次流痕等缺陷，电泳后的被涂物需要用超滤水清洗，最后使用去离子水清洗。

(3) 电泳涂膜的烘干　在规定的温度下保持一定时间，直到涂膜完全固化。

电泳涂装工艺的主要流程如图 3-65 所示。

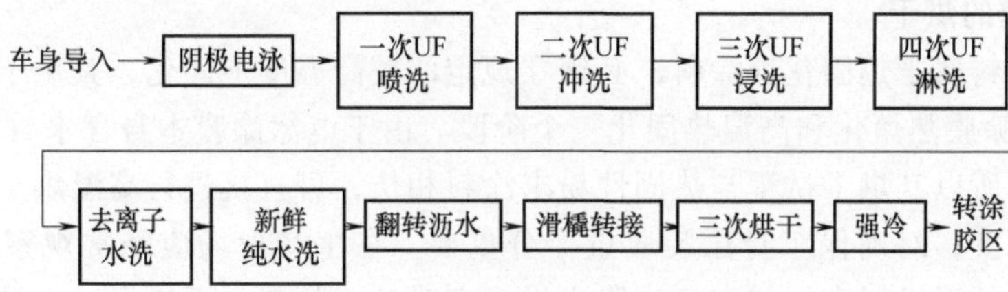

图 3-65　电泳涂装工艺的主要流程

电泳过程由摆杆链式输送系统在输送过程中自动完成，各工序的功能、工艺参数管理要点等见表 3-1。

表 3-1　阴极电泳底漆涂装工艺内容与参数控制表

工序名称	处理功能	工序处理内容			控制内容	备注
		方式	时间	温度		
阴极电泳涂装法涂底漆	车身内、外表面泳涂厚度均匀的电泳涂膜	浸（通直流电）	3～4min	2～28℃	电泳液固体分（NV）、pH值、温度、电泳电压等	涂膜厚度约为(20±2)μm，厚膜电泳涂膜厚度可达35μm
电泳后清洗 a. 一次 UF 液洗 b. 二次 UF 液洗 c. 三次 UF 液洗 d. 四次 UF 液洗 e. 去离子水洗 f. 新鲜纯水洗	清洗、回收电泳涂料，消除缝隙部位的二次流痕	a. 喷 b. 冲 c. 浸 d. 淋 e. 浸或喷 f. 淋	通过 20～30s 全浸即出 通过 通过 通过	室温 室温 室温 室温 室温 室温	各工序清洗的固体分(NV)或电导率	1）UF 液逆工序补加，最终返到电泳槽 2）电泳与 UF 清洗液间隔时间≤1min
翻转沥水	车体倾斜倒掉积水、吹掉车体表面水珠	自动倾斜、自动吹风	2～3min	室温或热风	检查涂膜表面是否有积水和水珠	消除电泳涂膜表面水斑及二次流痕等缺陷
烘干	固体电泳涂膜	热风或辐射加热	30～40min	190℃	烘干温度、膜干燥程度	测烘干温度-时间曲线，方法为溶剂擦拭法

6. 电泳后清洗

电泳后清洗是一道十分重要的工序，其目的和作用是回收电泳液，提高电泳涂料的利用率（在封闭清洗场合，涂料利用率可达 95%以上）；提高和改善涂膜表面质量；减小打磨工作量，从而提高涂层的耐蚀性。电泳后清洗工艺一般由下列工序组成：

1）槽上一次清洗。在被涂工件出槽口或溢流槽上，用去离子水、新鲜超滤（UF）液或循环超滤液喷雾淋洗，被涂工件出槽至清洗的间歇时间应少于1min。

2）二次清洗。用循环超滤（UF）液冲洗30~40s，沥液时间最多60s。

3）三次清洗。用循环超滤（UF）液浸洗（全浸没、浸入即出）。

4）四次清洗。用新鲜超滤（UF）液在UF浸洗槽出口端淋洗，沥液时间不少于60s。

5）去离子水清洗。用循环去离子水浸洗（或喷洗30~40s），沥水10s。

6）最终清洗。用新鲜纯水或去离子水淋洗，沥水时间不少于60s。

7. 电泳涂膜的烘干

阴极电泳涂料属于热固化性涂料，必须在规定的较高温度下固化，其烘干过程包括溶剂（水分）挥发、涂膜热熔化和高温热固化三个阶段。由于电泳涂膜本身含水（溶剂）少，又经吹干、晾干，所以其烘干过程与热固性粉末涂料相仿，可直接进行高温烘干。正确评估电泳涂膜的干燥程度，对确保车身涂装质量十分重要。在生产现场应经常观察涂膜的色泽变化，以判断涂膜的干燥程度。如车身涂膜出烘干室时处于热态、不冒烟、不黏手，即表明涂膜已基本干透。电泳涂层完全干透需在约190℃的烘干炉（图3-66）中烘烤30~40min。

图3-66　烘干炉

8. 强冷

电泳后的车身经长达近40min、1900℃高温的烘烤，车身温度远远高于后续涂防石击密封胶工艺所要求的温度，为了使后续工序能按照生产节拍连续进行，需迅速降低车身温度，即对电泳烘干后的车身进行强冷处理。

五、PVC涂装与防振隔声材料装贴工艺

1. PVC功能

PVC是聚氯乙烯英文（Poly Vinyl Chloride）的缩写，PVC在汽车涂装工艺中的应用有两种不同的形态：一是PVC密封胶，主要用于焊缝的密封；二是PVC方式的涂料，其喷涂到汽车车身的底部，可以防止汽车行驶时车轮甩起的砂石对汽车底部的损害。PVC密封胶与PVC涂料的主要成分是PVC树脂、增塑剂、填充料（碳酸钙白色粉末）和附着力增强剂，各成分的作用与功能见表3-2。由于PVC密封胶与PVC涂料的流动性、涂装方式与设备均存在较大差异，因此，PVC密封胶与PVC涂料中各组成物质的比例存在较大差异。

表3-2　PVC密封胶各成分的作用与功能

序号	名称	作用与功能
1	PVC树脂	氯乙烯和醋酸乙烯的聚合体,有良好的固化和密封作用
2	增塑剂	分散PVC粉体,可改善涂布特性,加热时有利于PVC扩散,形成良好的涂膜
3	填充料	使PVC密封胶具有适当的流动性,可增加涂层硬度,防止涂膜开裂
4	附着力增强剂	提高PVC密封胶的附着能力

2. PVC 密封胶的涂装工艺

我国早期生产的汽车，由于没有采用 PVC 密封胶工艺，所以车身漏风、漏雨、焊缝淌黄锈等质量问题经常发生，而且严重影响车身的使用寿命。20 世纪 80 年代，我国开始学习和引进国外先进的 PVC 涂装工艺，车身密封性和使用寿命均有质的改变。PVC 密封胶的涂装部位主要是有密封要求的焊接部位，如图 3-67 所示。轿车生产企业的密封胶涂装已基本实现了自动机械手作业，如图 3-68 所示。

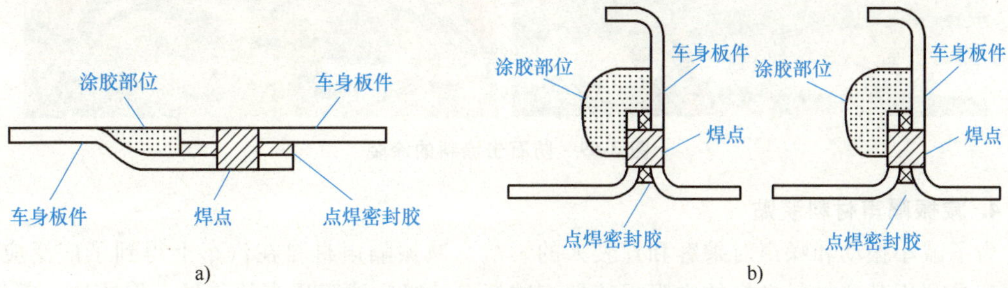

图 3-67　PVC 密封胶的涂装部位示例

a）水平面的涂布　b）垂直面的涂布

（1）PVC 密封胶的胶化（固化）模式　常温（40℃以下）时，增塑剂内聚氯乙烯粒子表面被溶媒溶合（分子或离子间强力吸引，形成一个分子集团），聚氯乙烯粒子彼此间可自由移动，具有流动性，可用泵供料，涂布作业方便。温度为 40 ~ 80℃时，聚氯乙烯粒子产生膨润，粒子表层开始溶解，失去流动性呈果冻状（心部仍是溶胶状态）。温度为 80 ~ 140℃时，聚氯乙烯粒子全体膨润（胶化），粒子间产生强的络合状态，具有足够的物理强度。

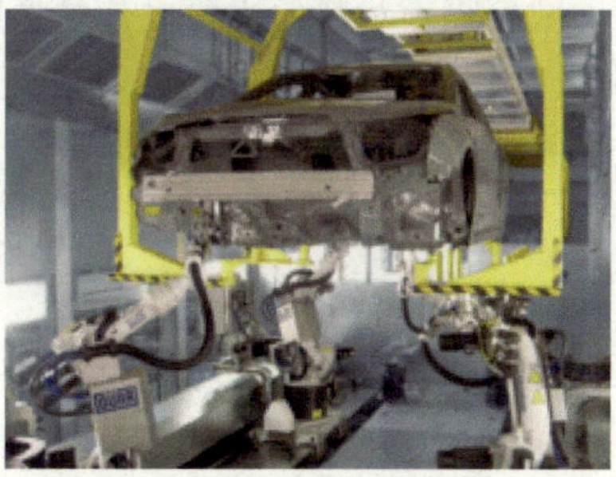

图 3-68　涂密封胶

（2）PVC 密封胶的涂布作业　常用的 PVC 密封胶有高黏度和低黏度两种不同的类型。高黏度 PVC 密封胶的黏度为 70000 ~ 120000mPa · s，采用高压枪涂布；低黏度 PVC 密封胶的黏度为 40000 ~ 70000mPa · s，采用低压枪或手工涂布器涂布。车身密封胶的涂装工艺过程是：先将喷枪喷嘴沿车体板的搭接缝，距涂布面 20mm 左右喷涂，利用足够的压力将 PVC 胶充分压入缝隙，密封胶膜厚为 3 ~ 5mm。

3. PVC 防石击涂料的涂装工艺

汽车轮罩下表面、车底板下表面、纵梁、悬架摆臂下部等部位极易受石击而损伤，普通油漆涂料抗石击的能力差，不足以提供应有的保护，为此需要喷涂防石击涂料。防石击涂料有沥青质系、PVC 树脂系、SGC（Stone Guard Coat）系等多种类型。沥青质系防石击涂料与电泳底漆及中涂底漆的结合力均不好，且沥青易渗出，因此在汽车上已基本不再采用；PVC 树脂系防石击涂料无沥青质系防石击涂料的上述问题，且重涂性好，因此在汽车车体下部得到了十分广泛的应用；但由于 PVC 防石击涂料的外观平整度不够理想，因此对于外观质量要求高的豪华轿车，常采用 SGC 系防石击涂料。车底防石击涂料的涂装工艺过程是：利用防石击涂料专用喷枪将 PVC 或 SGC 防石击涂料均匀喷涂到车底外表面上，喷涂膜厚度为 500 ~ 800μm。在轿车生产企业，防石击涂料的涂装大多采用机械手自动作业，如图 3-69 所示。

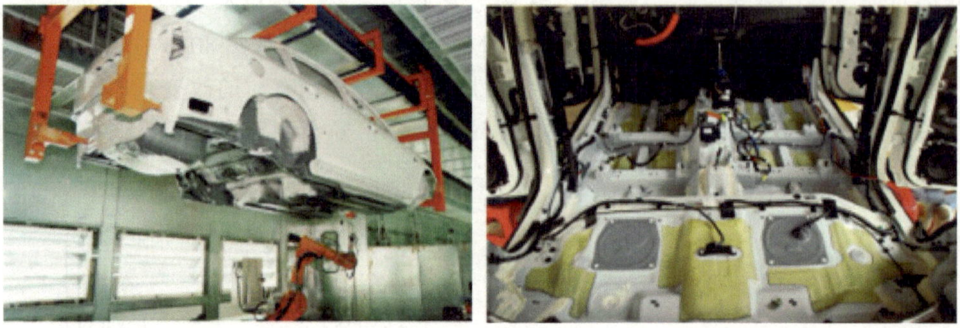

图 3-69 防石击涂料的涂装

4. 减振隔声材料装贴

为了减小振动和噪声对乘客和驾驶人的影响，减振隔声材料在汽车上得到了广泛应用，其原理是利用某些材料良好的内阻尼特性衰减振动、吸收或阻碍声的传播。据统计，现代轿车上使用的减振隔声材料已达 15~20kg/辆。减振隔声材料主要是厚度为 1.0~2.0mm 的复合板材，如果防声效果不足，可使用两层型的材料，即将两层板材用树脂黏结剂黏在一起使用。减振隔声材料的主要成分是橡胶、改型树脂、有机纤维增强材料、填充料。粘贴部位主要是门板、隔板、车顶盖、发动机舱、后行李舱等的内表面，车身地板的上表面。作业方式：目前主要是人工作业，但在部分汽车生产企业已开始采用机械手自动粘贴。

学习效果评价（任务工单）

一、填空题

1. ______一般直接涂覆于施工物体表面或涂于原子灰表面。它的作用一是防止金属表面的__________，二是增强金属表面与原子灰（或中间涂层、面漆）、原子灰与面漆之间的__________。

2. 底漆根据其使用目的不同可分为________、________、________、________等。

3. 底漆即头道底漆，其颜料含量__________，填充性能__________，具有较强的__________。

4. 用于制造底漆的树脂种类比较多，现在汽车涂装中，以__________和__________最为多见。

5. 为了有效延长涂层使用寿命，经过不懈努力，人们找到了一种十分有效的方法，即__________，利用磷酸的离解（平衡）反应在洁净的金属表面析出不溶性的__________。

6. 汽车车身的前处理通常需要经历预清洗、预脱脂、__________、水洗、__________、__________、水洗、纯水洗、__________等十多道工序。

7. 脱脂质量的好坏主要取决于________、________、________和________四个因素。

8. 漆前处理必须保证有足够的脱脂时间，喷射方式的脱脂时间一般为__________ min，浸渍方式的脱脂时间一般为__________ min。

9. 除锈较为有效的方法是__________。

10. 表调是磷化前必须进行的一道重要工序，其作用是改变金属表面的__________，促使磷化过程中形成结晶细小、均匀、致密的__________。

11. 磷化生成的三种盐分别是__________、__________、__________。

12. 利用化学或电化学的方法，在金属表面形成一层化学转换膜使活性金属表面处于钝化状态，称为__________。

13. 前处理方式大致分为__________、__________、__________和__________。

14. 根据被涂工件极性与电泳涂料种类的不同，电泳涂装法分为__________涂装法和__________涂装法。

15. 电泳涂装膜的形成需要经历__________、__________、__________和__________四个化学物理过程。

16. 阴极电泳涂料属于热固化性涂料，必须在规定的较高温度下固化，其烘干过程包括__________、__________和__________三个阶段。

17. 为了使后续工序能按照生产节拍连续进行，需迅速降低车身温度，即对电泳烘干后的车身进行__________。

18. PVC 在汽车涂装工艺中的应用有两种不同的形态：一是__________，主要用于焊缝的密封；二是__________，其喷涂到汽车车身的底部，可以防止汽车行驶时车轮甩起的砂石对汽车底部的损害。

19. 防石击涂料有__________系、__________系、__________系等多种类型。

二、简答题

1. 概述底漆前处理工艺流程。

____

____

____

2. 概述电泳底漆的工艺流程。

____

____

____

考核与评价

<table>
<tr><td>成员合作</td><td colspan="2">好◎　一般◎　较差（理由）：</td></tr>
<tr><td rowspan="2">任务完成情况</td><td>基础知识　熟练◎　不太熟◎</td><td>案例分析　熟练◎　不太熟◎</td></tr>
<tr><td>资料查阅　熟练◎　不太熟◎</td><td>能力训练　熟练◎　不太熟◎</td></tr>
<tr><td>其他（包括对学习过程、老师教学方法的建议和意见，对同组学生评价等各方面）</td><td colspan="2"></td></tr>
<tr><td>掌握底漆的种类、调制方法及底漆前处理工艺流程、内容，并对以上学习任务做出评价</td><td colspan="2"></td></tr>
</table>

学习任务四　汽车中涂底漆的涂装

【任务描述】

原子灰表面打磨完成后，通常需要喷涂中涂底漆，如图 3-70 所示，以填平原子灰表面缺陷，为面漆喷涂建立良好的表面质量。但如果在原子灰的表面整体施涂了细原子灰，经打磨平整后检查，表面符合喷涂面漆的需要，则可不喷涂中涂底漆，对于施涂了底漆的表面，如果无须施涂原子灰，则可在其表面直接喷涂中涂底漆，以封闭底层缺陷，并快速建立涂层厚度。对于旧涂膜起细微桔皮的部位，可喷涂中涂底漆。填平凹陷部位，当中涂底漆干燥后，即可进行打磨，打磨平整后即可喷涂面漆，如图 3-71 所示。

图 3-70　喷涂中涂底漆

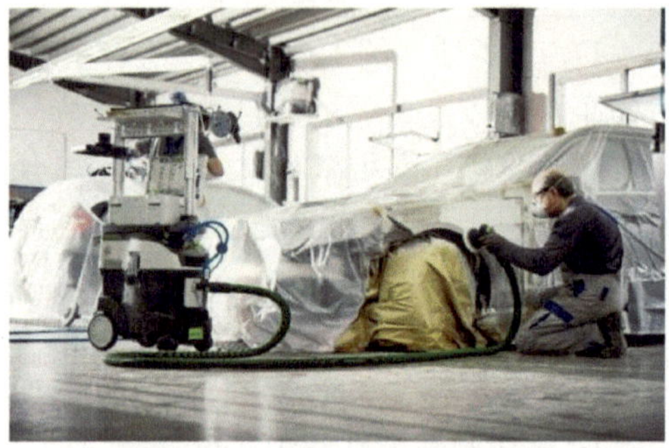

图 3-71　喷涂中涂底漆的打磨

由于原子灰表面残留的气孔、划痕、油污以及不正确的喷涂施工方法等，均会在中除底漆的表面留下缺陷，故在打磨之前，需要对缺陷进行修整（也可在粗打磨中涂底漆后修整）。待修整完成后再进行打磨，为面漆喷涂准备良好的表面。

【学习重难点】

1. 学习重点

中涂底漆的功用、喷涂、干燥、打磨。

2. 学习难点

中涂底漆质量检查、缺陷分析。

【任务学习资料】

一、中涂底漆的功用

对原子灰层表面的气孔进行填眼灰填平后，由于填眼灰干燥后的收缩，会在表面留下凸凹平点，如图 3-72 所示。尽管经过手工精打磨操作，仍不能满足喷涂面漆的需要。另外，原子灰表面打磨后，仍会留下细小的

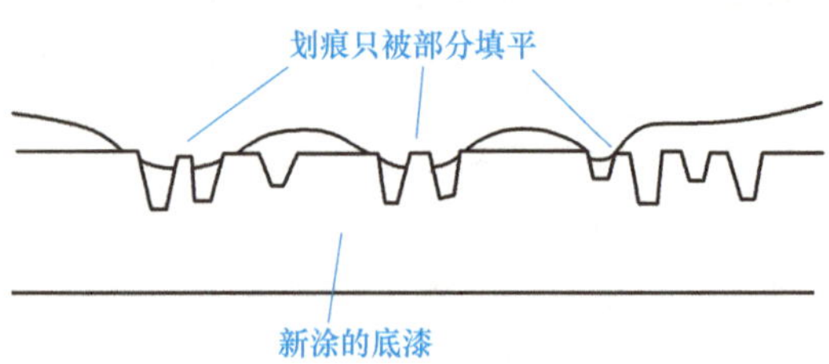

图 3-72　填眼灰收缩时的情形

划痕，也不适合直接喷涂面漆，此时一般需要喷涂中涂底漆。

中涂底漆涂装的作用是增强底漆与面漆之间的附着力、提高面漆的机械强度、保证面漆表面的平整度。大多采用自动静电涂装装置，如图 3-73 所示。被涂装的工件（车身）带正电荷，涂装机（喷枪电极）带负电荷，在被涂装工件与涂装机之间形成的电场中，涂料被雾化成细粒子，并带有负电荷。带有负电荷的涂料粒子飞向带有正电荷的车身，被吸附在被涂工件的正反表面。静电涂装示意图如图 3-74 所示。

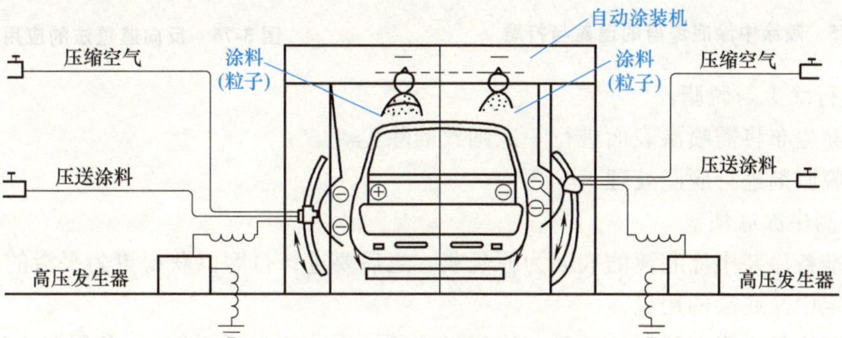

图 3-73　自动静电涂装装置

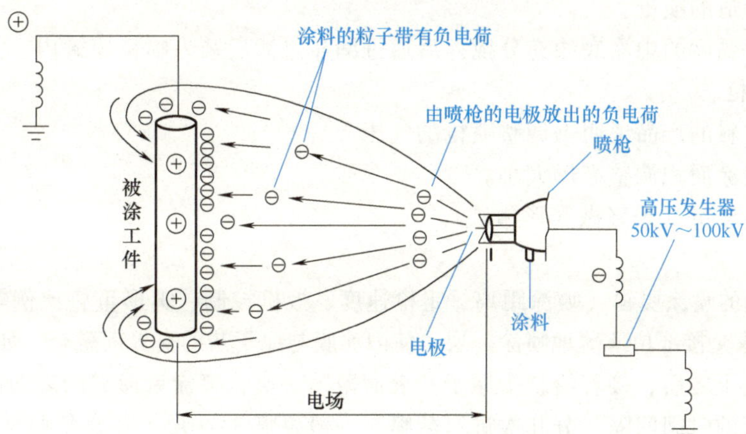

图 3-74　静电涂装示意图

二、中涂底漆的选择

目前，常用的中涂底漆有硝基中涂底漆（1K 型）、丙烯酸中涂底漆（1K 型）和聚氨酯中涂底漆（2K 型）。

三、中涂底漆的喷涂

1. 准备工作

1）先用压缩空气清除表面粉尘。

2）若进行过湿打磨，应做去湿处理，使被喷涂表面干燥，如图 3-75 所示。

3）对于不需喷涂的部位，可按图 3-76 所示的方式覆盖，重点应注意喷涂时可能产生飞溅的部位。

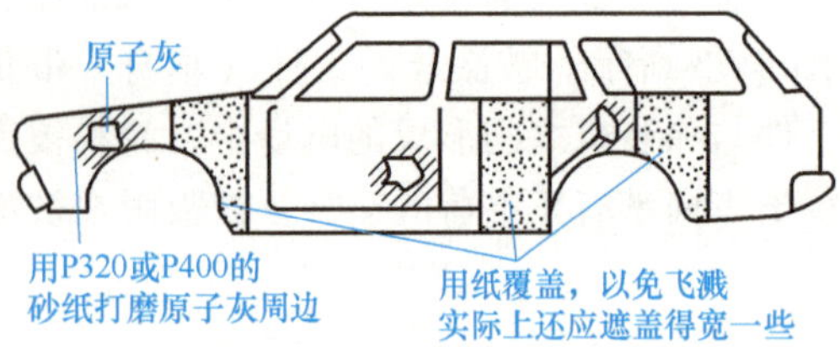

图 3-75 喷涂中涂底漆前的遮盖与打磨

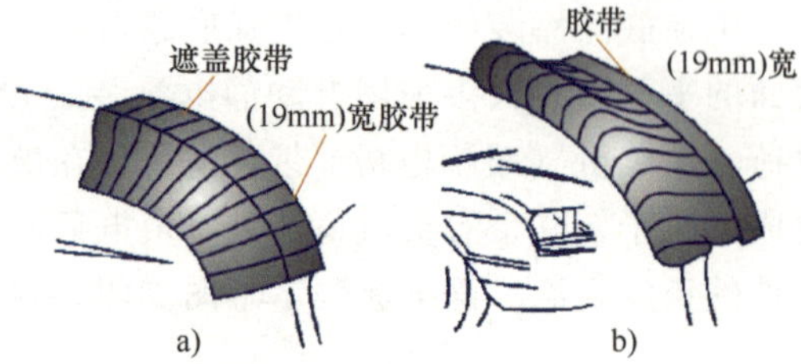

图 3-76 反向遮盖法的应用

4）进行除尘与脱脂。

① 用除尘布将需喷涂表面进行一次细致的除尘。

② 用脱脂剂进行脱脂处理。

5）调制中涂底漆。

① 因准备涂装中涂底漆的表面为原子灰，之后要进行打磨以获得更为平滑的表面。

② 确定中涂底漆的用量。

③ 根据涂料说明书建议的各成分比例（主剂、固化剂和稀释剂），利用调漆比例尺进行涂料的调制，视需要进行黏度测试。

6）选择合适的喷枪。

7）将调好黏度的中涂底漆充分搅拌后通过漏斗过滤后装入喷枪漆罐内。

2. 调整喷枪

1）根据涂料的产品说明书调整喷枪的气压。

2）根据喷涂面积调整雾形大小。

3）调整漆流量（最好做雾形测试）。

3. 喷涂

1）按正确的喷涂要领（喷涂距离、走枪速度、扳机控制、雾形重叠比例等），先在原子灰与旧涂膜边缘交接部位薄薄地喷涂一层，使旧涂膜与原子灰的交界面融合，如图 3-77 所示。

2）待其稍干之后，接着给整个原子灰表面薄喷一层，喷涂后形成的表面应平整光滑。

3）取适当的时间间隔，分几次进行薄喷，一般要喷 3~4 层，注意每层之间需留出足够的闪干时间（一般为 5min）。中涂底漆的喷涂面积应比修补的原子灰面积宽，而且要达到一定程度，如图 3-78 所示。喷第二遍比第一遍宽，第三遍比第二遍宽，逐渐加大喷涂面积。

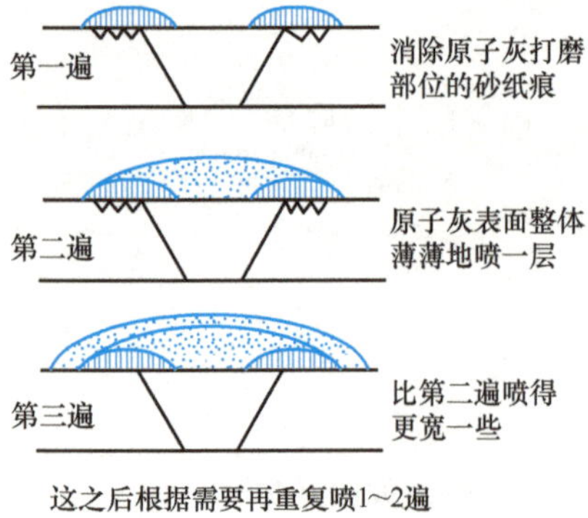

图 3-77 中涂底漆的喷涂顺序

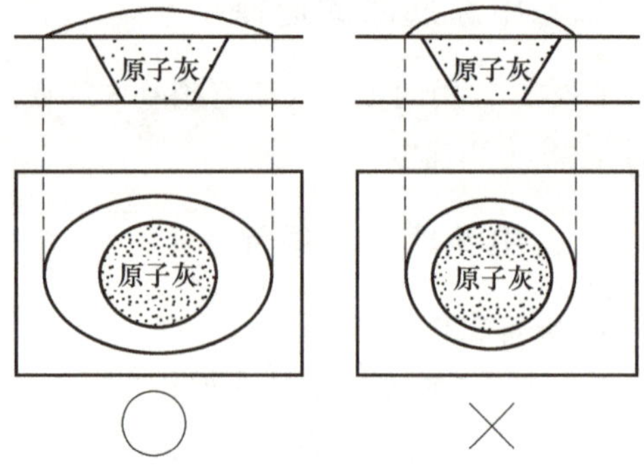

图 3-78 中涂底漆的喷涂面积

如图 3-79 所示，相邻的几小块原子灰修补块，可先分别预喷两遍，然后再整体喷涂 2~3 次，连成一大块，这样处理可以取得良好的效果。注意，不宜一次喷得过厚，而且应取适当的时间间隔，分几次喷涂。当旧涂膜是改性丙烯酸硝基漆等易溶性涂料时，对黏度和喷涂时间间隔应十分注意。若采用硝基类中涂底漆，黏度应取 18~20s，要反复薄薄地喷涂，以免喷涂后表面显得粗糙。如果用丙烯酸类中涂底漆，黏度可取 14~15s。

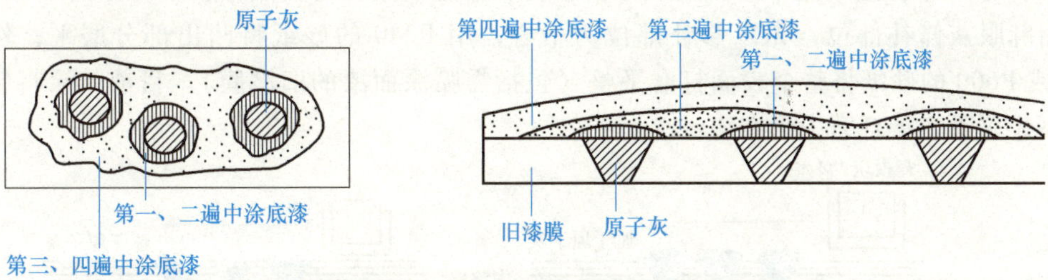

图 3-79　相邻原子灰修补块的中涂底漆喷涂

聚氨酯中涂底漆的喷涂方法与硝基类中涂底漆一样，但聚氨酯中涂底漆每道形成的漆膜较厚，一般喷两遍就够了，若需更厚则可喷三遍。如旧涂膜剥离后的表面，如果直接喷涂中涂底漆，就需喷涂三次。

当旧涂膜是硝基类涂料时，如果只在修补了原子灰的部分喷涂聚氨酯中涂底漆，则在中涂底漆与硝基旧涂膜的交界处，在喷涂了面漆之后，往往会起皱。为了防止这一点，应在整块板上全部喷涂聚氨酯中涂底漆。如图 3-80 所示，旧涂膜为硝基漆时应整体喷涂中涂底漆，应先在补原子灰处薄薄地喷一层，然后整体喷涂两遍。

四、中涂底漆层的干燥

1）中涂底漆喷涂完后，闪干 10~15min 后，即可拆除遮盖纸。

2）若采用常温干燥，则关好喷漆间的门，关闭相关电源即可。“鹦鹉”中涂底漆（285~100VOC）的常温（20℃）干燥时间为 2h。

3）若采用烤漆房烘烤干燥，则应先关闭喷漆开关，根据涂料产品说明书的规定，调好烘烤温度和时间，启动“烘烤”按钮，关好喷漆间的门即可。“鹦鹉”中涂底漆（285~100VOC）的烘烤干燥温度为 60℃，时间为 30min。

4）若采用红外线烤灯烘烤，如图 3-81 所示，操作方法可参阅烤灯的说明书。“鹦鹉”中涂底漆（285~100VOC）采用短波红外线灯烘烤时，时间为 8min；使用中波红外线灯烘烤时，时间为 10~15min。

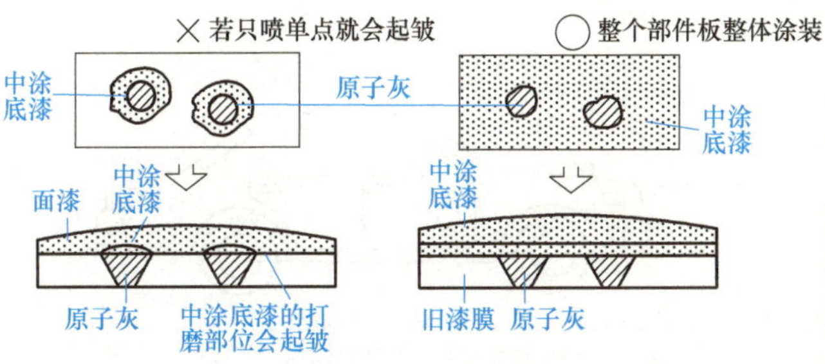

图 3-80　旧涂膜为硝基漆时应整体喷涂中涂底漆

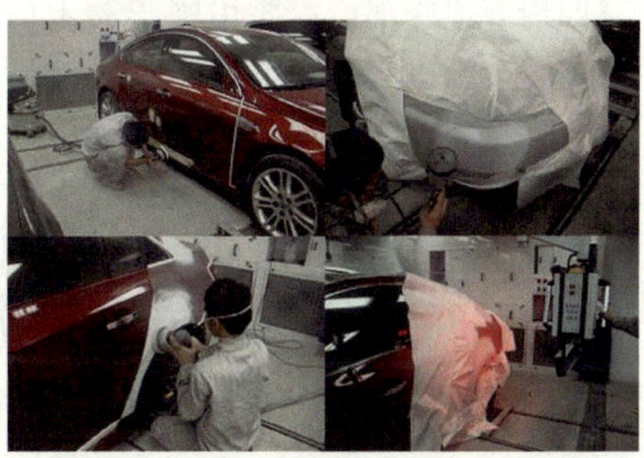

图 3-81　用红外线烤灯烘烤中涂底漆

如果干燥不充分，不仅打磨时涂料会填满砂纸，使作业难以进行，而且喷涂面漆之后，往往会出现漆膜缺陷。

五、中涂底漆的打磨

1. 干打磨

（1）手工干打磨 用手工打磨块干打磨时，也应使用软磨头或橡胶块。如图 3-82 所示，对于用麻眼灰修补部位，先以修补部位为中心，用 P240 的砂纸将凸出部分磨平，然后用 P400 或 P600 的砂纸将整个表面打磨平整（包括需喷涂面漆的旧涂膜）。目前，涂料制造商基本不建议手工干打磨中涂底漆。

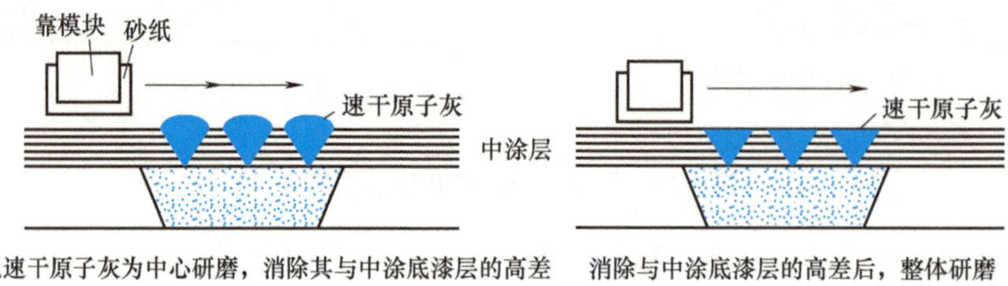

图 3-82 麻眼灰修补部位的打磨

（2）使用打磨机打磨 采用双动式或往复式打磨机也可进行中涂底漆层的打磨，开始所用砂纸粒度以 P400~P280 为宜。往复式打磨机比双动式打磨机的打磨速度慢，但操作更为简单。干打磨时，先用 P240 的砂纸将凸起部位打磨平，随后用 P320 的砂纸进行整体打磨，最后用 P400 的砂纸进行整体打磨（包括需喷涂面漆的旧涂膜）。采用打磨机进行干打磨时，应选用 P400 的砂纸。但这并不意味着一开始就必须使用 P400 的砂纸，而是可以先用 P200 或 P320 的砂纸，然后逐步过渡至 P400 的砂纸。

2. 湿打磨

湿打磨一般采用 P320~P600 的耐水砂纸。若面漆为金属闪光涂料，则用 P400 的砂纸，若面漆为硝基涂料，则要用 P600 的砂纸；若还是用 P400 的砂纸，则漆膜表面往往会有较深的砂纸磨痕。

当面漆为素色时，可以用 P320 的砂纸，但如果是素色硝基涂料时，则应用 P400 以上的砂纸进行打磨。从“鹦鹉”中涂底漆（100~285VOC）的技术说明可知，采用手工水磨时，应选用 P800 的砂纸。打磨时使用的垫块应柔软。手工打磨时应避免手指接触被打磨表面。打磨要仔细，不能有遗漏。打磨结束后，如图 3-83 所示，对玻璃滑槽缝、门把手、玻璃四周等边缘部位，要用刷子蘸上研磨膏进行打磨，清除残余的污物；也可以使用 P2000 的美容砂纸进行打磨。

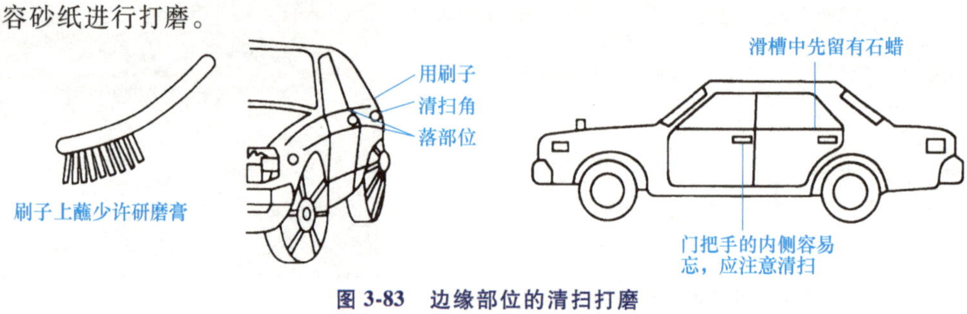

图 3-83 边缘部位的清扫打磨

六、收尾工作

若采用的是湿打磨，就要用清水冲洗干净打磨部位，然后用红外线烤灯和热风加热器等将表面除湿干燥。若采用的是干打磨，则应用吸尘器将打磨粉尘彻底清除干净。如果是局部修补涂装，周围的旧涂膜要用粗颗粒的研磨膏进行研磨，以彻底清除污物和油分。最后，应仔细检查漆膜表面，不能遗漏未经打磨的部位，如果有，则再用 P400～P600 的砂纸进行打磨。

七、汽车整车中涂工序

中间涂层简称为中涂层，其主要作用是改善被涂车身表面和底漆的平整度，为面漆层创造良好的基底，提高面漆涂层的鲜映性、丰满度和抗石击性，以达到良好的外观装饰效果。为此，中涂工序应包括表 3-3 所示的工序内容。中涂工序的作用是充分利用中涂层的填平性能，消除底漆涂层表面的微小不平和缺陷；目前大批量生产时，中涂层已普遍采用静电喷涂工艺。

表 3-3　中涂工序内容

序号	工序名称	作用与功能
1	底漆打磨	消除表面缺陷，形成良好的喷涂基面，增强涂层附着力
2	擦净	去掉车身表面杂质，确保车身表面清洁，保证中涂层质量
3	喷涂	形成良好、鲜映性好、丰满度高的漆膜
4	晒干（流平）	在自然流平的过程中，挥发多余的溶剂，形成平整的漆膜
5	烘干	使漆膜完全固化，避免后续工序对车身外观的不良影响
6	强冷	降低车身温度，便于后续工序的连续进行

中涂涂装应控制的工艺参数主要有中涂环境温度（20～26℃）、湿度［(65±3) RH%］、风速（0.3～0.5m/s）、空气压力（≤0.6MPa）、漆膜厚度（内表面总厚 35～45μm，外表面总厚 50～60μm）、表面质量（无明显脏点、针孔，无明显流挂，无漏喷）、中涂烘干时间（约为 30min）、烘干温度（140～150℃）、强冷时间（7～8min）。

（1）底漆打磨　底漆打磨是消除底漆表面缺陷，提高底漆表面平整度最有效的方法。中涂打磨有人工打磨和机械手自动打磨两种方式，不同的作业方式如图 3-84 和图 3-85 所示。

图 3-84　人工打磨

图 3-85　机械手自动打磨

（2）擦净 保证涂装前车身表面洁净是获得高质量涂装质量重要且最基本的前提条件，为此需对车身进行擦净处理。其方法是采用吹、擦相结合的方式，除去车身表面上的灰尘、水渍，力争做到车身表面的洁净度达到100%。擦净处理有人工和机械自动两种作业方式，如图3-86和图3-87所示。由于机械自动擦净的质量好、效率高，已在轿车制造企业得到了越来越广泛的应用。

（3）喷涂 为了确保涂装质量，中涂喷涂在专门的恒温、恒湿的超高洁净度工艺区内进行。近几年，由于我国轿车产业的高速发展，随之带来生产方式的进步越来越快，中涂涂装和后面要介绍的面漆（色漆和清漆）大多已采用机械手自动涂装，如图3-88和图3-89所示。

（4）晾干（流平） 尽管机械手喷涂系统可以大幅提高喷涂的均匀度，但要想做到绝对均匀事实上也是不可能的。因此，适当的晾干（流平）时间是一个十分必要和重要的工艺过程。由于未干的漆层表面具有高的黏附性，灰尘会严重损伤漆层表面，因此晾干（流平）的环境应高度洁净。

（5）烘干 中涂烘干在专门的高洁净度密封烘干间内进行，如图3-90所示。烘干温度为140~150℃、烘干时间约为30min。烘干规范以中涂涂料生产厂商的使用手册为准，因为不同厂家和不同品种的中涂涂料的工艺特性存在一定的差异。

（6）强冷 高达140℃以上的高温车身既不便于向下一道工序转运，又不便于下一道工序的施工。自然冷却所需的时间太长，会影响生产效率，为此需要在短的时间内实现冷却。当然，冷却时间若能短到足以满足流水生产的节拍要求最为理想，但冷却时间还受漆面快速强冷是否会带来漆膜损伤（冷却速度太快会导致漆膜炸裂）及能耗太高等因素的影响。实践表明，中涂强冷时间为6~8min较为合适，强冷后的车身温度一般控制在40℃左右。

图3-86 人工擦净

图3-87 用驼毛擦净机擦净

图3-88 车身外部喷涂

图3-89 车身内部喷涂

图3-90 中涂烘干

学习效果评价（任务工单）

一、填空题

1. 中涂底漆的主要作用一是________，二是________，三是________。

2. 中涂底漆喷涂完后，闪干________min后，即可拆除遮盖纸。

3. “鹦鹉”中涂底漆（285~100VOC）的常温（________℃）干燥时间为________h。

4. “鹦鹉”中涂底漆（285~100VOC）采用________烘烤时，时间为8min；使用________烘烤时，时间为10~15min。

5. 对于用麻眼灰修补部位，先以修补部位为中心，用________的砂纸将凸出部分磨平，然后用________或________的砂纸将整个表面打磨平整（包括需喷涂面漆的旧涂膜）。

6. 湿打磨一般采用________的耐水砂纸。若面漆为________，则用P400的砂纸，若面漆为________，则要用P600的砂纸；若还是用P400的砂纸，则漆膜表面往往会有较深的砂纸磨痕。

二、简答题

1. 简述中涂底漆的喷涂过程。

____

____

____

2. 概述汽车整车中涂工艺内容。

____

____

____

考核与评价

<table>
<tr><td>成员合作</td><td colspan="2">好◎　一般◎　较差（理由）：</td></tr>
<tr><td rowspan="2">任务完成情况</td><td>基础知识　熟练◎　不太熟◎</td><td>案例分析　熟练◎　不太熟◎</td></tr>
<tr><td>资料查阅　熟练◎　不太熟◎</td><td>能力训练　熟练◎　不太熟◎</td></tr>
<tr><td>其他（包括对学习过程、老师教学方法的建议和意见，对同组学生评价等各方面）</td><td colspan="2"></td></tr>
<tr><td>掌握中涂底漆的功用；熟悉中涂底漆的喷涂过程、中涂底漆层的干燥与修整；熟悉打磨机的操作，会对中涂底漆层进行打磨，并对以上学习任务做出评价</td><td colspan="2"></td></tr>
</table>

学习任务五　汽车面漆的涂装

【任务描述】

中涂底漆打磨完成后，即准备喷涂面漆。为了使修补区域喷涂的面漆颜色与周边的旧涂膜一致，必须对准备喷涂的面漆进行颜色调配，即所谓调色。涂料本身有一定的颜色，在实际使用中，特别是在汽车的涂装维修中，往往购得的涂料与维修汽车的表面颜色不同。这就必须根据色彩的基本知识和原理，并结合涂料的具体使用要求，进行色漆的调配，使涂料的颜色与汽车的原色漆颜色一致。

【学习重难点】

1. 学习重点

面漆的功用。

2. 学习难点

色漆和清漆喷涂工艺流程和内容。

【任务学习资料】

一、面漆简介

所谓面漆，并不是独立的油漆品种，而是相对于底漆而言，涂装于被涂物面的最上层的涂料。在涂装时，应首先用底漆打底，再用面漆罩面。面漆的主要作用是对被涂物体提供防护作用的同时，提高被涂物面的装饰作用。一种优良的面漆必须具备相当高的保护性能和装饰性能，使被涂物体在一定使用寿命的时间内，以颜色的光泽条件来衡量是否能保持它的装饰效果。

汽车车身面漆是车辆最外层的涂层，它是车辆外观装饰及防腐的直接反映，一般都希望汽车涂层具有极好的光泽度。光泽的优劣除与汽车车身外形设计、车身加工的外表精度有关以外（如一般感觉圆弧面或凸出面的光泽较平面要好），还与选用的涂料与表面涂层的配套工艺有关。必须进行精心的涂装设计和具备良好的涂装环境条件，才能使表面涂层有优良的装饰性。同时，汽车涂装属于高级保护性涂装，所得的面漆涂膜必须具有优良的耐蚀性、耐候性和耐崩裂性。

二、面漆的功能和选用

1. 面漆的功能

面漆是指处于物体最外层的漆膜，起着装饰、标识和保护底材的作用。面漆是涂层组合中唯一可见的部分，给人直观第一印象。其色彩合理搭配能美化环境，调节人们精神生活；颜色可以作为识别标志，使繁忙的都市交通井然有序，特种车辆专用颜色和标志一目了然。另外，面漆还直接与各种气候条件（如雨、阳光、雪、寒冷、酷暑等）及有害物质（如酸、碱、盐、二氧化碳、硫化氢）接触，是阻挡这些侵蚀的第一层，配合底漆起到对底材的保护作用。不同的汽车面漆因等级要求及使用环境等因素对其装饰性和保护性会各有侧重。如轿车对装饰性要求高；而装载油料，酸、碱化学物品的载货汽车，对面漆耐油、耐酸、耐碱等保护性的要求很高，而将装饰性放到第二位。因此，为适应各种需要，涂料工业生产出各种性能的面漆。

2. 面漆的选用

面漆选用的特点：外观色彩鲜艳、丰满；硬度和抗崩裂性好；耐候性、抗光化性好，是选择的重要标准之一；耐湿热和防腐蚀性；耐化学品性；修补应与原车面漆相匹配；施工性能（重涂性和修补性）。

三、整车和整板的涂装

1. 整车涂装

对整车进行重新喷涂，因为无须做颜色的过渡，所以显得相对容易一些。如果需要就车进行整车喷涂时，则对遮盖要求比较高、无须喷涂或不能喷涂的地方一定要仔细地进行遮盖，如车窗、发动机舱内的设施、车厢内的内饰、车标及车身装饰、门把手、轮胎等都要遮盖。有些能够拆卸的零部件，如前照灯，示廓灯，散热器格栅和前、后保险杠等，应拆卸下来，喷涂完毕后再安装。对于整车喷涂的路线没有一个硬性规定或规则，同时有许多不同的喷涂程序方案，每个操作人员也有自己的操作思路，但有一个原则是一致的，即如何防止喷涂时产生的漆尘落到已喷涂的涂面上，以及喷涂时保持底材的湿润度。

1）喷涂车顶（图 3-91）。车顶从风窗玻璃到后窗之间，首先从靠近操作人员的车顶边缘乘客侧面前门一侧开始，采用带状涂装法进行喷涂，喷枪与车顶表面的距离为 15~20cm，从左到右，再从右到左逐步向车顶中心线移动，每层喷幅重叠 1/2~2/3。喷雾流尽可能与被涂面垂直，直到喷涂面超过车顶中心线后，操作人员移向驾驶人一侧，自车顶中心线（接前喷涂面边缘）从左到右，再从右到左逐步向车顶边缘靠近操作人员身边的一侧移动。

2）喷涂驾驶室一侧前门（图 2-92），从左到右，再从右到左带状喷涂。垂直由上逐步向下移动，直至全部覆盖。接着喷涂相邻的前翼子板，从左到右，再从右到左带状喷涂，垂直由上逐步向下移动，直至全部覆盖。

图 3-91　喷涂车顶

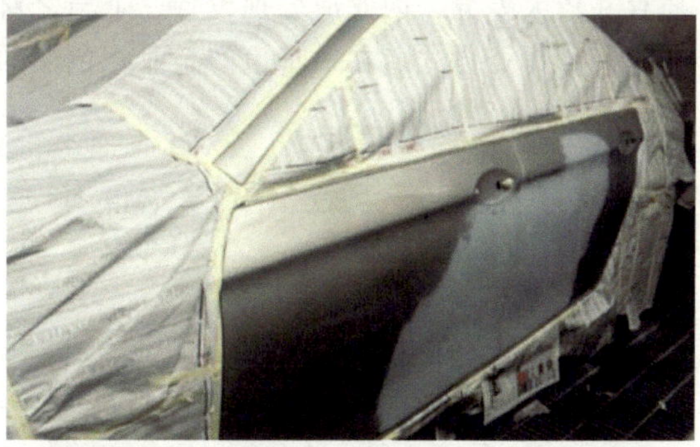

图 2-92　喷涂前门

3）喷涂发动机舱盖。首先操作人员站在车的前部喷涂发动机舱盖的前部折口面，然后操作人员站在驾驶人一侧的前翼子板边，从靠近翼子板的前盖边缘开始，如图 3-93 所示，喷枪从左（前盖前部）到右（前盖靠近风窗玻璃处）移动，再从右到左采用带状喷涂法逐步向前盖中心线移动，直到喷涂面超过前盖中心线后，操作人员移向另一边（乘客一侧），喷枪沿前盖中心线（接前喷涂面边缘）从左到右移动，再从右到左逐步向乘客一侧的前盖边缘移动，直至前盖平面被全部覆盖。

4）喷涂车身右侧的前翼子板、右前门、右后门和右后翼子板，如图 3-94 所示。

图 3-93　喷涂发动机舱盖

图 3-94　喷涂翼子板

5）喷涂后盖。采用带状喷涂法沿后窗玻璃的底边喷一道，由于后盖长度较前盖短，操作人员可站在车后部，沿后窗玻璃的底边从左向右，再从右向左，由后窗玻璃一端逐步向后（操作人员身边）移动，每层喷幅重叠 1/2 ~ 2/3，直至覆盖整个后盖。

6）喷涂驾驶室一侧的后翼子板和后门。在喷涂后门时应把前门打开，防止漆尘飞扬到已略干的前门涂面，避免产生粗粒的现象。

2. 整板涂装

整板涂装的程序请参考汽车修补涂装设备和工具中正确的喷枪操作。

四、色漆喷涂工艺

色漆又称为面漆。所谓色漆工艺，是指获得所要求的设定色漆颜色及使其色彩鲜艳饱满、无外观质量缺陷的全过程。色漆有本色漆、金属漆和树脂漆等多种，由于这三种漆的性质存在较大差异，因此应分别设置三个与之对应的喷涂站。色漆也有手工喷涂和机械手自动喷涂两种作业方式。在轿车生产企业，色漆的喷涂几乎已全部采用机械手自动喷涂作业，如图 3-95 和图 3-96 所示。

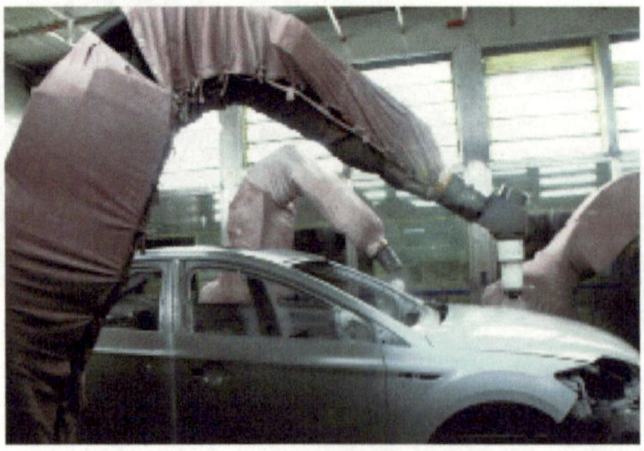

图 3-95　车身外部喷涂

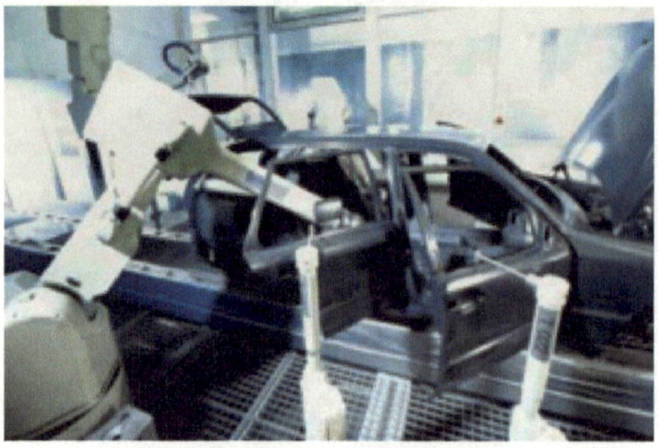

图 3-96　车身内部喷涂

五、清漆喷涂工艺

清漆又称为罩光漆，是一种无色透明，固化后有很好的耐气候特性和足够的抗划伤、抗石击能力的油漆。清漆的喷涂与中涂喷涂工艺几乎完全相同，在此不再重复。

学习效果评价（任务工单）

一、填空题

1. 面漆是指处于物体最外层的漆膜，起着________、________和________的作用。

2. 车顶从风窗玻璃到后窗之间，首先从靠近操作人员的车顶边缘乘客侧面前门一侧开始，采用________法进行喷涂，喷枪与车顶表面距离为________ cm，从左到右，再从右到左逐步向车顶中心线移动，每层喷幅重叠________。

3. 在汽车修补涂装中常用的单工序面漆主要为________。

4. 三工序珍珠漆需喷涂三种不同类型的________、________和________。

5. 测定涂膜的附着力常采用两种方法，即________和________。

6. 涂膜的柔韧性是指涂于一定规格金属板上的涂膜能够经受的________。

7. 涂膜的________是指涂膜能承受外来冲击而不损坏的程度。

8. ________是指涂膜彻底干燥后具有的坚实性，即涂膜表面对作用于其上面的另一个硬度较大的物体所表现的阻力。

二、简答题

1. 简述面漆的功用。

____

____

____

2. 概述色漆喷涂工艺内容。

____

____

____

考核与评价

<table>
<tr><td>成员合作</td><td colspan="2">好◎　一般◎　较差（理由）：</td></tr>
<tr><td rowspan="2">任务完成情况</td><td>基础知识　熟练◎　不太熟◎</td><td>案例分析　熟练◎　不太熟◎</td></tr>
<tr><td>资料查阅　熟练◎　不太熟◎</td><td>能力训练　熟练◎　不太熟◎</td></tr>
<tr><td>其他（包括对学习过程、老师教学方法的建议和意见，对同组学生评价等各方面）</td><td colspan="2"></td></tr>
<tr><td>掌握面漆的功用；熟悉面漆的喷涂过程、面漆的喷涂工艺内容，会对面漆进行喷涂，并对以上学习任务做出评价</td><td colspan="2"></td></tr>
</table>

情境模块四 汽车总装工艺

【情境描述】

汽车总装工艺（图 4-1）是将来自汽车零部件生产企业的数以万计的总成部件组装成一辆辆完整汽车整车的全部工艺的总称，是汽车整车制造四大工艺过程中的最后一个环节，是汽车整车质量的重要保证。业内常说的“采用质量上乘的零部件不一定能装配出一辆品质优良的汽车整车”充分揭示了汽车总装工艺的重要性；当然，如采用劣质的零部件，无论总装工艺何等先进，也绝对装不出一辆好车。

图 4-1 汽车总装工艺

【情境目标】

知识目标

1. 掌握汽车车身的结构；
2. 掌握汽车总装输送系统的类型；
3. 掌握汽车总装检测设备的类型和检测内容；
4. 掌握汽车总装工艺内容，了解汽车总装生产方式；
5. 了解内饰装配线（装饰一线）装配作业内容；
6. 掌握车门附件和内饰安装内容和流程；
7. 掌握底盘动力总成安装流程。

技能目标

1. 具备查阅有关现代汽车总成装配资料的能力；

2. 具有操作汽车输送设备和检测设备的能力；

3. 具备汽车内饰装配线、汽车车门分装线、汽车仪表板装配线、汽车底盘动力装配线和二次内饰装配线的装配能力；

4. 具有汽车总装装配调整能力。

素养目标

1. 培养爱岗敬业、团结协作、吃苦耐劳的劳动精神；

2. 培养认真负责、仔细全面、一丝不苟、精益求精的工匠精神。

【任务准备】

1. 教学场所

理实一体化教室、超星学习通教学平台、黄海汽车厂总装车间现场。

2. 教学资源

课程标准、授课计划、教学课件 PPT、电子教案、动画仿真、短视频、微课、在线题库、任务工单、企业实践案例及电子教学设备等。

学习任务一 汽车总装设备认知

【任务描述】

汽车车身不仅是驾驶人的工作场所，也是容纳乘客的场所，应对驾驶人和乘员提供便利的工作条件和舒适的乘坐条件，保护他们免受汽车行驶时的振动、噪声、废气的侵袭以及外界恶劣气候的影响，并保证完好无损地运载行李货物且装卸方便，如图 4-2 所示。

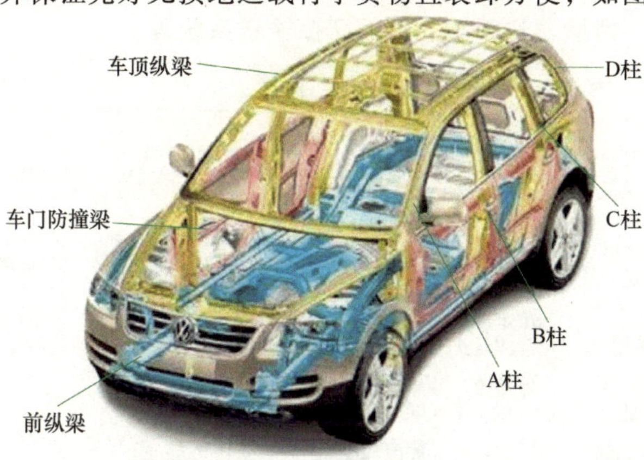

图 4-2 汽车车身的结构

汽车的总装是车身（或车架）在流动的过程中，通过将数千种总成部件按照规定的工艺流程和工艺要求安装到车身（或车架）上完成的，车身（或车架）的流动需要借用为汽车总装专门配置的输送设备。

【学习重难点】

1. 学习重点

车身的组成，汽车总装输送设备的类型。

2. 学习难点

汽车检测设备的类型和检测内容。

【任务学习资料】

一、车身的组成

车身是汽车最大的部件，它决定汽车的基本形状、大小和用途。汽车车身主要包括车身壳体、车门、车窗、前后钣金件、车身附件、车身内外装饰件、座椅以及通风、暖气、冷却、空调装置等。载货汽车和专用汽车还包括货箱和其他专用设备。车身壳体是所有车身零部件的安装基础，是由纵梁、横梁、立柱、骨架、加强件等承力部件和外形金属或非金属蒙皮组成的结构合理、使用可靠、美观的空间结构。前后钣金件包括发动机舱构件、散热器框架、前后翼子板、行李舱和挡泥板等，这些钣金件形成了发动机舱和前后轮转动空间。另外，车身还安装有门锁、门铰链、后视镜、拉手、玻璃升降器、各种密封件、风窗刮水器、风窗洗涤器、遮阳板、点烟器、烟灰盒、收放音机、无线电话、可视设备、安全带、头枕、安全气囊等装置。

二、汽车总装输送设备

汽车总装输送设备主要由空中悬挂输送设备、地面输送设备和升降设备等组成，如图 4-3 所示。空中悬挂输送设备包括：空中积放式输送系统、空中摩擦输送系统、电动单轨输送小车系统（EMS）等；地面输送设备包括：自导向输送小车（AGV）系统、滑板输送系统、板链输送系统、滑撬输送系统、地面摩擦输送系统等。

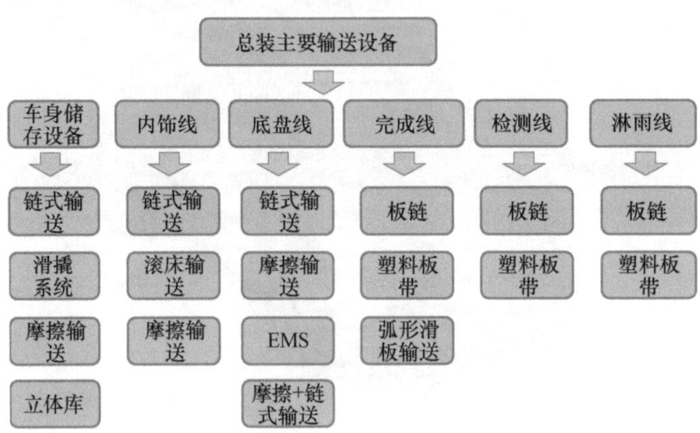

图 4-3　汽车总装主要输送设备

1. 空中积放式输送系统

空中积放式输送系统（图 4-4）是过去较常用的一种总装输送系统，现阶段许多公司仍在采用，其特点是技术成熟、设备投资较低，但由于空中积放式输送系统采用的是链传动，因此噪声大、润滑点多、维修保养不太方便。

图 4-4　空中积放式输送系统

2. 空中摩擦输送系统

空中摩擦输送系统是一种具有国际先进水平的新型输送系统，如图 4-5 所示。空中摩擦输送系统改变了传统依靠链传动的方式，利用动力装置（摩擦轮）与工件承载介质（吊具、台板）间的摩擦力完成工件的输送，其特点是噪声小、能耗低、节能环保、维护简单、柔性大、扩能方便，但技术难度和初期投资较大。

图 4-5　空中摩擦输送系统

3. 滑撬输送系统

滑撬输送系统是由多个标准单元（滑撬、滚床、旋转滚床、移行机、升降机、双链输送机、单链输送机、电控系统等）模块组合成的组合式输送系统，如图 4-6 所示。输送物料的撬体依靠托滚或链条的摩擦力实现前进、后退，系统采用 PLC 及现场总线控制，变频调速。具有组织生产，自动输送，积放储存，自动认址、移行、分岔、合流、转向、升降，故障自诊断，远程监控等功能。滑撬输送系统具有机动灵活、运行平稳、结构紧凑、接近性好等特点。

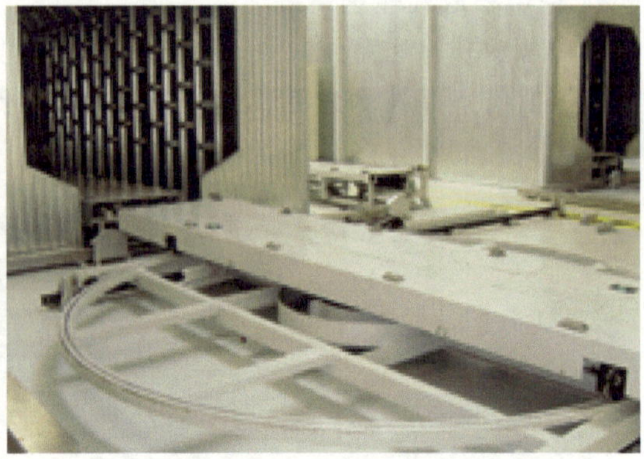

图 4-6　滑撬输送系统

4. 滑板输送系统

滑板输送系统按承载能力可分为轻型、重型和特重型三个系列，分别用于小、中、重型车的输送；按板宽窄的不同可分为宽滑板输送系统和窄滑板输送系统（图 4-7 和图 4-8）。滑板输送系统属直线输送设备，占地面积少、运行安全、使用可靠，是汽车部装和总装常用的输送设备。

图 4-7　宽滑板输送系统

图 4-8　窄滑板输送系统

5. 板链输送系统

按板宽窄的不同，板链输送系统可分为宽板链输送系统和窄板链输送系统。宽板链输送系统如图 4-9 所示，窄板链又有单板链输送系统和双板链输送系统之分，如图 4-10 和图 4-11 所示。板链输送系统同样属于直线输送设备，在各类汽车制造厂都得到了较广泛的应用。

图 4-9　宽板链输送系统

6. 电动单轨输送小车系统

电动单轨输送小车系统（EMS）是物料搬运设备的最新产品，在对速度和智能要求成为主要指标的特别环境下日益流行。EMS 从其运行的轨道上取电，可满足物料在水平、垂直方

图 4-10　单板链输送系统

图 4-11　双板链输送系统

向的自由输送。在各种使用场合均已证明 EMS 具有维修简单、生产效率高等特点，其在同步和非同步的制造和装配线上得到了较广泛的应用，如图 4-12 所示。

7. 自导向输送小车系统

自导向输送小车系统（AGV）是指具有磁条、轨道或者激光等自动导引设备，沿规划好的路径行驶，以电池为动力，并且装备安全保护以及各种辅助机构（如移载、装配机构）的无人驾驶的自动化车辆，如图 4-13 所示。通常由多台自导向输送小车、控制计算机（控制台）、导航设备、充电设备及周边附属设备组成输送系统。自导向输送小车在计算机的监控及任务调度下，按照规定的路径行走，到达指定的作业位置后，完成一系列规定的任务，控制计算机可根据自导向输送小车自身电量决定是否到充电区进行自动充电。

图 4-12　电动单轨输送小车系统

图 4-13　自导向输送小车系统

8. 地面摩擦输送系统

地面摩擦输送系统是空中摩擦输送技术在应用上的拓展，其主体由 H 形轨道、驱动装置、道岔装置和定位装置等组成。

9. 升降设备

为了便于装配，在总装过程中有些工段需要采用空中悬挂式输送设备，有些工段则需要采用地面输送设备。无论是由空中转为地面还是由地面转为空中，为了节省空间常采用升降设备实现空-地或地-空输送的转换，如图 4-14 所示。

三、总装输送系统的基本要求与功能

1. 油漆到达输送系统

（1）油漆到达输送系统的功能与布局 油漆到达输送系统的功能主要是将涂装后的车身从涂装车间按照生产排序提供给总装车间进行装配。油漆到达输送系统犹如涂装车间与总装车间之间的中转仓库。油漆到达输送系统主要由预排产储存区和同步配送延长线两个部分组成，如图 4-15 所示。

图 4-14 升降设备

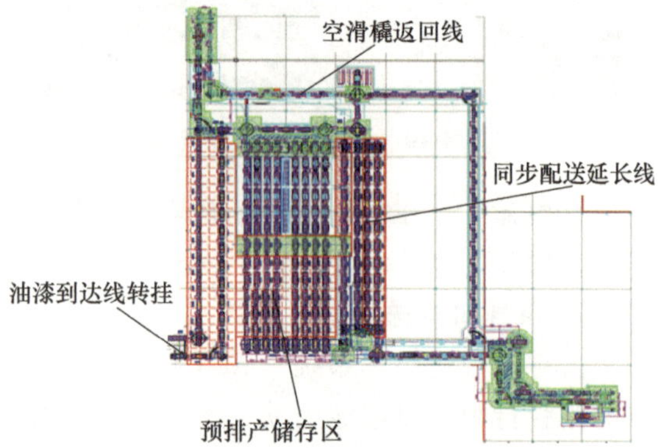

图 4-15 油漆到达输送系统

（2）油漆到达输送系统的工作过程 空滑撬经返回线进入油漆线与总装线的转挂点，然后将涂装后的车身从油漆滑撬转接到总装油漆到达系统空滑撬上。经转接后，车身滑撬进入八条道的储存线入口，得到预排产信息后，车身进入预排产储存区。

在储存线出口，排产人员根据生产指令进行排产，将车身排入同步配送延长线。油漆到达输送系统滑撬上的车身通过叉式移载升降机转接到装饰一线的宽板链输送线上。

若需要对已排产的车身流向进行改动时，可通过控制系统发出修正指令，在同步输送线第二道的出口，按照修正后的信息对车身流向自动进行纠错。

油漆到达输送系统通常还设有人工排产模式，当排产人员需要对某储存线内某条道上某处的车身进行排产时，可以先将前面的车身导出，导出的车身由预排产人员手动控制将车身导入车身同步配送排产纠错线，车身滑撬经同步配送排产纠错线回到移行机入口，再次进入预排产区。

2. 装饰一线输送系统

装饰一线是汽车总装工艺的第一条装配线，其作业内容主要是车门拆卸及线束、顶棚、天窗、仪表板、前后风窗玻璃等零部件的装配。依据装饰一线零部件装配的特点，其输送系统常采用宽板（宽板链或宽滑板）输送方案，其主要流程如下：

油漆滑撬上的车身通过转挂装置转挂至装饰一线 HC1 装配线宽板输送系统的滑撬上，在完成车门拆卸、线束装配、顶棚装配等操作后进入装饰一线两条装配线之间的快速缓冲区，滑撬在快速缓冲区中通过高低齿横移链跨过物流通道进入装饰一线的 HC2 线，车身在宽板链上完成天窗的安装、仪表板的合装、前后风窗玻璃的安装等操作后进入转挂区，车身通过转挂从滑撬转挂至悬链吊具后即完成了整个装饰一线的工艺流程。因此从功能区域来划分，装饰一线输送系统主要包含工艺区（HC1 和 HC2 装配线）、快速缓冲区和维修区，如

图 4-16 所示。

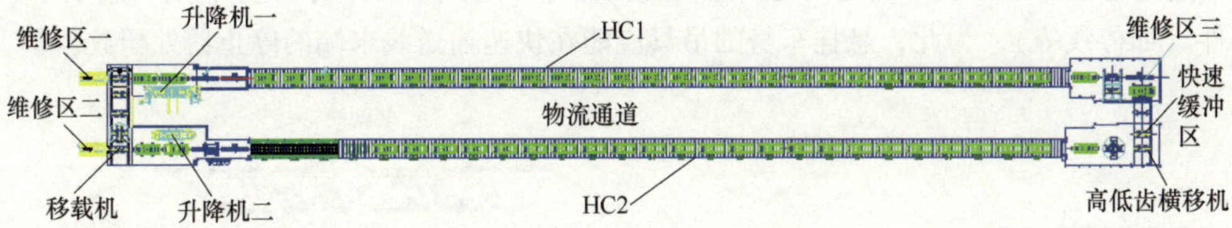

图 4-16　装饰一线输送系统的布局

1）工艺区。装饰一线的全部装配作业均在工艺区内完成。

2）快速缓冲区。快速缓冲区的作用是：将两条工艺线 HC1 和 HC2 连接在一起，减少其中一条线设备故障对另一条线装配作业的影响。当然，缓冲区中的车位数越多，两条线的相互影响越小，但车位数太多会降低总装车间的空间利用率，所以缓冲区应设置合适的车位数。

3）维修区。在装饰一线常设置 2~3 个维修区。维修区一又称为车辆排产调整区，当生产部门需要从线外导入车身而不是从油漆到达线排入车身时，可以将车辆从该区域导入装饰一线。维修区二的主要功能是将生产线空滑撬导出或导入装饰一线。维修区三的主要功能是将已进入内饰线但有问题的车身（缺零件或装配不当的车身）导出到该区域进行线外维修，维修完成后的车身再导回装饰一线。维修区的设置可使装饰一线更具柔性化功能。

3. 车身合装线输送系统

车身合装的主要作业内容是动力总成、汽车底盘各系统（动力总成和底盘一起又称为机械部分）与车身的合装。为了便于装配，车身合装常采用悬挂输送系统，如图 4-17 所示。

4. 装饰二线输送系统

车身合装完成后，余下的装配内容主要是车身底部管路连接、散热器风扇机组、灯光/信号装置、前/后保险杠、油液加注等，装饰二线输送系统应该是经过一定距离的空中悬挂输送后再转入地面输送，如图 4-18 所示。

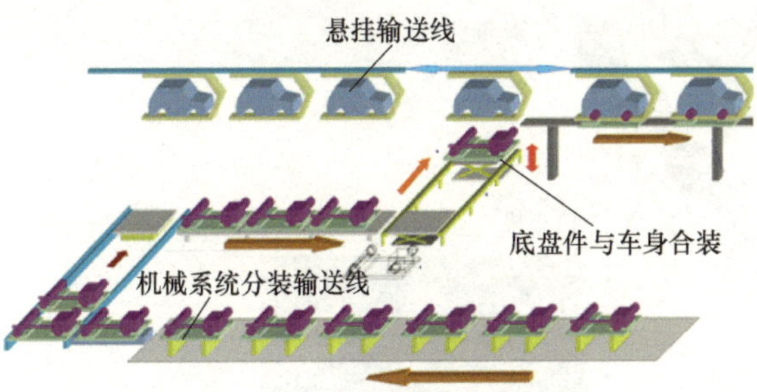

图 4-17　车身合装线输送系统

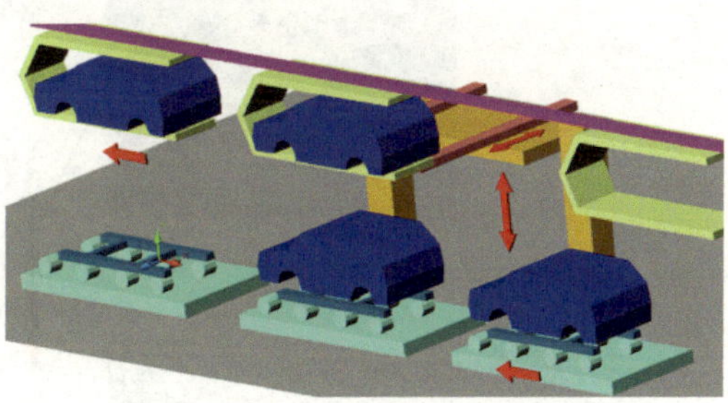

图 4-18　装饰二线输送系统

（1）空中连续输送线　车身合装线和装饰二线的前半部分均采用空中悬挂输送线，尽管车身合装与装饰二线属于两个不同的装配工段，但对于空中输送设备却采用的是同一套系统。由于装配二线的装配内容非常多，为了使装配工艺的布局趋于合理，空中输送线常需要多次折回，如图 4-19 所示。

（2）在两个操作区（装配线）间的快速输送线　为了保证汽车总装线工艺操作的连续性，

在两个操作区（装配线）间常采用快速输送线，如图 4-20 所示。两个操作区（装配线）间的快速输送还可以保证各装配线之间的动态变化及储存一定数量的车身以应对生产期间出现的突发事件（如停线等），为此，悬挂车身的吊具应能在快速输送线末端的停止器处积放。

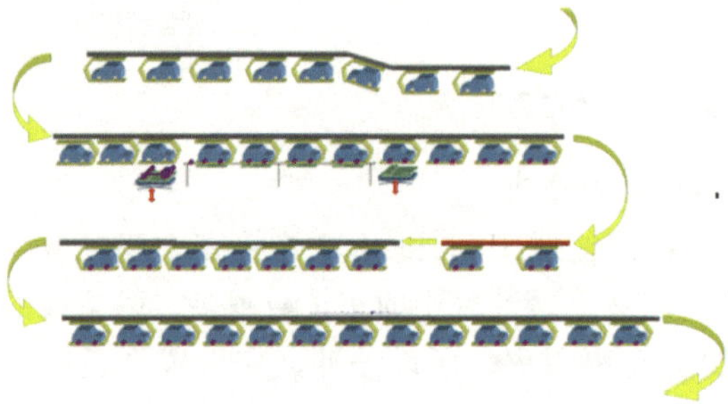

图 4-19　空中连续输送线

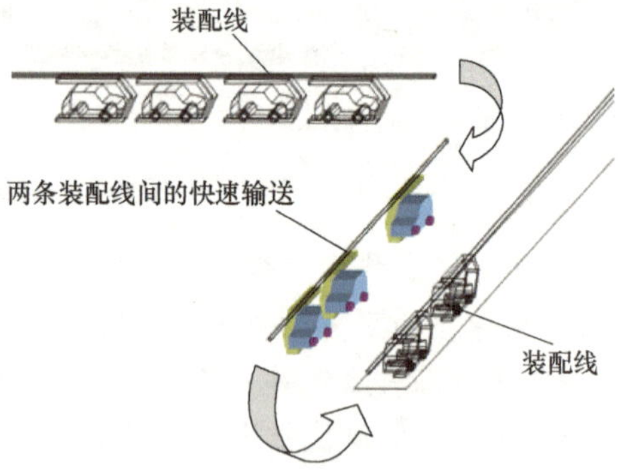

图 4-20　装配线间快速输送线

（3）空中输送线向地面线的转挂　空中输送线向地面线转挂的目的在于将在装配线上移动的已完成车轮装配的车身从空中输送线的吊具上放到地面的双板链（或单板链）输送系统，以便完成后续的装配和检查等操作，如图 4-21 所示。

5. 机械分装输送系统

过去，机械分装输送系统大多采用宽板链输送系统或地面摩擦输送系统。宽板链输送系统（地面摩擦输送系统）连续运行，在运行过程中操作工将装配件装配到宽板链输送系统（地面摩擦输送系统）上的机械托盘上，装配完成后，连同机械托盘一起通过移行小车输送到合装处的垂直举升机上，带机械托盘的汽车机械部分与悬挂的车身同步向前移动，在移动的过程中完成车身的合装。当机械部件与车身合装拧紧后，在固定工位把机械托盘从车辆/吊具总成上分开，再把空的机械托盘重新循环到机械分装线第一工位，如图 4-22 所示。

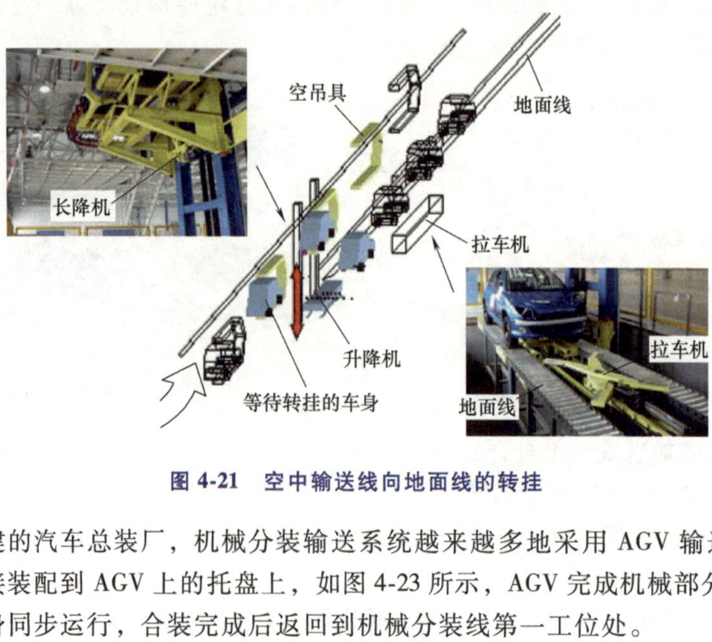

图 4-21　空中输送线向地面线的转挂

近几年新建的汽车总装厂，机械分装输送系统越来越多地采用 AGV 输送系统，其将汽车机械部分直接装配到 AGV 上的托盘上，如图 4-23 所示，AGV 完成机械部分的输送、举升，且与吊挂的车身同步运行，合装完成后返回到机械分装线第一工位处。

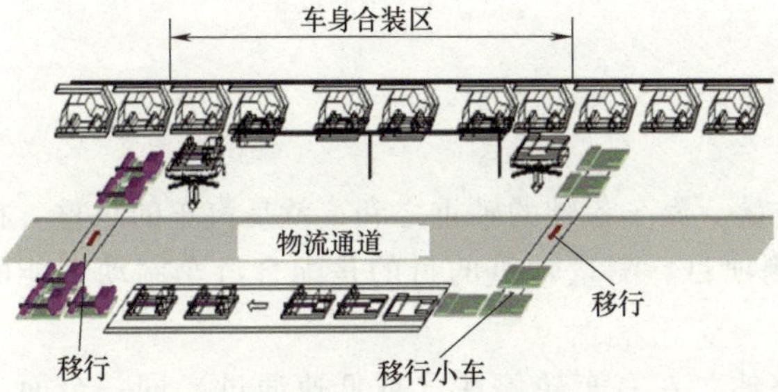

图 4-22　机械分装输送系统

图 4-23　AGV 输送系统

6. 车门分装输送系统

前面述及，为了确保车身各部涂装颜色的一致性，在涂装工艺中，需将车门安装到车身上一起涂装。然而，在汽车总装工艺中，车门的存在不仅会影响仪表板、座椅等件的安装，而且由于在总装车间生产的车型较多，线边用于存放零件的面积已越来越不能满足零件供应的要求，如不拆下车门，在整个总装生产线的装配过程中，由于不停地开关车门，平均每辆车至少要多消耗 30min 的工时。为了提高总装的生产效率，在进行总装前需拆下车门。为此，车门分装输送系统应包括线下的车门与车身的同步输送、车门分装过程中的输送、将分装好的车门输送到与车身合装的安装点等内容。

对于近些年建设的汽车总装厂，车门的输送大多采用统一的空中悬挂连续输送方式，如图 4-24～图 4-27 所示；对于早期的汽车总装厂，车门分装过程中的输送也有采用地面连续输送方式的。

图 4-24　车门与车身的同步输送

图 4-25　车门分装输送

图 4-26　车门与车身合装输送

图 4-27　输送吊具的返回

四、汽车总装检测设备

1. 轴（轮）重仪

轴重也叫作轴荷，是指汽车某一轴的质量。汽车各轴的轴重之和，就是汽车的总重。在制造厂，轴重的测量并不是一个单独的检测项目。测量轴重的目的是配合汽车制动性能的检测。

轴重仪的整个承重台面为一刚性连接整体，左右车轮停在（或低速通过）同一台面上直接测取轴重。轴重仪主要由框架和承重台面及电子仪表组成。承重台面四角分别固定四只压力应变传感器。当传感器感受到压力时，电阻应变片的阻值发生变化，从而能够输出一个与所受压力成正比的电压信号。图 4-28 所示为轴重仪，图 4-29 所示为数值显示仪。

图 4-28 轴重仪

图 4-29 数值显示仪

2. 汽车灯光检测仪（前照灯）

前照灯的发光强度和光束照射方向被国家列为汽车运行安全检测的必检项目，其详细要求可参考 GB 7258—2017《机动车运行安全技术条件》。因为场地及节拍的限制，整车厂不会完全按照国标的要求进行人工观察检测和前照灯调整，而是用一个体积较小的光接收箱在较近的距离上置于被测前照灯的正前方，代替暗房和大屏幕，光接收箱的前面是一面聚光透镜，其后面是一块测量屏幕和光学传感器，前照灯发出的光束经透镜汇聚后投射到测量屏幕上，呈现按比例缩小的光斑。然后，利用光学传感器测量光斑的照度和其在测量屏幕的位置，经过数据处理换算得到前照灯的发光强度和光束照射位置，如图 4-30 所示。

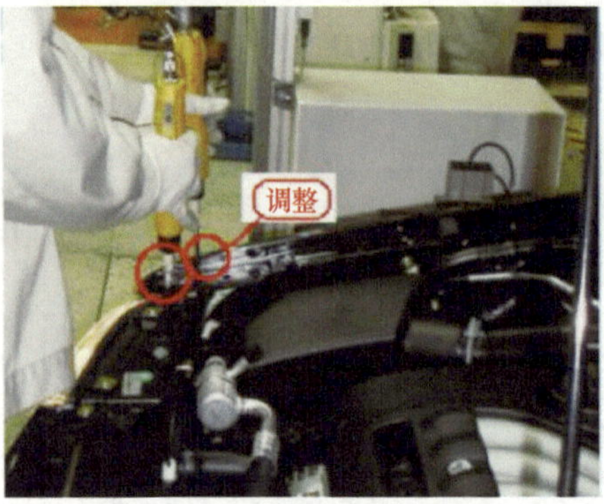

图 4-30 汽车灯光检测仪和调整方法

3. 汽车制动试验台

汽车制动性是指汽车行驶时能在短距离内停车且维持行驶方向不变和在坡道上长时间保持停驻的能力。汽车制动性是汽车的重要性能之一，它的好坏直接关系到交通安全。因此，汽车的制动性能检测也是国家强制要求的项目，具体信息可以参见 GB 7258—2017《机动车运行安全技术条件》，制动试验台如图 4-31 所示。整车厂一般采用综合性的滚筒反力式制动试验台来进行制动相关性能的测试。主要的测试项目有踏板制动力、驻车制动力、车轮阻滞力、制动协调时间等制动指标测试。

图 4-31　汽车制动试验台

4. 汽车行驶性能测试台

汽车行驶性能测试台是由前轮测试和后轮测试两部分构成的具有四套独立转鼓组件的汽车底盘测功机，如图 4-32 所示。它可以模拟汽车运行的实际工况，测试内容包括前行、倒车、加速、离合器操纵、车速表检验等。

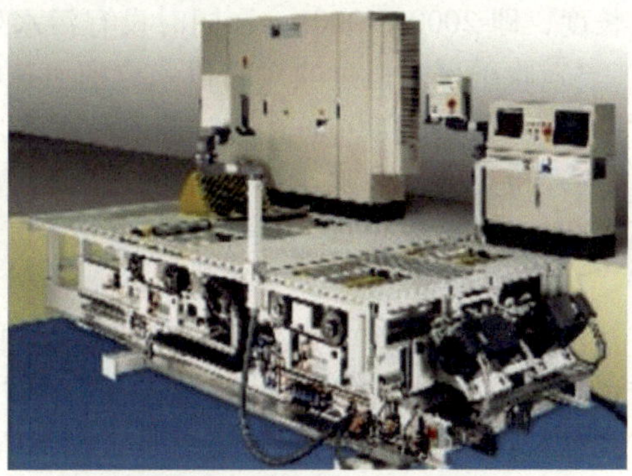

图 4-32　汽车底盘测功机

5. 汽车尾气分析仪

用汽车尾气分析仪检测排气污染物的目的是控制排气污染物的扩散，使其在限定的被允许的范围内，达到环境保护的要求，如图 3-33 所示。

排气的检测方法大致分为双怠速法、瞬态工况法和稳态工况法三种。整车厂一般使用五气分析仪，采用双怠速法进行检测，即在怠速

图 4-33　汽车尾气分析仪

工况和高怠速工况下测试汽车的排放含量。五气分析仪可测量汽车排气污染物中的碳氢化合物（HC）、一氧化碳（CO）、二氧化碳（CO_2）、氧（O_2）和氮氧化物（NO_x）五种气体成分。

6. 淋雨测试房

淋雨线用来检查整车封闭部位的密封性（如风窗玻璃、行李舱、组合灯等）。淋雨房是把淋雨检测的条件设置成与外面自然状态类似，进而确认整车的水密封状态的设备，如图 4-34 所示。工艺流程主要包括过渡区、淋雨区、吹干区、检查区。

图 4-34　防雨密封性测试

1）过渡区。在淋雨房体进口处设有过渡区，长度一般为 1~2m；出口处也设有过渡区，长度为 1~2m，以防止喷淋区水及水雾溢出。

2）淋雨区。采用喷射方式并达到一定的淋雨强度，喷射车身表面，喷淋长度一般为工件长度，即 2000~4000mm，同时设有污水处理装置。

3）吹干区。通过吹风嘴以一定的风速吹向工件表面，吹净车体表面的水分。吹干区长度一般为 4000~8000mm，同时抽取淋雨区出口处外溢的水雾。

4）检查区。对吹干后的车辆进行检查，将漏水车辆交付返修并再检，确保最终合格率 100%。

7. 外观检查

汽车经 100 多年的发展，已由早期单纯的交通运输工具发展为集现代美学、休闲娱乐、交通运输于一体的光机电一体化产品，用户对其外观质量要求非常高，以至于越来越多的人将其称为流动的工艺品。为了满足人们对汽车外观质量日益苛刻的要求，汽车在出厂前还要将其置于专门的外观检测间以对汽车的内饰、外饰和发动机舱进行全面的检查，如图 4-35 和图 4-36 所示。外观检测对洁净程度及光照强度有专门的要求。

图 4-35　发动机舱检查

图 4-36　整车外观检查

五、室外道路检测设备和内容

汽车下线的道路测试与其他目的的道路测试的根本区别是必须在极短的时间内（5~10min）完成名目繁多的测试。正因为如此，汽车下线道路测试不可能提供将车载式的汽车道路性能试验仪器设备安装到车上和从车上卸下的时间。所以到目前为止，汽车下线道路测试除少数项目（如汽车行驶跑偏）采用固定式设备（固定安装在试车道上）进行测试外，绝大多数项目仍采用最原始的人工主观评价方法进行测试。

1. 最低稳定车速试验

最低稳定车速通常指变速器挂直接档时，汽车能够稳定行驶的最低车速。对于越野车来说，通常需要分别测定汽车以最低档和直接档行驶时的最低稳定车速。稳定行驶是指汽车稳定行驶一段距离之后再加速时发动机不应熄火、传动系统不产生抖动的状态，它关系到汽车高档行驶时的车速范围。这一车速越低，汽车通过交叉路口、交通拥挤路段及具有一定阻力的路段时，就可不必换入低档而正常通过。这样既简化了驾驶人操作，又能保证汽车维持较高的平均驾驶速度。图 4-37~图 3-40 所示为汽车道路测试的部分内容。

图 4-37　大、小石块波浪路测试

图 4-38　高速直行路段测试

图 4-39　凸包路面测试

图 4-40　ESP、ABS 测试

2. 汽车返修调整

返修是任何一个汽车制造公司不可避免的一项重要工作，不但是汽车总装与部件分装有返修，而且汽车的涂装与焊装也都有返修。不过在此需特别指出的是，汽车制造工艺过程中任何一个制造环节的返修都是针对微小问题的维修，凡是较大的质量问题，其处理方法是直接报废。对于汽车总装的返修主要是装配调整的问题，如位置误差、小件漏装、覆盖件间隙不均匀、紧固件拧紧力矩偏差、内外饰件表面破损等。当然，尽管都是一些小问题，但任何一家有影响的汽车公司都视其为零容忍，只有这样，才能有效保证汽车产品质量。正因为如此，在汽车总装厂均专门设置有足够面积的返修区，如图 4-41 所示。如果在汽车出厂前的下线检验中发现有任何质量问题，均将其开到返修区由专门的返修工对其进行维修，返修后的车辆需重新上线检测合格后方可出厂。

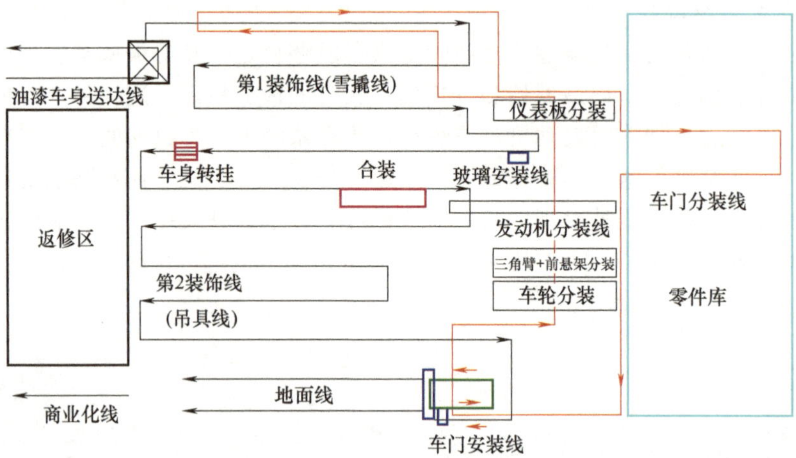

图 4-41　返修区的设置（S 形布局的总装线）

学习效果评价（任务工单）

一、填空题

1. 汽车总装输送设备主要由____________、____________和____________等组成。

2. 空中悬挂输送设备包括：____________系统、____________系统、____________系统等。

3. 地面输送设备包括：____________系统、____________系统、____________系统、____________系统和____________系统等。

4. 空中积放式输送系统具有________、________、____________等特点。

5. 空中摩擦输送系统利用____________与____________间的摩擦力完成工件的输送。

6. 按板宽窄的不同，滑板输送系统可分为____________和____________。

7. 按板宽窄的不同，板链输送系统可分为____________和____________。

8. 油漆到达输送系统主要由____________和____________两个部分组成。

9. 汽车出厂前检测线包括____________和____________两部分。

10. 前照灯的________和________被国家列为汽车运行安全检测的必检项目。

11. 排气的检测方法大致分为________、________、________三种。

二、简答题

1. 概述汽车总装输送设备。

____

____

____

2. 概述汽车总装检测设备。

____

____

____

<table>
<tr><th colspan="4">考核与评价</th></tr>
<tr><td>成员合作</td><td colspan="3">好◎　一般◎　较差（理由）：</td></tr>
<tr><td rowspan="2">任务完成情况</td><td colspan="2">基础知识　熟练◎　不太熟◎</td><td>案例分析　熟练◎　不太熟◎</td></tr>
<tr><td colspan="2">资料查阅　熟练◎　不太熟◎</td><td>能力训练　熟练◎　不太熟◎</td></tr>
<tr><td colspan="2">其他（包括对学习过程、老师教学方法的建议和意见，对同组学生评价等各方面）</td><td colspan="2"></td></tr>
<tr><td colspan="2">掌握汽车总装输送设备的分类，了解各类型输送设备的特点和应用。了解总装输送系统的基本要求与功能。掌握汽车整车的检测内容和设备，掌握汽车室外检测内容以及返修调整方法，并对以上学习任务做出评价</td><td colspan="2"></td></tr>
</table>

学习任务二　汽车总装工艺流程设计

【任务描述】

汽车总装配厂（或车间）的组成由建设一个汽车制造厂的规模、范围以及制订的工艺路线和工厂分工、工厂建设地区的地理环境等外部条件来决定，没有固定的模式，但必须包括总装配线、分装线、部件组装线、整车检测线和调整区、返修（包括必要的补漆手段）区以及试车道路和零部件总成的存放地等，如图 4-42 所示。

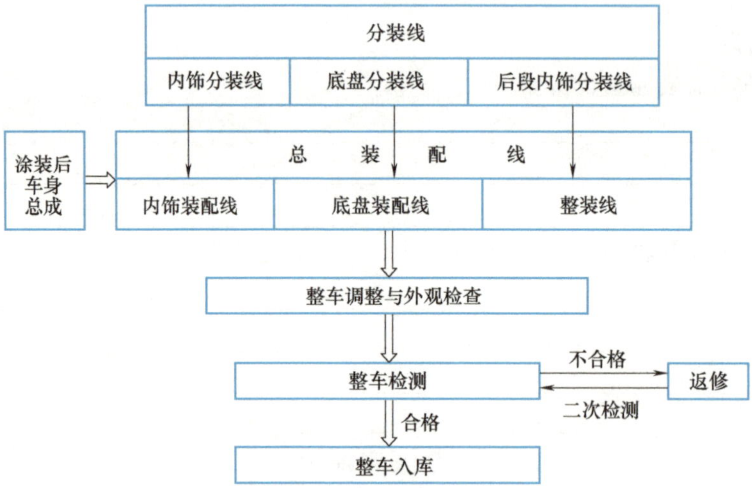

图 4-42 汽车总装厂的组成

【学习重难点】

1. 学习重点

汽车总装工艺的内容。

2. 学习难点

汽车总装工艺的操作流程。

【任务学习资料】

一、汽车总装工艺设计原则

汽车总装工艺在机械化的流水生产线上完成，其内容包括汽车总成部件的配送、装配、车身的输送及汽车整车的下线检测等。为了提高汽车整车的装配效率，通常在汽车总装线的旁边设置若干个汽车主要总成部件的分装线（也称为部装线），如内饰线、车身合装线、机械分装线、动力总成分装线、车门分装线、车桥分装线和仪表总成分装线等，如图 4-43 所示。以轿车生产为例，总装车间生产线一般包括装配线、分装线、轿车 U 形检测线及整车返修区，图 4-44 所示为 U 形轿车总装配线。

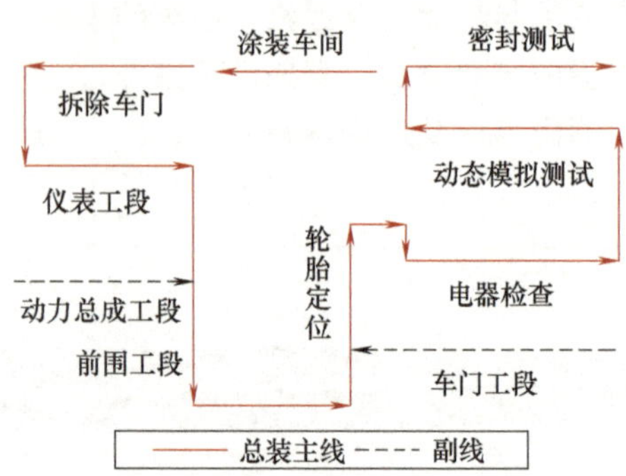

图 4-43 汽车总装主线和副线

为了使汽车总装工艺能高效有序地进行，汽车总装工艺的设计应遵循以下原则：

1. 人、零件、汽车整车无交叉物流路线原则

为了充分有效地利用总装车间的空间，总装主输送线常采用多段回折的形式，如三回折或四回折。为了实现分装总成搬运路径的最小化，各分装线都设置在总装主线的侧面靠近总

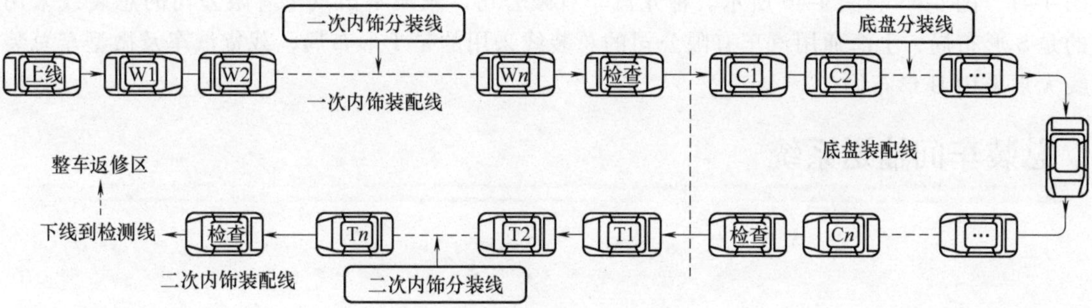

图 4-44　U 形轿车总装配线

成装配点位置，由此达到最短的物流配送路线。

2. 工位时间均衡原则

汽车总装工艺由数百个工位组成，每一个工位都有其严格具体的作业内容，完成工位作业内容所需要的时间称为工位作业时间，简称为工位时间。工位时间均衡不仅可以避免工时浪费，有利于工作效率的提高，更重要的是还可以保证总装作业按生产节拍有效进行。

3. 柔性化原则

柔性生产（多车型混合生产）是汽车总装生产线的一项基本要求，其原因是为了适应工厂现有车型及将来发展车型的混线生产。

4. 经济性原则

总装工艺的设计应充分考虑成本因素，以追求低成本、高品质、高效益为终极目标。总装生产的经济性包括设备和工艺两个方面。设备选购应讲究先进、方便、实用，不片面追求高新技术；工艺设计应科学、简单、合理。

5. 节能降耗原则

在总装工艺设计过程中，应高度重视节能降耗原则，能源（包括 LPG、汽油、冷冻液和生产生活用水）、动力（压缩空气、电力）集中供应；动力源尽量靠近使用点，以减小沿程损失；分装线设置在主线的侧面靠近总成装配点位置，以实现物流配送路线最短化；将部件仓储存放区设置在总装线附近区域，以减少部件搬运上线时间等。这些都能达到非常良好的节能降耗效果。

6. 总装工序集中与分散相结合的原则

将同样的操作集中在同一位置，尽量使用同一工具在同一工序装配，可优化投资成本；同样的操作可减少装配工时，提高劳动生产率，降低成本，提高生产质量。将同工时的工作分散给多个工位完成，一方面可使每一工位的每种车型的装配尽量饱和，提高劳动生产率；另一方面方便后面的工位对前面工位完成的工作进行检查，可防止错装、漏装的发生，提高产品质量。

二、汽车总装工艺流程

1. 汽车总装工艺布局设计

汽车总装工艺的布局首先应遵循前面所述的七大原则，然后结合各企业场地的具体实际进行合理规划。目前，常见的总装工艺布局形式主要有 S 形、T 形及 U 形等三种，如

图 4-41、图 4-45 和图 4-46 所示。神龙汽车有限公司、东风本田汽车有限公司的总装线采用的是 S 形布局，上海通用汽车有限公司的总装线采用的是 T 形布局，载货汽车及微型车总装线大多采用 U 形布局。

总装车间输送系统

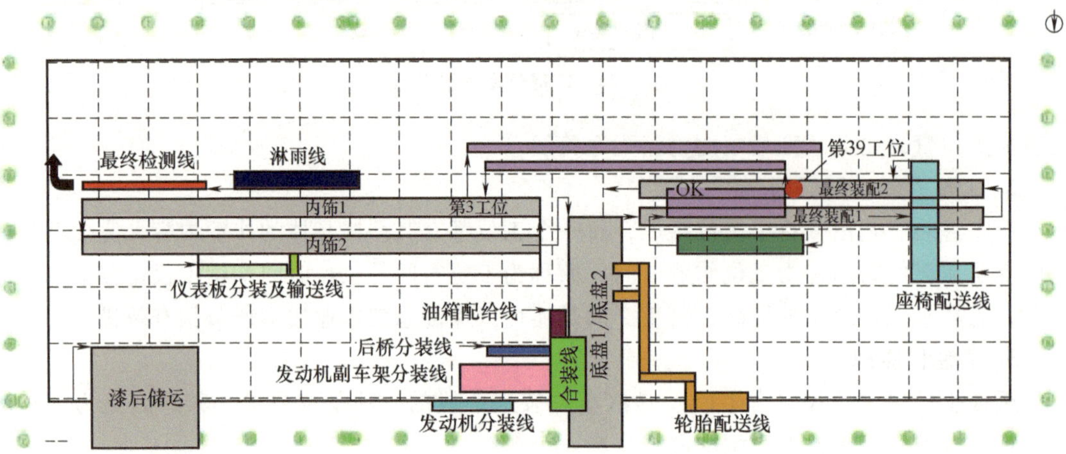

图 4-45　T 形布局的总装线

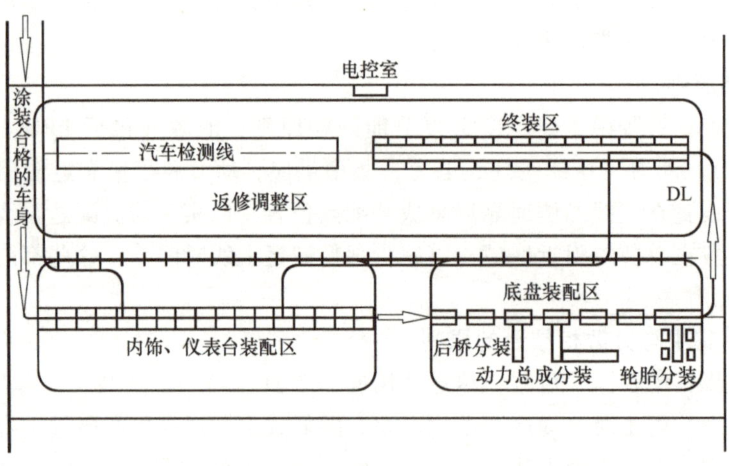

图 4-46　U 形布局的总装线

2. 汽车总装流程

为了便于汽车总装质量的控制与总装工艺的规范化管理，汽车总装工艺常将其分为若干个模块，如内饰装配一线、内饰装配二线、底盘分装线、车门分装线、仪表台分装线、车轮分装、车身合装线、终装线和性能检测线等。尽管如此，但总装工艺的主题内容和方法却没有本质的不同。汽车总装工艺十分复杂，由数百个工位组成，图 4-47 所示为某汽车公司汽

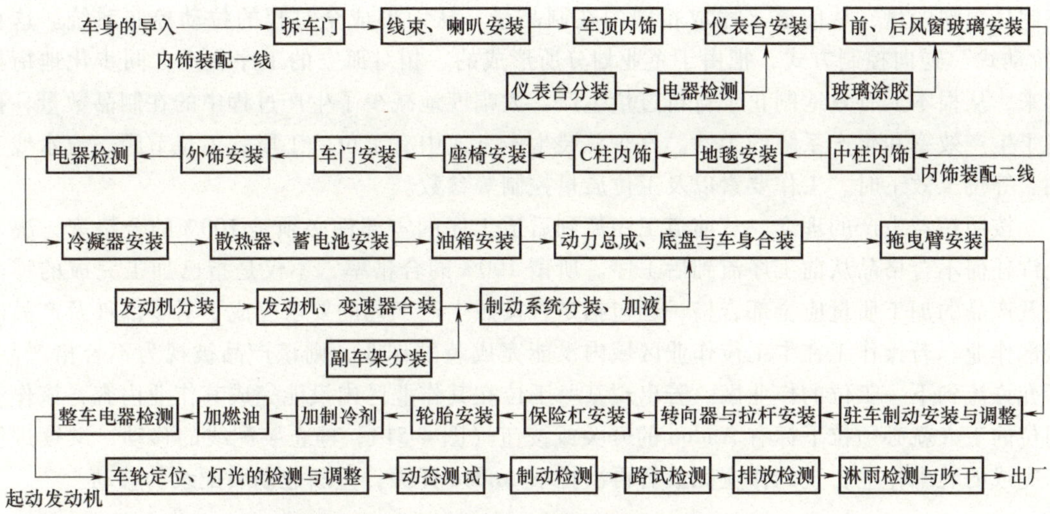

图 4-47　某汽车公司汽车总装工艺的主要工艺流程

车总装工艺的主要工艺流程。

为了简化总装工艺，提高总装效率，汽车总装已普遍实现了模块化生产，即将多个总成部件按照其装配关系或功能的关联性组合成一个个的装配模块，如将动力系统（包括发动机及整个传动系统）、车桥与悬架集成为一个底盘装配模块（图 4-48），将汽车全部仪表与空调机组组成一个模块（图 4-49），将车门及安装在车门上的全部附件组合成一个模块（图 4-50）等。当然，不同厂家其组合方式会略有差异，不同年代建成的汽车总装厂，其装配模块的差异更大。建设较早的汽车总装厂，汽车装配模块的数量较少，大量的装配工作都放在总装线上完成，汽车总装线相对较长。近几年建设的汽车总装厂，在总装配线旁便于就近分装的地方设置有各总装模块的分装线，总装线相对较短。这样不仅可大大缩短总装生产的节拍时间，而且由于每一个总装模块就是一个功能相对独立的大系统，模块化集中装配，其系统功能和性能更容易保证，因此汽车的总装质量得以明显提升。

图 4-48　动力系统、车桥与悬架模块

图 4-49　仪表与空调机组模块

三、汽车总装生产方式

汽车总装生产已普遍采用准时制拉动式生产方式 JIT（Just-In-Time），所谓拉动式生产是以看板管理为手段，采用“取料制”，即最后一道工序依据市场需求进行生产，对本工序在制品短缺的量，从前道工序取相同的在制品量，从而形成全过程的拉动控制系统。这种“拉动式”逆向控制方式，把由于企业划分所形成的、相对孤立的工序生产，同步化地衔接起来，从根本上有效地制止了盲目过量生产，大幅度地减少了生产过程中的在制品数量，提高了生产效率和生产系统的柔性。汽车总装生产方式中有工位、工段、工位节距、流水线节拍、等位工效工时、工作要素以及工位质量控制等参数。

按照精益生产的理念，从前道工序流到后道工序的零部件必须是100%的合格率，决不允许任何不合格品从前工序流到后工序。所谓100%的合格率，不仅是指已加工完成的零部件及产品的加工质量应全部合格，还包括是否按照生产工艺的要求完成了对零部件及产品的全部作业。若操作工在本工位作业区域内没能完成装配作业，则该产品被视为不合格产品，不允许流到下一工位的作业区。若出现某一工位在其作业区内没能完成其作业内容，该作业岗位的工人就必须拉下标有Andon的开关或按钮（图4-51），停止装配线的移动，继续进行未完成的装配作业，直到作业完成后再次拉下Andon开关，重新起动装配线的移动。

图4-50　车门与附件模块

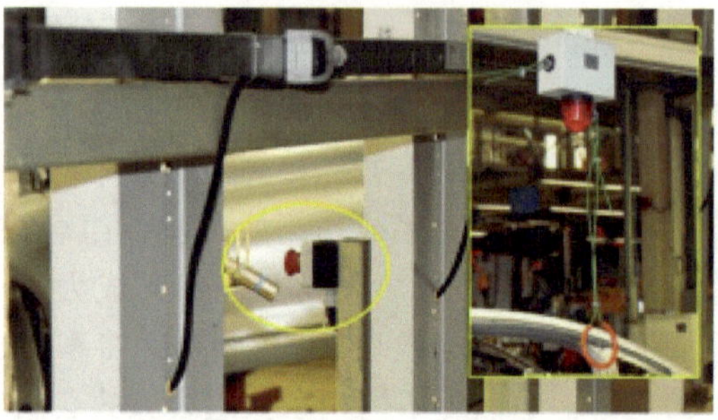

图4-51　Andon按钮

学习效果评价（任务工单）

一、填空题

1. ________主要是为了保证和提高装配质量，延长产品的使用寿命。

2. 常用的过盈连接方法有________和________。

3. 总装车间生产线一般包括________、________、________及________。

4. 汽车总装工艺由数百个工位组成，每一个工位都有其严格具体的作业内容，完成工位作业内容所需要的时间称为________。

5. 总装工艺的设计应充分考虑成本因素，以追求________、________、________为终极目标。

6. 目前，常见的总装工艺布局形式主要有________、________、________三种。

7. 汽车总装工艺常将其分为若干个模块，如________、________、________、________、________、________、________、________、________等。

二、简答题

概述汽车总装工艺流程。

____

____

____

<table>
<tr><th colspan="3">考核与评价</th></tr>
<tr><td>成员合作</td><td colspan="2">好◎　一般◎　较差（理由）:</td></tr>
<tr><td rowspan="2">任务完成情况</td><td>基础知识　熟练◎　不太熟◎</td><td>案例分析　熟练◎　不太熟◎</td></tr>
<tr><td>资料查阅　熟练◎　不太熟◎</td><td>能力训练　熟练◎　不太熟◎</td></tr>
<tr><td>其他（包括对学习过程、老师教学方法的建议和意见，对同组学生评价等各方面）</td><td colspan="2"></td></tr>
<tr><td>掌握汽车总装概念和内容。了解汽车总装工艺流程，并对以上学习任务做出评价</td><td colspan="2"></td></tr>
</table>

学习任务三　内饰装配线（装饰一线、装饰二线）装配操作

【任务描述】

汽车总装配工艺包括若干个装配工段、数百个工序，若在此详细介绍，既不可能又没有必要，为此，下面简要介绍几个典型工段的作业内容和作业方法。

【学习重难点】

1. 学习重点

内饰装配线（装饰一线、装饰二线）的装配作业内容；座椅和安全带的装配流程。

2. 学习难点

内饰装配线（装饰一线、装饰二线）装配工艺卡制作及作业要领。

【任务学习资料】

一、车身（车架）的导入

车身（载货汽车的车架）是汽车各总成部件的装配基础，车身（车架）在流水线上移动的过程中，将全部总成部件装配到车身（车架）上便完成了汽车的总装。由此可见，车身（车架）的导入是汽车总装工艺的起点。车身进入总装线后，积放链的控制系统通过控制线路上的道岔使车身按照产品的品种自动分类储存到不同的储存线路内，如图 4-52 所示。总装车间的生产控制人员根据库区内储存车身的具体情况安排总装车间的生产次序。积放链系统能够按照生产调度人员指定的生产次序自动从储存区内提取符合要求的车身并转运至内饰线。

图 4-52　车身的自动分类储存

二、车身转挂后进入总装线

总装线的起点处设置有一个升降机将涂装好的车身转挂到总装线上（图 4-53），并赋予车身一些必要的信息（如车型、各总成部件的配置、内饰颜色等）。携带车身的吊具在接到转接工位允许进入的信号时进入转接工位，待完全到位后，吊具定位并夹紧，随后升降机下降。待接近下位时，将车身缓慢放置到在转接工位处等待的内饰线大平板上，并继续下降一定高度，确保吊具和车身脱开。升降机下降到位后自动发送内饰线允许起动大平板的信号，大平板将车身拖出吊具进入内饰装配线，如图 4-54 所示。

图 4-53　车身转挂升降机

图 4-54　进入总装线的车身

三、一次内饰装配线（装饰一线）

汽车内饰系统是汽车车身的重要组成部分，主要指汽车驾驶、操纵所需的各种机构、装置以及汽车内部装饰所用到的各种设施。轿车的内饰不仅有装饰作用，还对汽车的功能、安全性、舒适性以及减振、隔热、吸声、触感以及观感等功能起到非常重要的作用。因此，内饰件代表了整部汽车的形象，决定着轿车的声誉和档次，影响着人们选择轿车的意愿。

汽车内饰系统主要包括立柱护板系统、安全带、门内护板系统、安全气囊、转向盘、仪表板系统、地毯、踏板总成、座椅系统、顶篷系统、室内空气循环系统、车内照明、车内音响系统、行李舱内装件以及发动机舱内装件等，部分系统如图 4-55 所示。例如典型汽车生产厂家的总装车间整体设计采用“T”字形布置方式，以便于配货，如图 4-56 所示。汽车生产厂家根据不同的工艺要求，其汽车内饰装配分为一次内饰装配和二次内饰装配。

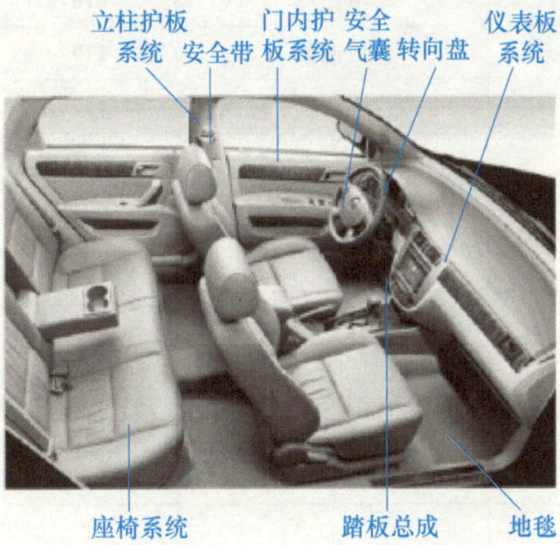

图 4-55　轿车内部系统示意图

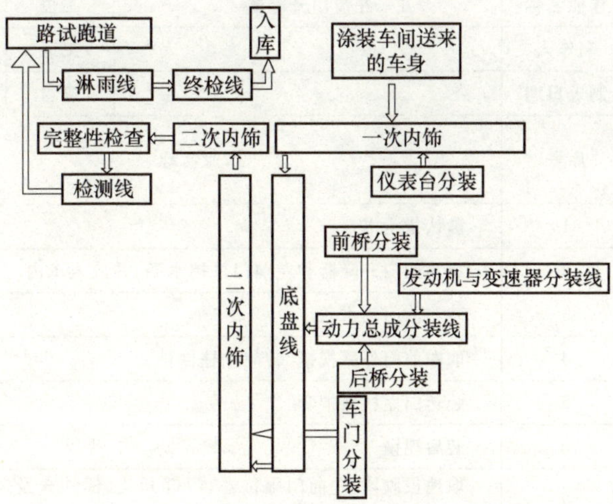

图 4-56　轿车生产线示意图

1. 一次内饰装配线的工序布置

如图 4-57 所示，某型汽车一次内饰装配线有 T0～T16 共计 17 个工序，每道工序都各自包含着 1～3 个工位。

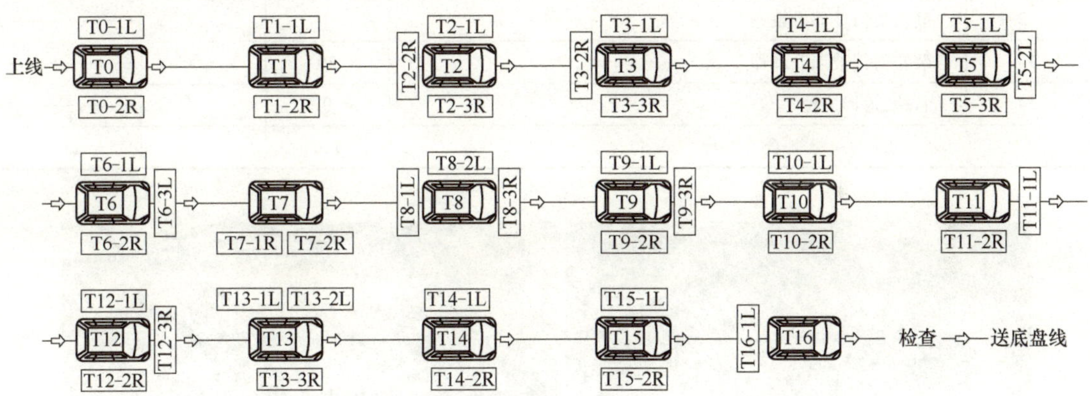

图 4-57　轿车一次内饰装配线工序布置

某工位作业时间安排见表 4-1。

2. 一线内饰装配线工位的作业内容及具体操作

一次内饰装配线的作业内容主要有拆卸车门、装线束、装车顶内饰、装天窗、装仪表板、装前后风窗玻璃等零部件。

（1）拆卸车门　涂装合格的车身进入总装车间的一次内饰装配线后，第一项工作是将车门和车身分离，即拆车门，如图 4-58 所示。在涂装作业过程中，将车门与车身装在一起整体涂装是为了保证车身的颜色一致，而到总装车间后将两者分开则是为了便于各种部件在车身上的安装及避免在总装过程中造成车身涂层的破坏。车门和车身通过空中运输通道送到各自的装配线，仪表和动力总成的分装同时进行。

表 4-1　左前门升降器的作业时间

作业名称	左前门升降器	工位	T4-1L	车型	
制作人		工区	T	节拍/s	216
制表日期		班组	1 班	作业时间/s	179

序号	作业名称	时间		
		动作	自动	走动
1	确认指示书	2		2
2	取左前门升降器和左前门外挡水条，并放入车内	8		5
3	装右前门挡水条	17		
4	取左前门外后视镜、转向立柱保护套	9		
5	装转向立柱保护套	4		4
6	装后视镜	9		
7	取地板胶堵、左前门限位器、门灯开关、标件盒及风枪，并放入车内	7		4
8	装地板胶堵	13		4
9	装左前门限位器	22		
10	固定后视镜	10		
11	装门灯开关	9		
12	装左前门玻璃滑轨	7		
13	装左前门玻璃升降器	30		
14	自检、返回工位	9		4
合　计		156		23

a)　　　　　　　　b)

图 4-58　拆卸车门

a）拆车门铰链　b）卸下车门

（2）安装车内线束及内饰　车门从车身上拆下后，就可以非常方便地进行车内线束和内饰的安装，如图 4-59～图 4-74 所示。为了提高效率、尽可能减小人为因素对汽车装配质量的影响，汽车总装过程中，需人工调整的内容越来越少，除门锁、铰链、车轮定位参数、车灯等极少数内容需要人工调整外，其他绝大多数装配项目的装配质量由设备和工装来保证。通常情况下，装配操作工只需将待装配的总成部件放置到相应位置（任何错位都装配不上），然后就由专用卡口、专门的锁紧机构和扭力扳手来完成，对于体积与质量大的总成部件，由专用吊具或机械手协助完成装配。为此，在列举汽车装配工艺过程时，不再介绍其简单的工艺操作方法。

a)　　b)

图 4-59　装车内线束和发动机舱线束

a）装车内线束　b）装发动机舱线束

a)　　b)

图 4-60　安装前壁板隔热垫

a）安装隔热垫　b）安装后的隔热垫

图 4-61　装安全带

图 4-62　装天窗

图 4-63　仪表板专用吊具

图 4-64　装仪表板

图 4-65　安装中控台

图 4-66　装地垫

图 4-67　装车顶内饰

图 4-68　安装车门锁

图 4-69　装 A 柱、B 柱内装饰板

图 4-70　装转向盘及组合开关

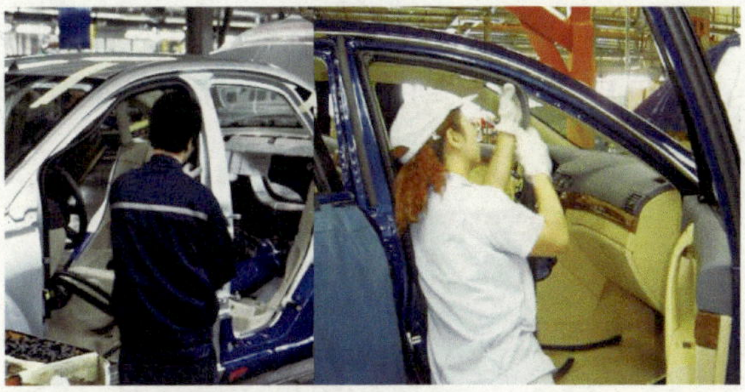

图 4-71　装车门框密封条

图 4-72　安装前、后风窗玻璃

a）清洁玻璃　b）机器涂胶　c）安装前风窗玻璃　d）安装后风窗玻璃

图 4-73　装制动总泵、制动管路及 ABS 泵

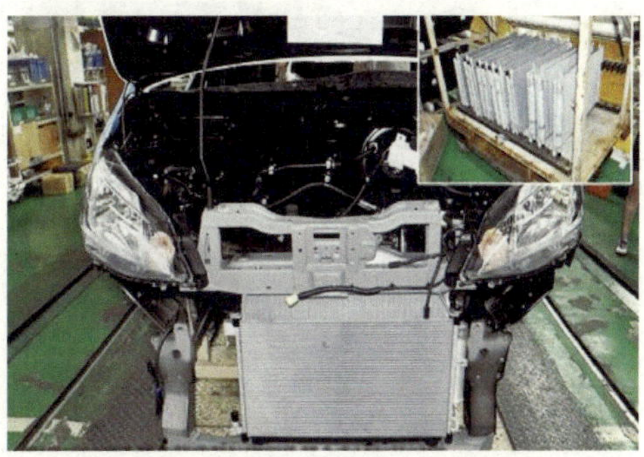

图 4-74　装前横梁及散热器

一次内饰装配线的装配完成后转到底盘装配线，汽车车身的传送方式由大平板改为悬挂输送，如图 4-75 所示。前面述及，在车身进入总装线第一个装配工段——一次内饰装配线的同时，从车身上拆下的车门及仪表板、动力总成、车桥与悬架总成在总装线的两侧紧邻其与车身合装处的分装线上同步分装。

图 4-75　由大平板输送改为悬挂输送

四、其他装配内容

二次内饰装配线的主要装配内容包括合装后车身底部管路连接、散热器风扇机组装配、汽车制动/冷却/空调/助力转向等系统管路的装配、前/后车灯装配、前/后保险杠装配、管路的密封检查、发动机/变速器润滑油加注、制动液/空调液加注、发动机冷却液/助力转向液/玻璃清洗液加注等，如图 4-76 ~ 图 4-83 所示。

图 4-76　安装发动机舱内制动/冷却/空调/助力转向等系统管路

图 4-77　安装散热器风扇机组

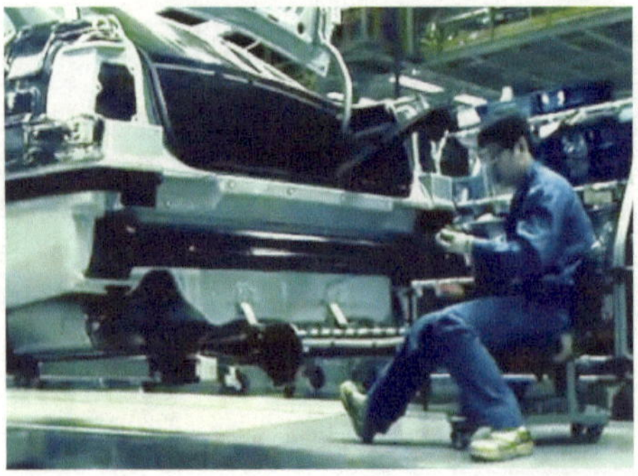

图 4-78　安装保险杠内衬

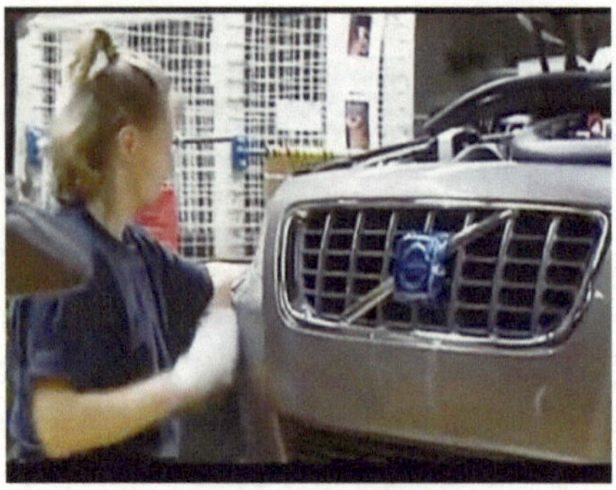

图 4-79　安装保险杠

图 4-80　安装车灯

图 4-81　安装发动机密封条

图 4-82　加注制动液

图 4-83　加注油液

所有的部件都安装完毕后，下线前需起动发动机，使整车能够进入正常运行状态。由于这是全车设备第一次集体工作，需要用专门的设备“激活”整车电控系统，即车载 ECU 的初始化，如图 4-84 所示。

图 4-84　车载 ECU 的初始化

学习效果评价（任务工单）

一、填空题

1. 车身进入总装线后，积放链的控制系统通过________上的道岔使车身按照产品的品种自动分类储存到不同的储存线路内。

2. 总装线的起点处设置一个升降机将涂装好的车身转挂到____________上。

3. 一次内饰装配线的作业内容主要有____________、____________、____________、____________、____________、____________等。

4. 涂装合格的车身进入总装车间的一次内饰装配线后，第一项工作是将车门和车身分离，即________。

5. 某一典型汽车的二次内饰装配线有________共计 11 个工序，每道工序都各自包含着________个工位。

6. 前保险杠分装，首先分别将____________固定在前保险杠上。

7. 前保险杠与前翼子板的间隙为________ mm，高差为________ mm。

8. 先将________与地板线连接并固定至座椅上，再用螺栓将____________紧固到位，并确保装配到位。

二、简答题

1. 概述一次内饰装配线的作业内容。

____

____

____

2. 概述座椅和安全带的装配流程。

____

____

____

考核与评价

<table>
<tr><td>成员合作</td><td colspan="2">好◎　一般◎　较差（理由）：</td></tr>
<tr><td rowspan="2">任务完成情况</td><td>基础知识　熟练◎　不太熟◎</td><td>案例分析　熟练◎　不太熟◎</td></tr>
<tr><td>资料查阅　熟练◎　不太熟◎</td><td>能力训练　熟练◎　不太熟◎</td></tr>
<tr><td>其他（包括对学习过程、老师教学方法的建议和意见，对同组学生评价等各方面）</td><td colspan="2"></td></tr>
<tr><td>掌握一次内饰装配线的作业内容。了解一次内饰装配线工艺流程，并对以上学习任务做出评价</td><td colspan="2"></td></tr>
</table>

学习任务四　车门分装线装配操作

【任务描述】

车门是为驾驶人和乘客提供出入车辆的通道，并隔绝车外干扰，在一定程度上减轻侧面撞击，保护乘员，如图 4-85 所示。汽车的美观也与车门的造型有关。车门的好坏主要体现在车门的防撞性能、车门的密封性能和车门的开合便利性，当然还有其他使用功能的指标等。防撞性能尤为重要，因为车辆发生侧碰时，缓冲距离很短，很容易就伤到车内人员。

图 4-85　汽车车门及车门装配

【学习重难点】

1. 学习重点

车门附件安装内容和流程。

2. 学习难点

车门内饰安装内容和流程。

【任务学习资料】

一、车门装配仿真操作

车门内饰装配主要有车门附件安装和车门内饰安装，车门附件安装包括门外把手、门锁总成、车门开度限位器、玻璃升降机构和车窗玻璃等安装。下面以前门为例简要介绍车门内饰安装的步骤。

1. 编制车门分装工艺过程卡

一汽大众捷达车门分装线共计 26 个工位，工位安装部分信息见表 4-2。

表 4-2　捷达车门分装工艺过程工位安装部分信息

工位	操作名称	零件号	零件名称	零件数量
MA01	查看 FIS 单			
MA01	分装左前门锁支架及拉丝	5KD837885A	锁支架	1
		16D837017B	拉丝	1

（续）

工位	操作名称	零件号	零件名称	零件数量
MA01	查看 FIS 单			
MA01	分装左后门锁支架及拉丝	5KD839885A	门锁支架	
		16D837017B	拉丝	
MA01	分装左前门锁、锁拉丝及门锁罩盖	6RD837015A	左前门锁	1
		31G837085	前门门锁拉丝	1
		5K0837349B	门锁罩盖	1
MA01	分装左后门锁、锁拉丝及门锁罩盖	16D839015A	左后门锁	1
		31G839085	后门门锁拉丝	1
		5K0837349B	门锁罩盖	1
MA01	安装左前门锁支架总成和垫片	5KD837885A	锁支架总成	1
		31G837211	锁支架垫片	1
		N91176801	螺钉	1
MA01	安装左前门门锁总成	6RD837015A	左前门门锁总成	1
		WHT005504	螺钉	2
MA01	安装左后门锁支架总成和垫片	5KD839885A	左后门锁支架总成	1
		31G837211	锁支架垫片	1
		N91176801	螺钉	1
MA01	安装左后门门锁总成	16D839015A	左后门门锁总成	1
		WHT005504	螺钉	2
MA02	对上一个工位装配质量进行复检			
MA02	分装右前门锁支架及拉丝	5KD837885A	锁支架	1
		16D837017B	拉丝	1
MA02	分装右后门锁支架及拉丝	5KD839885A	锁支架	1
		16D837017B	拉丝	1
MA02	分装右前门锁、锁拉丝及门锁罩盖	6RD837016A	右前门锁	1
		31G837085	前门门锁拉丝	1
		5K0837349B	门锁罩盖	1
MA02	分装右后门锁、锁拉丝及门锁罩盖	16D839016A	右后门锁	1
		31G839085	后门门锁拉丝	1
		5K0837349B	门锁罩盖	1
MA02	安装右前门锁支架总成和垫片	5KD837885A	右前门锁支架总成	1
		31G837211	锁支架垫片	1
		N91176801	螺钉	1
MA02	安装右前门门锁总成	6RD837016A	右前门门锁总成	1
		WHT005504	螺钉	2
MA02	安装右后门锁支架总成和垫片	5KD839885A	右后门锁支架总成	1
		31G837211	锁支架垫片	1
		N91176801	螺钉	1
MA02	安装右后门门锁总成	16D839016A	右后门门锁总成	1
		WHT005504	螺钉	2

（续）

工位	操作名称	零件号	零件名称	零件数量
MA03	对上一个工位装配质量进行复检			
MA03	安装左前车门外把手	31G837205	左前车门外把手	1
MA03	安装左前门锁芯	31G837167	左前门锁芯	1
		WHT003393	螺钉	1
MA03	安装左前门锁芯盖板	31G837880	盖板	1
MA03	安装左后车门外把手	31G837209	左后车门外把手	1
MA03	安装左后车门把手盖板	31G839167A	左后车门把手盖板	1
MA03	安装左前门锁芯胶盖	5N0837111	锁芯胶盖	1
MA04	对上一工位装配质量进行复检			
MA04	安装右前车门外把手	31G837206	右前车门外把手	1
MA04	安装右前门锁芯	31G837168	右前门锁芯	1
MA04		WHT003393	螺钉	1
MA04	安装右前门把手盖板	31G839168A	右前把手盖板	1
MA04	安装右后车门外把手	31G837206	右后车门外把手	1
MA04	安装右后车门把手盖板	31G839168	右后车门把手盖板	1
MA04	安装右前门锁芯胶盖	5N0837111	锁芯胶盖	1
MA05	对上一工位装配质量进行复检			
MA05	安装左前门线束	31G971120F	左前门线束	1
MA05	安装左后门线束	31G971693F	左后门线束	1
MA06	对上一工位装配质量进行复检			

2. 车门装配仿真操作

1）安装四个车门的门锁、门锁支架、锁拉丝、门锁罩盖，如图 4-86 所示。

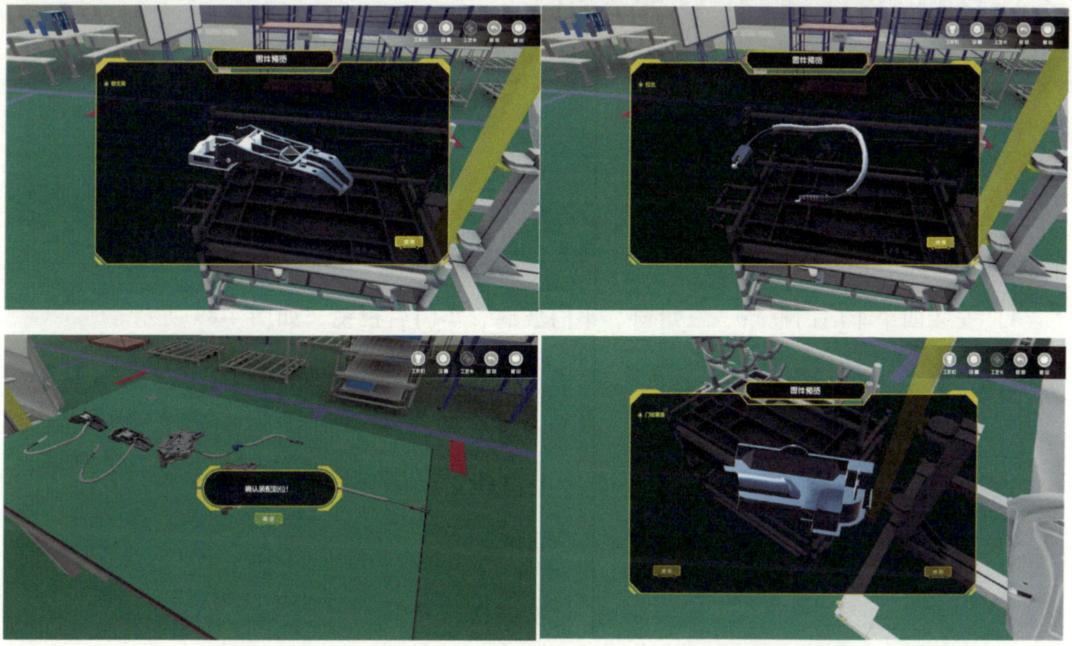

图 4-86　四个车门门锁、门锁支架、锁拉丝和门锁罩盖的安装

2）安装四个车门门外把手、门锁芯、线束，如图 4-87 所示。

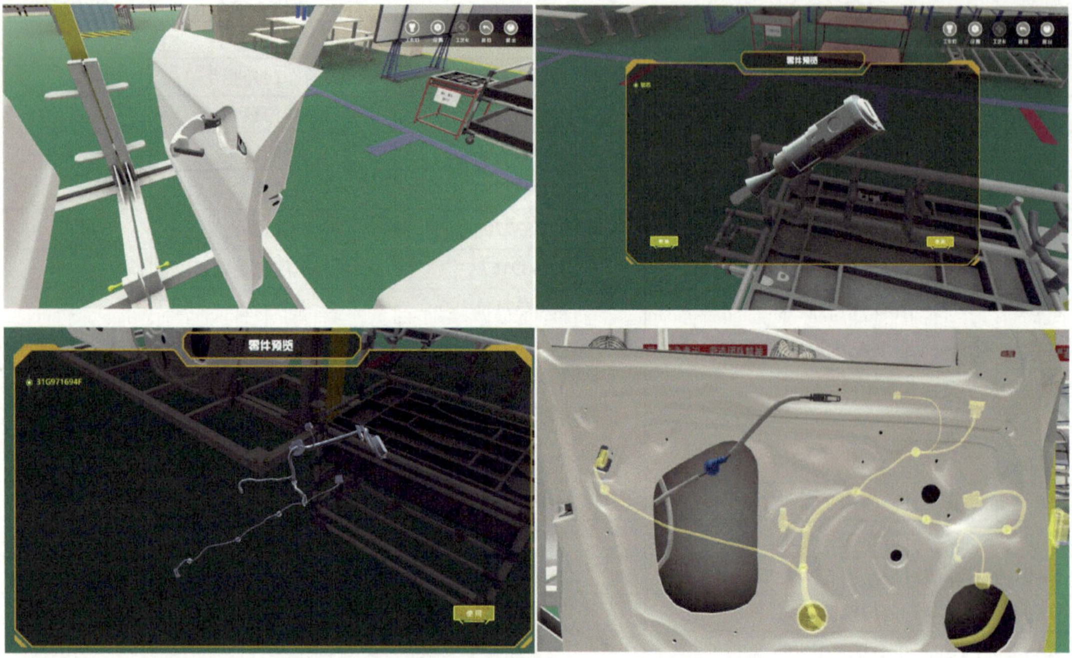

图 4-87　安装四个车门门外把手、门锁芯、线束

3）安装四个车门玻璃升降器、电动机，如图 4-88 所示。

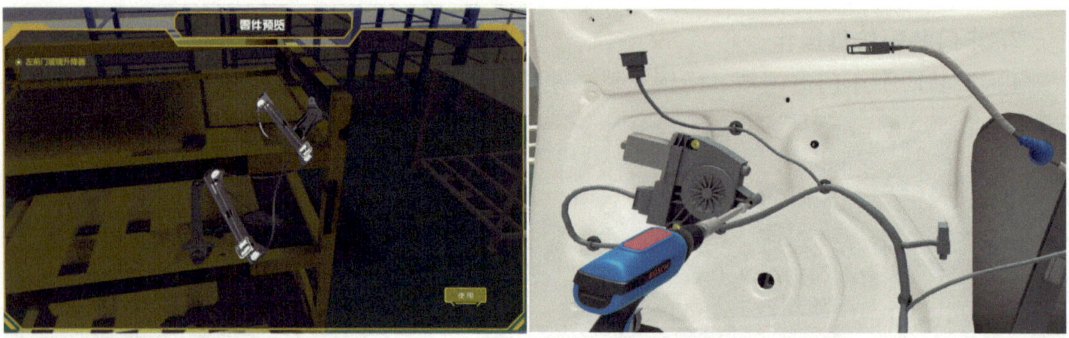

图 4-88　安装四个车门玻璃升降器、电动机

4）安装四个车门门框条、三角窗、车门玻璃、车门后视镜，如图 4-89 所示。

图 4-89　安装四个车门门框条、三角窗、车门玻璃、车门后视镜

图 4-89　安装四个车门门框条、三角窗、车门玻璃、车门后视镜（续）

5）安装车门限位器总成、扬声器、门护板总成、门内开启把手，如图 4-90 所示。

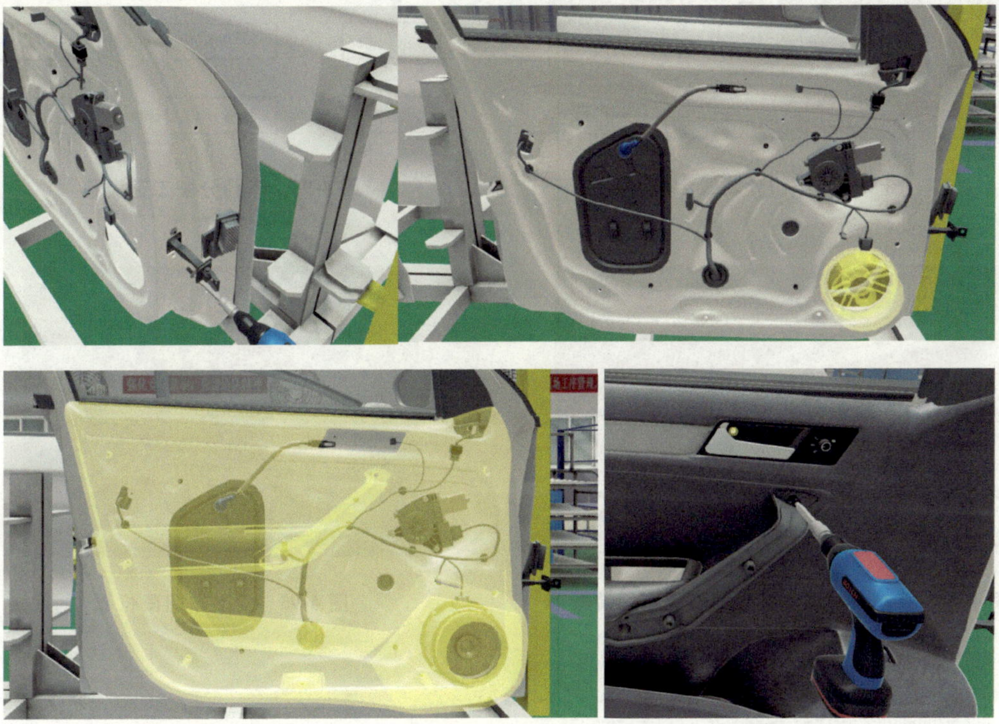

图 4-90　安装车门限位器总成、扬声器、门护板总成、门内开启把手

6）安装车门控制开关、车门盖板，如图 4-91 所示。

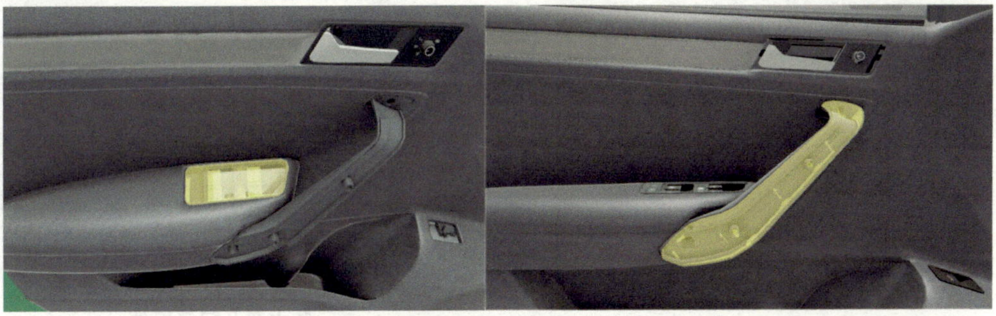

图 4-91　安装车门控制开关、车门盖板

二、车门装配操作

图 4-92 和图 4-93 分别为某轿车车门的分装线全貌和工艺流程，车门分装的内容包括车门限位器、车门线束、门把手、车门锁、玻璃升降器、车门玻璃、车门密封条、防水帘、后视镜、车门内防护板、扬声器、电检等，其具体装配工艺过程如图 4-94 ~ 图 4-99 所示。

图 4-92　车门分装线全貌

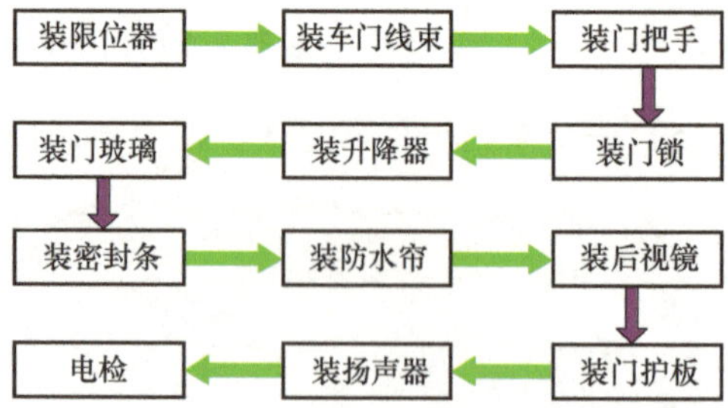

图 4-93　车门分装工艺流程

图 4-94　将车门放入悬吊式的专用车门装配架

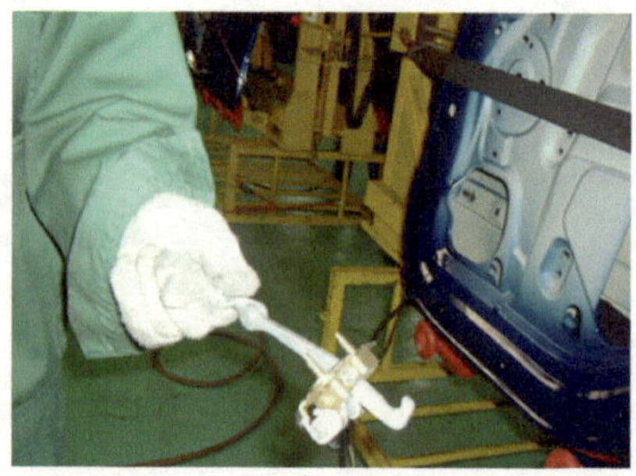

图 4-95　安装车门限位器

图 4-96　安装车门线束

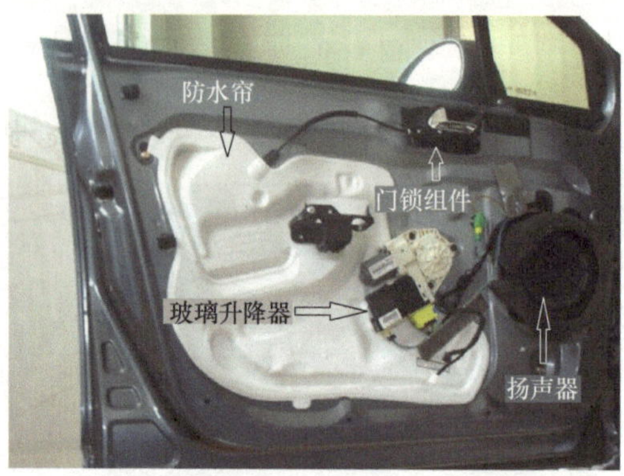

图 4-97　安装玻璃升降器、扬声器、防水帘及门锁组件

图 4-98　安装车门内防护板、用橡胶锤敲击消除装配间隙

图 4-99　安装车门密封条

学习效果评价（任务工单）

一、填空题

1. 车门的基本结构包括____________和____________。

2. 车门本体包括____________、____________、____________和____________。

3. 车身内部装饰件包括____________、____________、____________、____________等表面覆盖物以及____________、____________等。

4. 车门附件安装包括____________、____________、____________、____________和____________等。

5. 车门内饰安装主要包括____________、____________、____________及____________的安装等。

二、简答题

概述车门附件安装流程。

____

____

____

考核与评价

<table>
<tr><td>成员合作</td><td colspan="2">好◎　一般◎　较差（理由）：</td></tr>
<tr><td rowspan="2">任务完成情况</td><td>基础知识　熟练◎　不太熟◎</td><td>案例分析　熟练◎　不太熟◎</td></tr>
<tr><td>资料查阅　熟练◎　不太熟◎</td><td>能力训练　熟练◎　不太熟◎</td></tr>
<tr><td>其他（包括对学习过程、老师教学方法的建议和意见，对同组学生评价等各方面）</td><td colspan="2"></td></tr>
<tr><td>掌握汽车车门分装线内容，了解车门分装线工艺流程，并对以上学习任务做出评价</td><td colspan="2"></td></tr>
</table>

学习任务五　仪表板分装线装配操作

【任务描述】

仪表板分装线上分装部件一般包括仪表板框架、仪表板线束、组合仪表、组合开关、CD 机、转向柱、空调鼓风机、暖风热交换器、蒸发器及壳体总成等。仪表板分装完成后，需要采用线束检测仪进行 100%仪表板功能检测，检测仪表板功能是否正常，检测时，将仪表板总成的相关线束插头接上对应的仪表板线束检测仪接口，启动检测按钮，即可逐项检测转向、灯光、报警等功能，检测完毕合格后，通过扫描仪表板总成上所贴的条形码由计算机控制上线，从而保证不同车型安装相应型号的仪表板总成。

【学习重难点】

1. 学习重点

仪表板总成装配内容和流程。

2. 学习难点

仪表板总成装配作业要领。

【任务学习资料】

一、仪表板总成仿真装配

仪表板总成主要有线束、控制器、空调总成、空调套管、转向柱、点火锁、组合开关、组合仪表、收音机等零部件。

1. 编制仪表板装配工艺过程卡

一汽大众捷达仪表板装配线共计 13 个工位，工位安装部分信息见表 4-3。

表 4-3　仪表板装配工艺过程工位安装部分信息

工位	操作名称	零件号	零件名称	零件数量
MA01	查看 FIS 单			
MA01	安装仪表板骨架模块	31G857017	仪表板骨架模块	1
MA01	安装线束	31G971051	线束-仪表板	1
MA01	安装 BCM 板	34D937086E	控制器	1
MA01	安装隔音垫	6R0863949	隔音垫	1
MA02	对上一个工位装配质量进行复检			
MA02	安装空调总成	34D820003	空调总成	1
		N90729002	内花型圆柱体组合螺栓	5
MA03	对上一个工位装配质量进行复检			
MA03	分装连接件及空调温度传感器	31G815731A	连接件	1
		34D907543	温度传感器	1

（续）

工位	操作名称	零件号	零件名称	零件数量
MA03	对上一个工位装配质量进行复检			
MA03	安装连接件总成	31G815731A	连接件总成	1
MA03	安装上风道连接件	31G819063A	上风道连接件总成	1
		N90359101	铆钉	2
MA04	对上一个工位装配质量进行复检			
MA04	安装左右空调隔音垫	6R0863816	隔音垫（左）	1
		6R0863815	隔音垫（右）	1
MA04	安装空调套管	34D820609	空调套管	1
MA05	对上一个工位装配质量进行复检			
MA05	安装转向柱到骨架	6RD423520G	转向柱	1
		N91073401	六角头法兰面螺栓	2
MA05	固定转向柱	N10713502	六角头法兰面长条螺栓	1
MA05	安装点火锁	31G800375G	点火锁	1
MA05	固定搭铁线束	N10473203	内花形组合螺栓	1
MA05	防撞梁	6RD723913	防撞梁	1
		N02300311	螺母	1
MA06	对上一个工位装配质量进行复检			
MA06	分装泡沫仪表板及安全气囊	31G857003	泡沫仪表板	1
MA11	安装接组合开关	34D953501D	组合开关	1
MA12	对上一个工位装配质量进行复检			
MA12	安装转向柱下护罩	34D858559	下护罩	1
		N90944603	内花形扁圆头凸缘螺钉	3
MA12	安装转向柱上护罩	31G858560	上护罩	1
MA12	安装灯光开关	34D941333	灯光开关	1
MA13	对上一个工位装配质量进行复检			
MA13	安装右中左装饰条	31G858415A	装饰条（右）	1
		31G858418A	装饰条（中）	1
		31G858417A	装饰条（左）	1
MA13	安装前照灯开关并固定保险盒螺钉	34D941531F	前照灯开关	1
		N91085101	内花形圆柱头组合螺栓	2
MA13	安装收音机	31G035185	收音机	1
		N90698606	内花形扁圆头自攻螺钉	4

2. 仪表板装配仿真操作流程

1）安装仪表板骨架模块、线束、控制器、隔音垫，如图 4-100 所示。

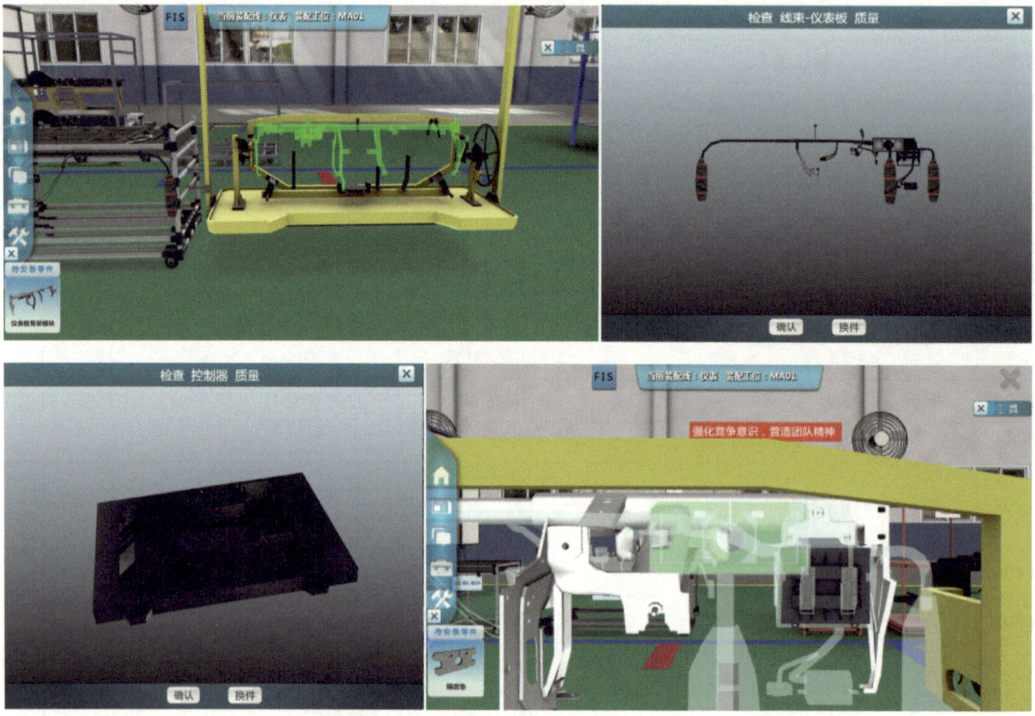

图 4-100　安装仪表板骨架模块、线束、控制器、隔音垫

2）安装空调总成、连接件总成及空调温度传感器，如图 4-101 所示。

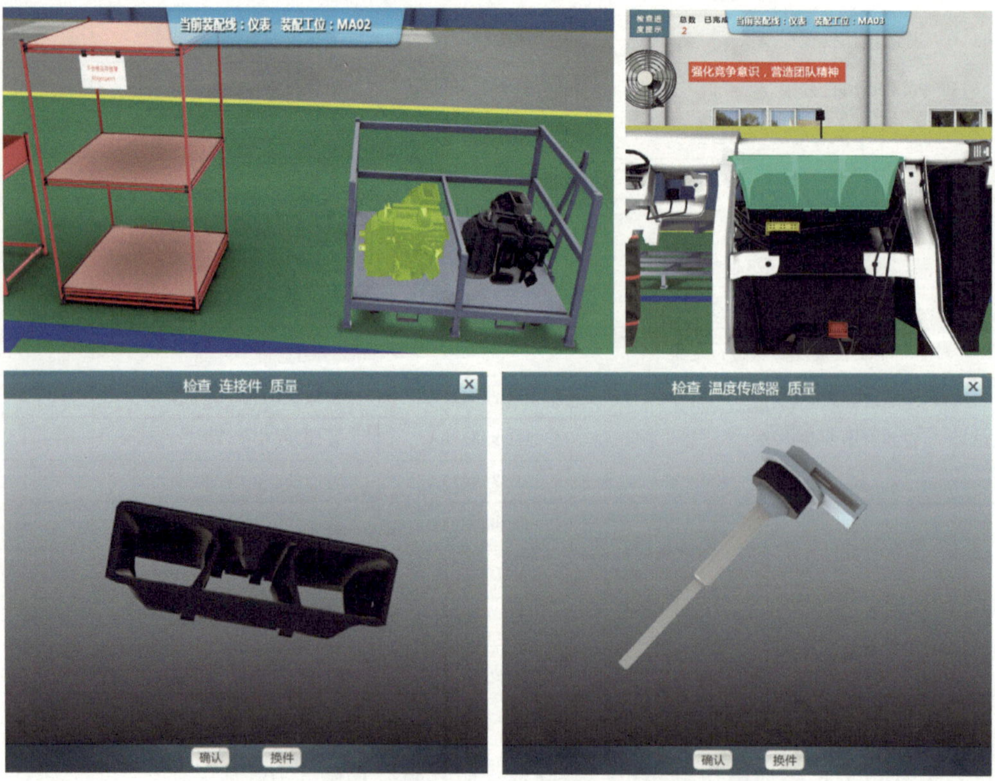

图 4-101　安装空调总成、连接件总成及空调温度传感器

3）安装左右空调隔音垫、空调套管，如图 4-102 所示。

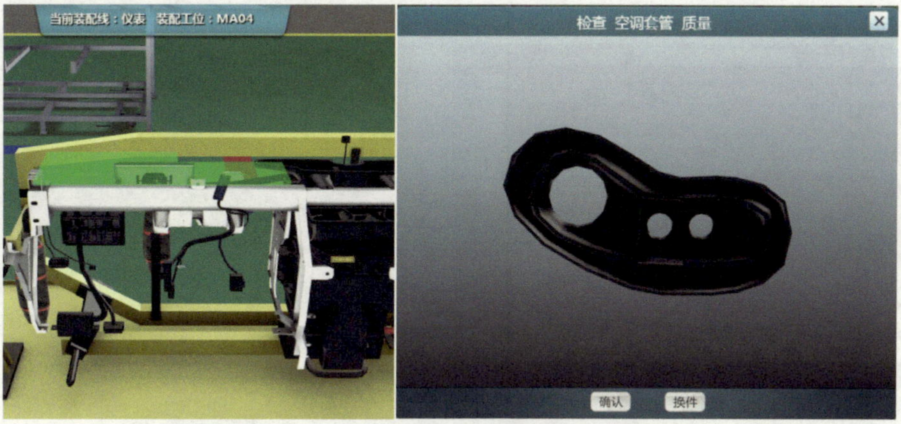

图 4-102　安装左右空调隔音垫、空调套管

4）安装转向柱、点火锁，如图 4-103 所示。

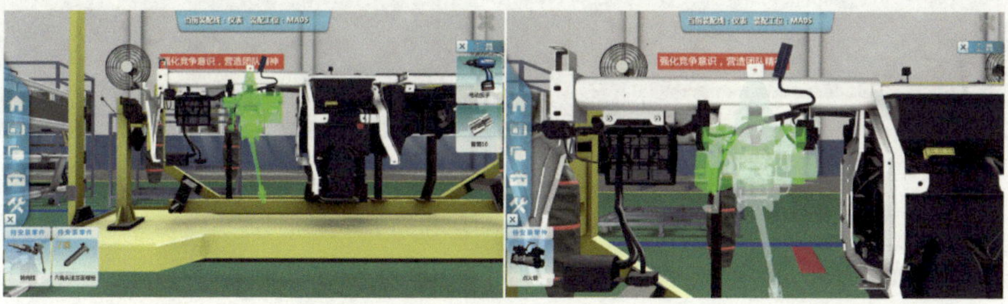

图 4-103　安装转向柱、点火锁

5）安装吹脚风道、仪表板外壳总成、中框架、空调控制器，如图 4-104 所示。

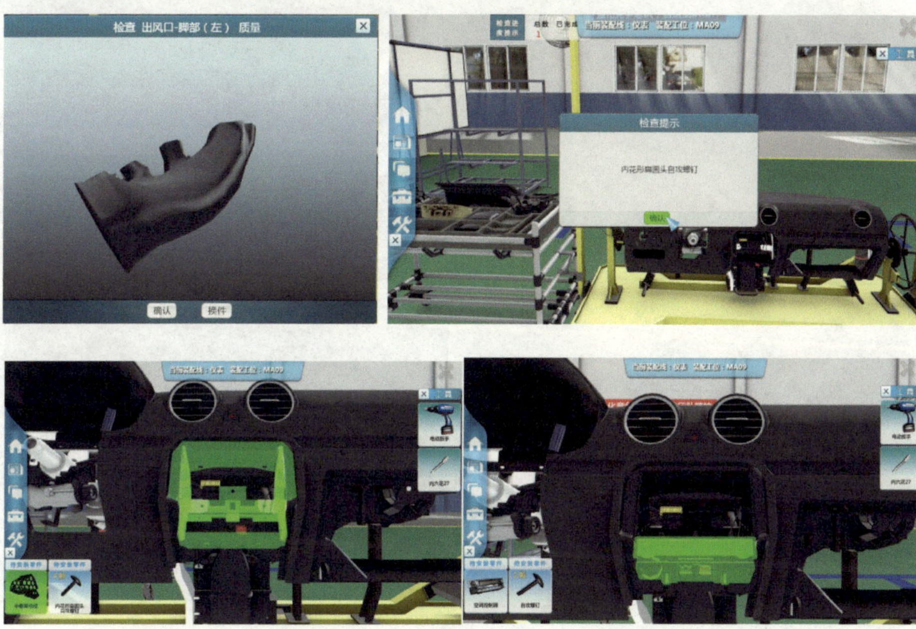

图 4-104　安装吹脚风道、仪表板外壳总成、中框架、空调控制器

6）安装组合仪表、组合开关、转向柱上下护罩，如图 4-105 所示。

图 4-105 安装组合仪表、组合开关、转向柱上下护罩

7）安装灯光开关、前照灯、收音机，如图 4-106 所示。

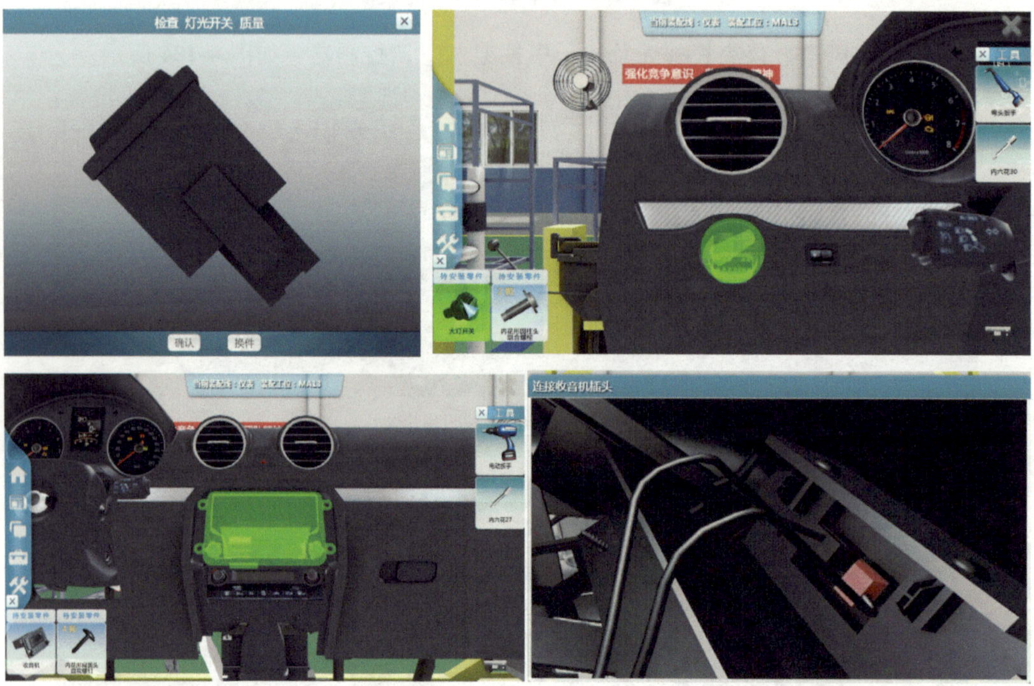

图 4-106 安装灯光开关、前照灯、收音机

二、仪表台分装操作流程

仪表台是一个多总成集成的装配模块，包括仪表板、仪表、转向柱、空调机组与通风管道等。图 4-107 所示为某轿车仪表台分装线。仪表台分装的主要设备是可翻转的仪表台专用装配台架，如图 4-108 所示。其主要装配工艺过程是依次将仪表台安装横梁（图 4-109）、仪表台线束（图 4-110）、空调风道（图 4-111）、空调机组（图 4-112）、仪表台面板（图 4-113）及仪表台附件（图 4-114）等装到仪表台装配架上。

图 4-107　某轿车仪表台分装线

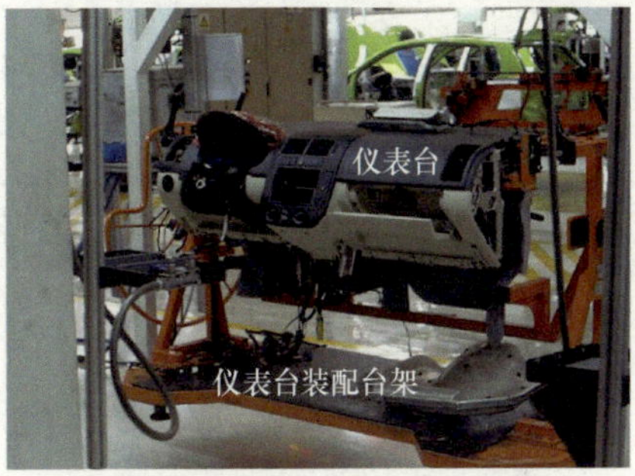

图 4-108　仪表台装配台架

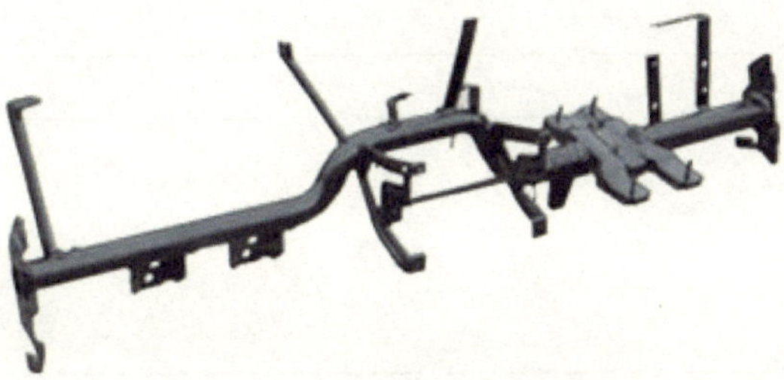

图 4-109　仪表台安装横梁

图 4-110　仪表台线束

图 4-111　空调风道

图 4-112　空调机组

图 4-113　仪表台面板

a)　　　　b)

图 4-114　仪表台附件

a）转向柱　b）组合开关

学习效果评价（任务工单）

一、填空题

1. 仪表板主要构成部分包括__________、__________、__________、__________、__________、__________、__________、__________。

2. 根据驾驶人对仪表的可视性和对各种操作件的操作方便性，可以将仪表板分为________、________、________、________四个区域。

3. 仪表板总成主要有__________、__________、__________、__________、__________、__________、__________、__________、__________、__________和__________等零部件。

二、简答题

概述汽车仪表板总成安装流程。

____

____

____

考核与评价

成员合作	好◎　一般◎　较差（理由）：	
任务完成情况	基础知识　熟练◎　不太熟◎	案例分析　熟练◎　不太熟◎
	资料查阅　熟练◎　不太熟◎	能力训练　熟练◎　不太熟◎
其他（包括对学习过程、老师教学方法的建议和意见，对同组学生评价等各方面）		
掌握汽车仪表板总成组成。了解汽车仪表板总成流程，并对以上学习任务做出评价		

学习任务六　底盘动力总成装配线装配操作

【任务描述】

底盘装配线主要是进行前悬架、后悬架、油箱、发动机和变速器动力总成、减振器、传动轴、排气管、消声器、车轮等车底部件的装配。

根据不同车型的结构，底盘部件可以采用模块化装配，即先将发动机与变速器总成、前悬架总成、发动机前托架（带三角臂、转向器、横向稳定杆等）、传动轴、排气管、油箱、后悬架等底盘部件分装好，然后安装并定位到合装小车上。合装小车在合装区与底盘装配线同步，通过小车上的液压举升装置，将分装好的底盘合件直接举升上线与车身合装。

【学习重难点】

1. 学习重点

底盘动力总成装配内容和流程。

2. 学习难点

底盘动力总成装配作业要领。

【任务学习资料】

一、汽车动力总成仿真装配

1. 编制底盘动力总成装配工艺过程卡

一汽大众捷达动力总成装配线共计 14 个工位，工位安装部分信息见表 4-4。

表 4-4　动力总成装配工艺过程工位安装部分信息

工位	操作名称	零件号	零件名称	零件数量
MA01	查看 FIS 单			
MA01	安装发动机与变速器	04E100032S	发动机	1
		09G300033G	变速器	1
		N91030402	螺栓	8
MA02	对上一个工位装配质量进行复检			
MA02	安装预紧起动机	02M911021C	起动机	1
		N91059301	起动机螺栓(上)	1
MA02	固定预紧起动机	N91037901	起动机螺栓(双头下)	1
MA03	对上一个工位装配质量进行复检			
MA03	安装发电机	04E903023N	交流发电机	1
		Z91204501	发电机螺栓	2
MA04	对上一个工位装配质量进行复检			
MA04	安装定位轴套	03L260817	定位轴套	2

（续）

工位	操作名称	零件号	零件名称	零件数量
MA04	对上一个工位装配质量进行复检			
MA04	安装空调压缩机总成	6RD820803B	空调压缩机总成	1
		N91204501	压缩机螺栓	3
MA04	安装传动带张紧器	04E145299J	传动带张紧器	1
		N10665001	内多齿螺栓	1
MA05	对上一个工位装配质量进行复检			
MA05	安装通气管	09G301472R	通气管	1
MA05	安装支架-左	6Q0199111AA	支架-左	1
		N10204807	六角头法兰面螺栓	3
MA05	固定双头螺柱	N91108901	双头螺柱	1
MA05	安装多楔带及堵盖	04E260849	多楔带	1
		04E903343	堵盖	1
MA06	对上一个工位装配质量进行复检			
MA06	安装支架	6Q0971858A	支架	1
		N90074404	尼龙嵌件六角头锁紧螺母	1
MA06	安装线束-发电机	6R0971349HH	线束-发电机	1
		N90074404	尼龙嵌件六角头锁紧螺母	1
MA13		Z16400035	减振器螺栓	3
MA13	紧固左侧减振器	N90908102	六角头法兰面螺母	1
MA13	紧固左侧稳定杆螺母	N10261310	连接杆螺母	1
MA13	安装右侧传动轴	6RD407764C	传动轴-右	1
MA13	安装右侧前减振器带转向节总成	JRD615333	前减振器带转向节(右)	1
		N10332002	制动垫片螺母	3
		Z16400035	减振器螺栓	3
MA13	紧固右侧减振器	N90908102	六角头法兰面螺母	1
MA13	紧固右侧稳定杆螺母	N10261310	连接杆螺母	1
MA13	安装制动软管-前	6RD611701A	制动软管-前(左)	1
		6RD611702A	制动软管-前(右)	1
MA14	对上一个工位装配质量进行复检			
MA14	安装后桥总成	6RD500041	后轴焊接总成	1
MA14	安装左右两侧的弹簧垫片	1J0512109	弹簧垫片	2
MA14	安装左右两侧的减振弹簧	1K0511115	减振弹簧	2
MA14	安装左右两侧的缓冲垫	1J0512149	缓冲垫	2
MA14	安装左侧的减振器	6RD512011E	减振器	1
		N90517304	螺栓	1
		N10295101	螺母	1
MA14	安装右侧的减振器	6RD512011E	减振器	1
		N90517304	螺栓	1
		N10295101	螺母	1

2. 动力总成装配仿真操作流程

1）安装发动机、变速器、起动机和发电机，如图 4-115 所示。

图 4-115　安装发动机、变速器、起动机和发电机

2）安装空调压缩机总成、通气管、左右支架，如图 4-116 所示。

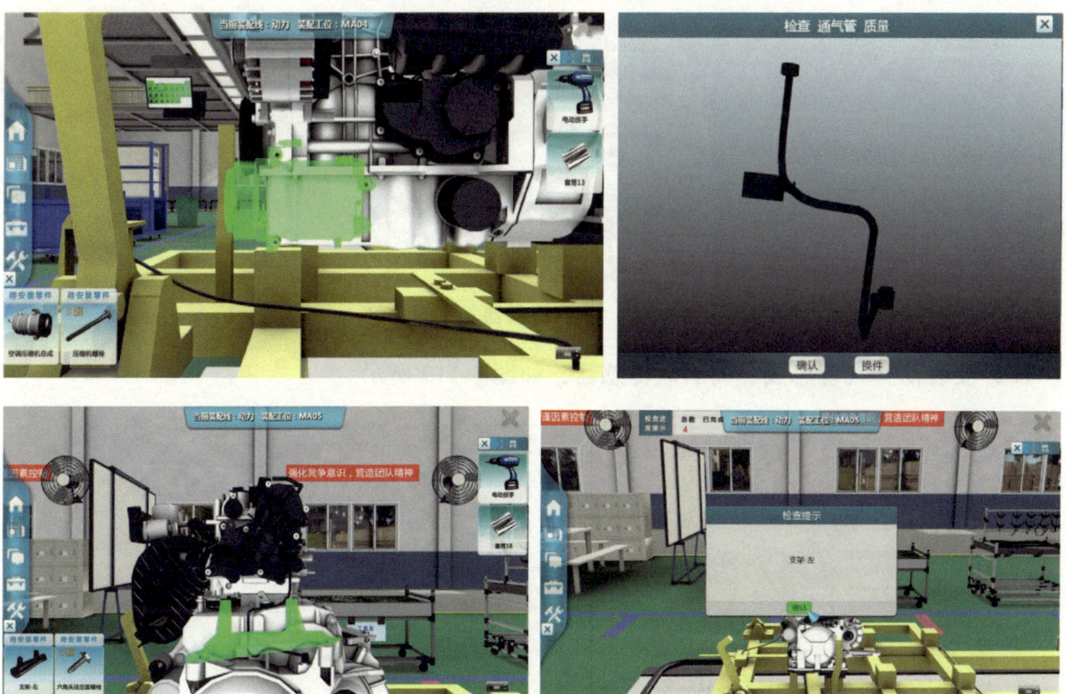

图 4-116　安装空调压缩机总成、通气管、左右支架

3）安装多楔带、发电机线束、进气管、真空管，如图 4-117 所示。

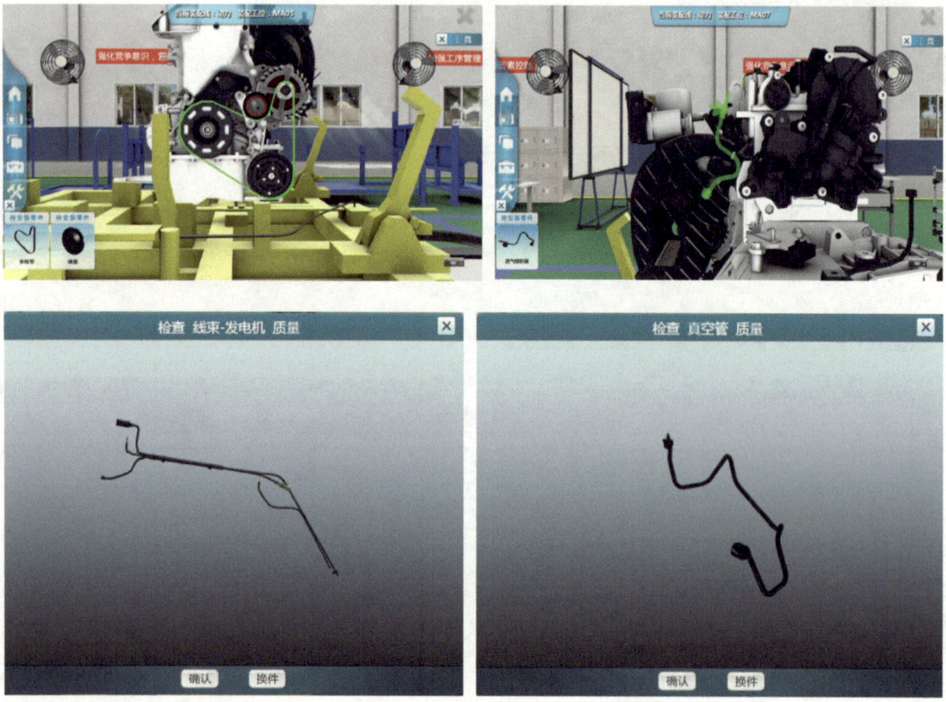

图 4-117 安装多楔带、发电机线束、进气管、真空管

4）安装冷凝器、冷却水管，如图 4-118 所示。

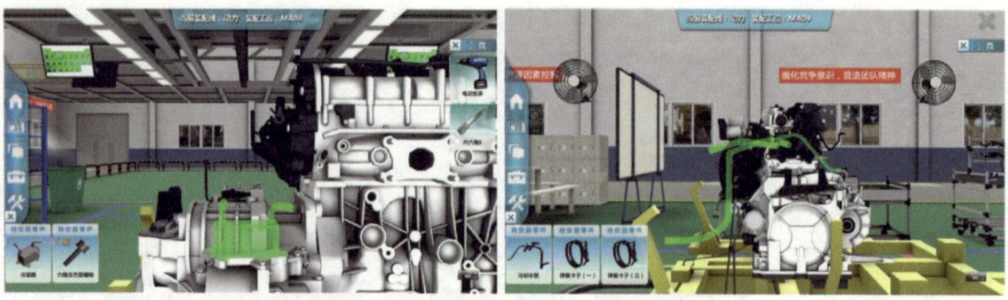

图 4-118 安装冷凝器、冷却水管

5）安装前排气管总成、前后氧传感器，如图 4-119 所示。

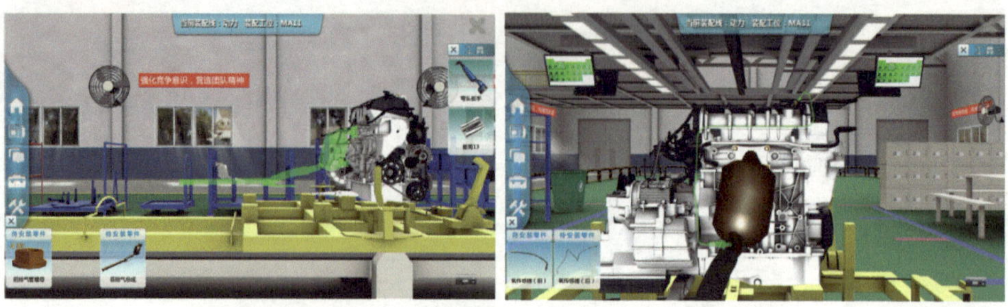

图 4-119 安装前排气管总成、前后氧传感器

6）安装副车架带转向机、副车架带转向机总成，如图 4-120 所示。

图 4-120　安装副车架带转向机、副车架带转向机总成

二、底盘分装操作流程

汽车底盘装配的工艺流程如图 4-121 所示。对于绝大多数轿车而言，底盘装配模块中的前桥和后桥之间缺少确定彼此位置关系的专门装置，因此需将底盘组成部件统一装到一个专门的安装架上，此专门安装架在汽车制造业将其称为机械托架，如图 4-122 所示。

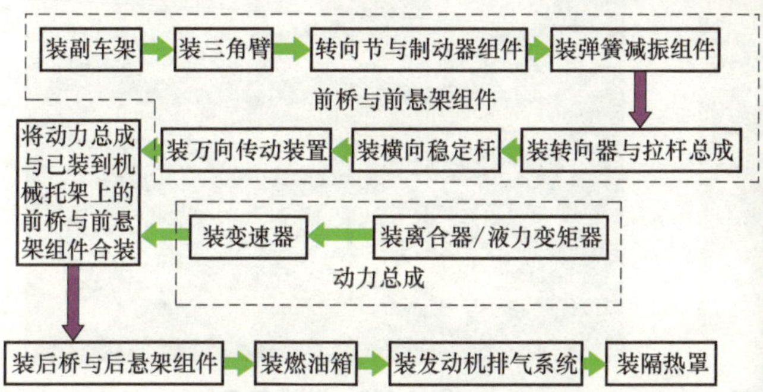

图 4-121　汽车底盘装配的工艺流程

图 4-122　机械托架

下面用图 4-123～图 4-128 简要介绍底盘的装配过程。先将图 4-123 中的副车架安装到机械托架上，再依次安装悬架中左右侧的三角臂、转向节与制动器组件、弹簧与减振组件、转向器与拉杆总成、横向稳定杆，然后再将组装在一起的动力总成（发动机、离合器、变速器）装到副车架上，如图 4-126 所示。

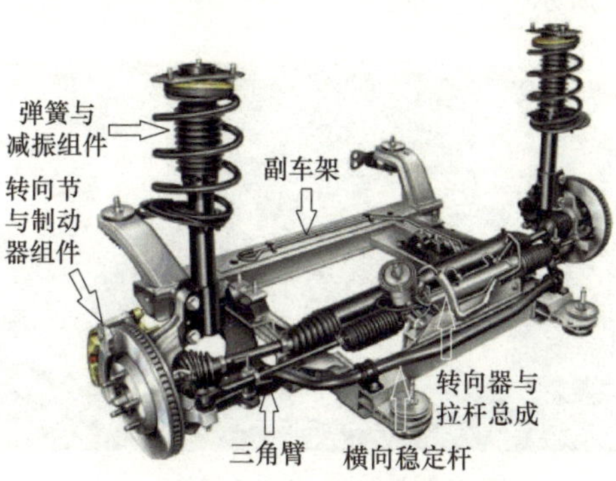

图 4-123　前桥与前悬架的组装

图 4-124　装离合器

图 4-125　装变速器

图 4-126　将动力总成（发动机、离合器、变速器）装到副车架上

图 4-127　依次将后桥和燃油箱装到机械托架上

图 4-128　装排气系统

三、车身合装

车身合装的主要内容是将前面各分装工艺过程所得到的底盘装配模块、车门装配模块、车轮装配模块装配到车身上，如图 4-129～图 4-137 所示。

图 4-129　底盘与车身的合装

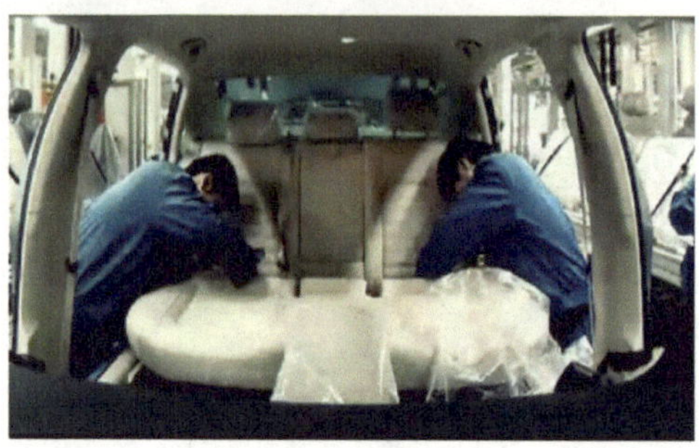

图 4-130　装后排座椅

图 4-131　装前排座椅

图 4-132　吊装车轮

a)

b)

图 4-133　装车身底部管路，在接头处打上标记

a）安装车底管路　b）接头处打标记

图 4-134　拧紧轮胎螺栓

图 4-135　装转向盘

图 4-136　安装车门

图 4-137　检查车门缝隙

学习效果评价（任务工单）

一、填空题

1. 底盘装配线主要进行________、________、________、________和________动力总成、________、________、________、________、________等车底部件的装配。

2. 汽车底盘主要由________、________、________和________四部分组成。

3. 底盘的作用是________和________汽车各种总成及零部件，形成汽车整体造型，并使汽车产生________、________以及改变汽车行驶方向，以保证其正常运行。

4. 动力总成由________、________和________等构成。

5. 动力总成的操纵装置由________、________以及________等组成。

6. 车桥也分成________、________、________和________四种。

二、简答题

概述汽车动力底盘装配内容。

____

____

____

考核与评价

<table>
<tr><td>成员合作</td><td colspan="3">好◎　一般◎　较差（理由）：</td></tr>
<tr><td rowspan="2">任务完成情况</td><td colspan="2">基础知识　熟练◎　不太熟◎</td><td>案例分析　熟练◎　不太熟◎</td></tr>
<tr><td colspan="2">资料查阅　熟练◎　不太熟◎</td><td>能力训练　熟练◎　不太熟◎</td></tr>
<tr><td colspan="2">其他（包括对学习过程、老师教学方法的建议和意见，对同组学生评价等各方面）</td><td colspan="2"></td></tr>
<tr><td colspan="2">掌握汽车底盘动力总成内容。了解汽车底盘动力总成装配流程，并对以上学习任务做出评价</td><td colspan="2"></td></tr>
</table>

参考文献

［1］ 谢永东. 汽车制造工艺基础［M］. 3版. 北京：机械工业出版社，2020.
［2］ 何耀华. 汽车制造工艺［M］. 2版. 北京：机械工业出版社，2022.
［3］ 王永伦. 汽车制造工艺基础［M］. 北京：机械工业出版社，2008.
［4］ 陈心赤，李慧. 汽车制造工艺设计：配任务工单［M］. 北京：机械工业出版社，2020.
［5］ 邢峰，黄超群. 汽车制造工艺［M］. 北京：机械工业出版社，2017.